者である企業関係（現役のCFO中心）、金融関係や取引所など専門家、研究者などの実務家を招き、講義を行うとともに、その講義から明示される課題について、学生を含めて質疑応答や意見交換を積極的にで、講義の中身を深めてみたものである。

コーポレートファイナンスという枠組みのもとで、アカデミズムと連携の進展はまだ不十分であることや、大学やビジネススクールで学々を実務界に対して、どれだけコーポレートファイナンスにかかわるして供給できているのかなどを考えると、まだまだ欧米との彼我の差いものと認識される。

大学内の講義について、その内容をベースに書籍化して、世の中に提供していきたいと考えた理由は2点ある。第1に、こうした京都大義を題材にして、コーポレートファイナンスにおける実務面の現在の明確にとらえ、体系的に理解をしていくことを、企業金融の状況に関する実務関係者の方々と認識をあわせていくということである。そうとを通じて、企業金融の担い手であるさまざまな関係者との間で問題共有し、さらには、企業金融を取り巻く課題に関し、大学の場を活用ら、実務関係者の理解を得て連携していくための材料として活かすこ事と考える。今後の方向性についての理解を共有することで、スピーもって対処していくことが可能となるように、少しでも役に立つことればということである。

に、最近のコーポレートファイナンスをめぐる状況のなかで、新たなしてもつべきポイントを具体的なテーマのなかでとらえていくことがいう観点である。今回の講義においては、「GAFA（Google、Amazon、ok、Appleの頭文字）という新しいビジネスモデル」と「クロスボーM&A」という2つのテーマについて焦点をあてている。

AFAという新しいビジネスモデル」がグローバルに産業、企業、ユーに大きな影響を与えながら、産業や企業の仕組みを大きく変えてきていAFAがグローバルな経済圏に何をもたらしているのか、どういうイン

日本企業変革のための

コーポレートファイナンス講義

幸田 博人 [編著]
Koda Hiroto

一般社団法人 金融財政事情研究会

本書の成り立ち

本書は、京都大学経営管理大学院（共通講義と
済学研究科）の2018年度の後期講義として行われ
ト」（みずほ証券寄附講座）の講義録をベースに書

本講義は、10年以上にわたって、京都大学経営
して、毎年行われているものである。京都大学経
ジネススクールとして発足して以来、コーポレー
核的講義としての意義を有している。前期に、「
（みずほ証券寄附講座）という講義が経営管理大学院
のコーポレートファイナンスの実務について学ん
ら、その前期講義との関係性も意識して、この後期
線でコーポレートファイナンスに係るさまざまな事
している方々からの直接のメッセージを、学生向け
である。

前期に行われている「企業金融のフロンティア」
（2019年度前期）程度と、かなりの人数の京都大学生
行われる「企業金融とマネジメント」の履修登録者
京大講義のなかでは、相応の規模感のある講義であ
レートファイナンスの実務の枠組みを理解したうえ
動きについて、なぜそういう事象が生じるのか、今
けばいいのかなど中・長期的かつ俯瞰的な把握をし

そうした観点もふまえて、特に、足元のコーポレ
る最新の状況変化から生じてくる課題に焦点を絞り
管理大学院生に加えて学部学生および大学院生が参加する

パクトがあるのか、また、GAFAのようなプラットフォーマーとのビジネスのあり方が日本企業のビジネスのあり方そのものにどのような影響を与えているのか、ということである。

　次に、「クロスボーダーのM&A」については、近時、日本企業が海外の企業を買収するケースが急速に増加しているなかで、なかなかその成果を発揮できずにいて、大きな損失を計上するケースも続いている。そのような現実をふまえて、クロスボーダーM&Aについての壁を乗り越えていくことが、日本の今後の進路にあたって、非常に大事であることから、今回の講義の中心的テーマに盛り込んだものである。

　参考までに、図表序文－1に、ここ30年にわたる日本経済や企業の地盤沈下がどういう構図のもとで起きてきたかについて、まとめてみた。平成から令和の時代に移り、平成の30年強の時代をめぐる評価が、さまざまな識者などからなされ始めたところである。この間の評価としては、停滞色の強い総論的評価にならざるをえない。バブル崩壊からデフレ時代への突入のなかで、企業も社会も政府も、守りに徹してしまった側面が強い。一方で、特に世界における中国の台頭に、米国が危機感を深める構図が明確になりつつある。こうした世界的に保護主義的色彩が覆っている情勢のなかで、日本の社会・経済構造は、デフレ経済から十分に脱却できていないことに加え、本格的人口減少時代を迎えている。今後、いっそうの深刻化は避けることはできないものと思われる。そうしたなかで、イノベーションの創出ができていないこと、さらには、金融面においてやや機能が不十分となりつつある状況など、じわじわと日本の経済・社会の基盤がむしばまれている状態が浮かびあがってきている。

　図表序文－2は、事業会社、金融機関を取り巻く環境変化を示したものである。特に、大企業と金融機関などの日本経済を支えてきた主要な担い手が、グローバルな世の中の変化（たとえばデジタル化）に追いついていない状況は、深刻である。米国におけるGAFAの台頭が、デジタル化の急速な進展により、世の中の仕組みを大きく変えつつある。成長や発展という観点か

図表序文－1 「失われた30年」―日本全体の問題―

世界の状況

- 米国は自己中心主義に変貌、長期的に景気は好調
- 中国の台頭、「GDP2位」⇒米中覇権争い

日本の社会・経済構造

- 財政出動・円安での景気下支え
- 官民構造問題。進まぬ規制緩和

- 人口減少・少子高齢化
- 流動性が低い雇用市場
- マーケットニーズと異なる経験・異なる価値観（多様性）のブリッジが不十分
- 東京一極集中と地方創生

産業革命／イノベーション

- イノベーションのジレンマ―中国・新興国と日本の違い
- GAFAやAlibaba等の、米中のITプラットフォーム化
- 日本におけるIT・ファイナンス・起業に係る教育の必要性

日本の金融構造

- エクイティ資金供給不足・間接金融中心は変わらず
- 「貯蓄から資産形成へ」変化せず

日本の企業サイドの構造

- 大企業への経営資源の集中
- 過当競争継続、低収益
- モノづくり神話。ガラパゴス投資
- 産官学連携⇔大企業等の自前主義

（出所）　筆者作成。

らは、日本の社会・経済構造の変化は、より深刻化する方向であり、また、それをブレークスルーするための方策に、企業金融の高度な専門化は欠かせないであろう。

　こうした本企画の問題意識をベースにしながら、コーポレートファイナンスをめぐる基本的な枠組みは、ファイナンス面の高度化だけではなく、制度的な枠組みであるコーポレートガバナンス関連を中心に大きく進展している。企業や投資家が、コーポレートガバナンスという観点で、日々、地道な取組みをしていることも、あわせて理解していくことは重要であると考える。特に、コーポレートガバナンス・コードが改訂され、"形式から実質へ"

図表序文－2　事業会社・金融機関を取り巻く環境の変化

《"日本国内企業"の構造変化》

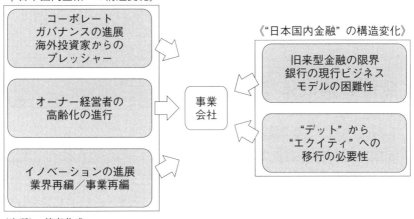

(出所)　筆者作成。

という流れが定着することになれば、企業金融に係る戦略的な取組みが、さまざまなかたちで進むものと期待される。コーポレートファイナンスをめぐる全体像について、基礎的な枠組みもよく理解しながら、それを直近のテーマ性があるものと組み合わせることで、コーポレートファイナンスの課題を浮かびあがらせ、また、今後の方向性についても一定程度示すことを企図したものである。

　講義の全体の進め方は、担当教員(幸田博人)から、講義のテーマに応じた論点を提示したうえで、その論点に沿ったガイダンスを行い、実務家からの講義を行い、その後、質疑応答、意見交換に相応の時間(通常30〜40分)を費やすことで、より論点をクリアにしていくことを目指したものである。

　本書は、そうした講義の臨場感が伝わるように、それぞれのテーマについて、担当教員が行った論点整理やガイダンス部分をエッセンスとして残し、引き続いて行われたゲスト講義については、講義の雰囲気が損なわれないように、主要なポイントをデータなども含めて掲載することとした。さらには、質疑応答、意見交換部分も相応に掲載することとし、学生などの関心が

どこにあるかも示したところである。なお、講師の所属や肩書は、原則、講義時点のものとし、本書の記述のなかで、意見に係る部分は、それぞれの個人の見解であり、所属する会社、組織などの見解ではないことをお断りしておく。

全体の構成について

幸田　博人

　本書は、全体を5章で構成している。

　第1章は、「新しい経済システム－プラットフォーマーの台頭－」と題して、先ほど記載のテーマ性を意識して、講義をしたものである。今回、GAFAについてのテーマ性をより強く意識したことから、書籍化に際しては、第1章の冒頭部分とした。

　このGAFAのテーマのゲスト講師には、アクセンチュアの戦略コンサルティング本部から、お2人の方をお招きした。アクセンチュア常務執行役員の牧岡宏氏とマネジング・ディレクターの山路篤氏から、GAFAの成り立ちとビジネスモデルの意味合い、それぞれのビジネスの特徴、そして、こうしたプラットフォームビジネスの日本企業における可能性について、論じてもらった。GAFAのようなプラットフォーマーのあり方について、大学の場で、幅広く、資本市場や、ビジネスモデルの観点から、詳細に講義を行うことは、いまだ少ないところである。講義を通じて、プラットフォーマー総論としての整理がある程度なされたことの意味合いに加え、プラットフォーマーそのものの将来に向けてのあり方に関する問いかけもあり、有意義だった。

　また、第1章の最後には、青山学院大学大学院法務研究科の大垣尚司教授からコラムの寄稿をいただいた。「GAFAの限界と日本の挑戦」と題して、GAFAについて、既存の金融機能との比較で、アービトラージ的視点についての類似性の指摘、Apple、Amazonに対する日本の経営者のある種の哀愁などの指摘もあり、ユニークな視点でのコラムとなっている。

第2章は、「ベンチャーエコシステムとリスクマネーの供給」と題して、INCJ代表取締役社長の勝又幹英氏の講義をベースに構成した。官民ファンドとしての現時点での評価に加え、新しい組織体制（産業革新投資機構からの新設分割）が進行している最中の講義であった。イノベーションに焦点を当てつつ、アントレプレナーシップに係るファイナンスのポイントなども講義の内容に盛り込んでおり、参考になるものである。特に、日本企業の競争力の観点から、イノベーションの重要性がますます増していることを見据えながら、なぜ日本の大企業は、オープン・イノベーションへの取組みが不十分なのか、実務経験をふまえて語っている。企業・金融関係者にとって有意義な部分であるものと考えられる。

　第3章は、「資本市場と企業の変革」と題して、2つの講義から構成した。1つは、「京都企業の特徴と企業戦略」と題し、堀場製作所常務取締役の大川昌男氏から、もう1つは、「企業金融を巡る動向―医薬品産業と事業戦略―」と題し、エーザイ常務執行役CFO（講義時点）兼早稲田大学大学院会計研究科客員教授の柳良平氏からの講義をベースとした。かたや、京都企業の代表格である堀場製作所のCFO、もうお1人は、コーポレートガバナンスでTier1的企業であるエーザイのCFOであり、共に、先進的で、競争力のある事業をいかに財務戦略面でしっかりと支えているか、浮かびあがった。日本の企業金融を支えるCFO人材がまだまだ不足しているなか、先進的な取組みを進めている2社の企業は、本書の読者にとっても、参考になる事例と考える。

　第4章は、「M&Aと企業の成長戦略」と題して、2つの講義から構成した。1つは、「M&Aの戦略と課題」と題し、TMI総合法律事務所のパートナー弁護士であり、M&Aの実務経験が豊富な岩倉正和氏から、もう1つは、「企業の成長戦略―M&Aと事業再編―」と題して、一橋大学経営管理研究科教授の田村俊夫氏とパナソニック常務執行役員の遠山敬史氏の組合せの講義をベースとしたものである。前述したように、クロスボーダーのM&Aが、日本企業の将来性を決めかねない状況に入っているなかで、ス

ムーズにM&Aを実行し、その成果を早期に実現できているケースは少ない。このクロスボーダーのM&Aをめぐるむずかしい状況にどう対処していくかは、大事な論点である。

　また、第4章には、小泉秀親経済産業省貿易経済協力局投資促進課長（講義時点）から、コラムを寄稿していただいた。経済産業省として、クロスボーダーのM&Aについて、その問題意識をベースに有識者との議論を経た知見をもとに、企業としてクロスボーダーM&Aに取り組むにあたってどのような具体的アクションが有効かということについて、「クロスボーダーM&Aを企業の中長期的な成長につなげていくために」というテーマで、寄稿いただいた。

　第5章は、「コーポレートガバナンス改革と資本市場」と題して、2人の有識者の講義を組み合わせて行ったものである。日本投資環境研究所主任研究員である上田亮子氏と東京証券取引所取締役常務執行役員の小沼泰之氏から、改訂されたコーポレートガバナンス・コードをふまえながら、日本企業の変革がどういうかたちで進んできているか、東京証券取引所の担当役員の実感も含めて、議論したものである。

　また、第5章には、Asli M.Colpan京都大学経営管理大学院教授から、コラム「コーポレートガバナンスにおけるダイバーシティの重要性」の寄稿をいただいた。原文は英語であるが、その内容を翻訳したものを掲載している。その指摘は、日本におけるダイバーシティの遅れについて、問題意識を明確に示しており、今後の日本の社会にとって、ダイバーシティがいかに重要なのか、わかりやすく論述している。

　このように、全5章から構成した内容となっており、企業金融をめぐる最新の状況を極力盛り込み、また、今後の外せない論点としてGAFA、クロスボーダーM&Aなど企業金融をめぐるホットなイシューに焦点を当てた。多くのゲスト講師の方に、大企業CFOからのメッセージ、コーポレートガバナンスに係る変革の動き、今後の日本の社会・経済構造変化のなかでのイノベーションや「ベンチャー・エコシステム」の重要性について、わかりやす

く語ってもらった。

　読者の皆様にも、講義の臨場感を感じていただきながら、われわれと同様の問題意識を醸成していただき、2020年代に迎えるであろうさらなる難局にチャレンジしていく一助になることができれば、幸いである。

　2020年1月

目　次

第2章

ベンチャーエコシステムとリスクマネーの供給

第4章

M&Aと企業の成長戦略

第5章

コーポレートガバナンス改革と資本市場

第1章

新しい経済システム
―プラットフォーマーの台頭―

はじめに

幸田　博人

　今回は、「新しい経済成長システムの台頭－GAFAの成長モデル－」と題して、GAFA（Google、Amazon、Facebook、Appleという4つの頭文字）をはじめとするプラットフォーマーの台頭が資本市場にとってどういう影響を与えていくかについて、考えてみたいと思います。本日は、アクセンチュア株式会社からお2人にお越しいただいております。お1人が戦略コンサルティング本部の統括本部長で常務執行役員の牧岡宏さん、もうお一方が山路篤さんです。お2人ともに、戦略コンサルティング本部に属されている方で、事業会社に大きな影響を与えているこのビジネスモデル上の変革をふまえて、事業会社に対して、戦略上のアドバイスを提供しています。冒頭、全体のガイダンスということで、私のほうから、「新しい経済システム：プラットフォーマーの台頭」ということでお話をしたうえで、アクセンチュアから、「GAFAの成長モデルと日本企業への示唆」ということで、先に山路さん、その後、日本企業への示唆を中心に牧岡さんにお話をしていただきます。

(1)　プラットフォーマーについて

　今回のGAFAの講義を始めるにあたって、プラットフォーマーをどう分類するかについて、まずは、きちんと理解しておくことが重要かと思います。インターネットをプラットフォームの基盤としたうえで、プラットフォーマーは、「生産者（事業者）と消費者をオンライン上で結びつけるサービス」と定義します。経済学的には「双方向市場」とか「多面的市場」といわれるケースもあります。分類としては、「取引仲介型」「メディア型」「ソフトウェア型」「決済手段型」という4つに分類されます。「取引仲介型」としては、ショッピングモールやオンラインオークションという形態、「メディア

型」としては、SNSという形態、「ソフトウェア型」としては、ゲーム、ビデオ、音楽をイメージして、最後の「決済手段型」はカードあるいはオンラインの決済システムということになります。海外の定義としては、たとえば、EUやフランスでは、「「プラットフォーム」とは、別々だが相互に依存している利用者のグループ（2つないしはそれ以上）間で、相互作用を起こすことで価値をつくりだすため、両面的（多面的）市場において動作している事業を指す」という定義が使われています。要するに、一方向で行われているビジネスモデルではなくて、多面的に相互作用を起こすようなビジネスモデルをプラットフォーマーと称しています。

　プラットフォームの構造の特徴については、消費者と生産者のコア取引を双方向で結びつけるということとなります。直線的ビジネスとしてのサプライチェーンによって在庫を確保・管理するというビジネスモデルではなくて、消費者と生産者が相互につながる仕組みによってマッチングを行っているというビジネスモデルとなってきます。

　『プラットフォーム革命』（アレックス・モザド、ニコラス・L・ジョンソン（2018）英治出版）という書籍によれば、「交換型」と「メーカー型」に分類するという考え方が示されています。それでみていくと、プラットフォームのタイプとして「交換型プラットフォーム」の例としては、「ソーシャルネットワーキングプラットフォーム」としての友達申請型の交流が該当しますし、「メーカー型プラットフォーム」としての「コンテンツプラットフォーム」、たとえば写真をアップするといった行動を通じて、プラットフォーマーがそれらを公開して価値を生み出しているという例が該当します。このプラットフォーマーのビジネスモデルは、単線型のビジネスモデルではなく、相互作用を起こすことがプラットフォームの価値になっているということが一番のポイントです。具体的には、在庫をもって消費者の販売動向に応じて生産者が販売をしていくという「生産者→出荷・物流→マーケティング→消費者」、こういう価値創造が一方向であるというようなビジネスモデルから、生産者と消費者が相互作用でプラットフォーマーでつながっ

図表１－１－１　従来のビジネスモデルとプラットフォーム型ビジネス

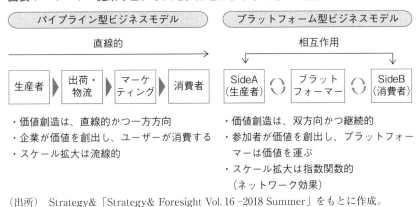

（出所）　Strategy&「Strategy& Foresight Vol. 16 -2018 Summer」をもとに作成。

ていき、そして、ここに参加者が価値を創出して価値を運ぶということになるのが、新しいプラットフォーム型のビジネスモデルになります。図表１－１－１をみると、パイプライン型とプラットフォーム型のビジネスモデルの違いが認識できると思います。ネットワーク効果ということも重要なポイントで、「スケール拡大は指数関数的」になるということがビジネスモデルの特徴となります。プラットフォーマーとして、まずは基本的な類型やビジネスの特徴を理解していただくと、アクセンチュアの話が理解しやすいと思います。

⑵　「GAFA」の企業価値などについて

　資本市場との関係で、プラットフォーム企業をどうとらえるかという観点からは、時価総額の規模感が重要となります。Amazon、 Appleの時価総額の規模がかなり大きく、それぞれ8,000億ドルの規模にあります。時価総額ランキングをみると、10年前の2008年には、時価総額上位10社は銀行と石油会社等エネルギー会社が占めていたわけですが、足元は、GAFAが上位に入り、様変わりになっています（図表１－１－２）。また、2011年末を100として米国の株価をみると、GAFAを除いた株価では、S&P500は大きくは伸び

図表１－１－２　世界の時価総額ランキングの変化

2008年　時価総額ランキング

	社　名	時価総額 (10億ドル)
1	Exxon Mobil	408
2	PetroChina	281
3	Walmart	220
4	The Procter & Gamble	192
5	China Mobile	184
6	中国工商銀行	181
7	General Electric	180
8	Microsoft	180
9	AT&T	168
10	Royal Dutch Shell	166

2018年　時価総額ランキング

	社　名	時価総額 (10億ドル)
1	Microsoft	857
2	Apple	847
3	Amazon	826
4	Alphabet（Google）	766
5	Berkshire Hathaway	536
6	Alibaba	417
7	Facebook	405
8	Johnson & Johnson	394
9	Tencent	380
10	JPMorgan Chase	370

（注）　各年11月末時点。
（出所）　Bloombergより作成。

ていないということで、資金がGAFAに圧倒的に入っていることになります
（図表１－１－３）。

　後ほどの論点になると思いますので、一言触れておきますと、GAFAのようなプラットフォーマーというものと“金融事業”の接点をどういうふうにとらえるかということは、今後のポイントになります。これは、中国と米国、いわゆるGAFAとBAT（Baidu, Alibaba, Tencent）ということでみると、中国のプラットフォーマーは預金を含めた金融そのものを手がけているけれども、米国系はまだ手がけていないという大きな違いがあります。GAFAのようなプラットフォーマーが金融サービスをどうとらえているかは、今後の大きな論点だと思います。

（3）　GAFAの法的、制度的枠組みについて

　このGAFAあるいはプラットフォーマーについて、法的、制度的な枠組みとしてどうとらえるかは、今後、大きな論点になってくると思います。

図表 1 - 1 - 3　日米欧株価の推移

▼日米欧の株価推移

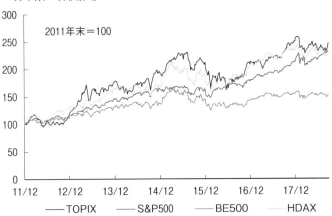

（注）　日本：TOPIX、米国：S&P500種、欧州：Bloomberg European
　　　500指数、ドイツ：HDAX指数
（出所）　Bloombergより作成。

▼GAFA時価総額とGAFAを除いた株価推移（米国）

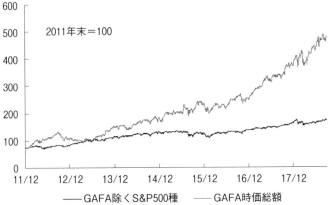

（注1）　GAFA（Google, Amazon, Facebook, Apple）
（注2）　Facebookは2012年5月上場。
（出所）　Bloombergより作成。

データの寡占化という点についての問題をみておかなければいけません。特に、いわゆる競争条件の問題としてこのプラットフォーマーの台頭ということをどう整理するかという問題があります。メガ・プラットフォーマーがデータを寡占化していくことに対して、EUはかなり懸念を強めていて、制裁金を科すとかB2B取引に関する規制案をつくるというようなことで、事業環境の平等性あるいは公平性を大きな論点として提示をしています。規約との関係やデータへのアクセス、あるいは掲載順位に関する規定など、恣意性を排除することがきわめて重要であると思います。個人間の紛争あるいは提供者との紛争が生じた場合に、紛争に係る処理制度も重要となります。EUの「オンラインプラットフォーム規制に関するEU規制案」においては、ブラックボックス化していることへの対応の必要性や中身がわからないまま取り扱われていること等をふまえて、影響力をもっているプラットフォーマーに対する規制のあり方そのものを問うていることかと思います。わかりやすい例でいえば、「掲載順位」というのがありますけれども、「オンライン仲介サービスにおける掲載順位を決める主要なパラメーターとその理由の利用規約への記載、オンライン検索エンジンにおける掲載順位を決める主要なパラメーター」、このようなことがきちんと開示されなければいけないという論点となります。

　日本でも、公正取引委員会としては、決済手段に対する拘束をプラットフォーマーがすることなどは、独占禁止法の問題に抵触するかどうかを含めて、公正な競争を担保する必要があります。一方で、イノベーションを促進するということを併用して考えていかなければいけない局面がきています。2018年12月に、経済産業省、公正取引委員会、総務省の3者でデジタル・プラットフォーマーをめぐる取引環境整備に関する検討会の中間論点が公表されました。競争政策の問題や、情報の問題、それから消費者政策の問題など論点が多数ありますので、図表1-1-4をご参照ください。たとえば「公正性確保のための透明性の実現」が重要になるわけですが、実際にどういう取引実態なのかをふまえて、メガ・プラットフォーマーに対してルールの整

図表１－１－４ 「デジタル・プラットフォーマーを巡る取引環境整備に関する検討会中間論点整理の概要」

---

1. デジタル・プラットフォーマーの意義・特性
   ・デジタル・プラットフォームは、利用者である事業者（中小企業等）や消費者にさまざまなメリットをもたらす一方、ネットワーク効果等により、一部のデジタル・プラットフォーマーが寡占化・独占化する傾向がみられる。
2. デジタル・プラットフォーマーに対する法的評価の視点
   ・巨大デジタル・プラットフォーマーに対する世界的な規制の動向をふまえ、取引環境整備のあり方について検討する必要があるのではないか。
3. イノベーションの担い手として負うべき責任の設計（業法のあり方等）
   ・プラットフォーム・ビジネスに対応できていない既存の業法について、業法の見直しの要否を個別に検討していくことが必要ではないか。
4. 公正性確保のための透明性の実現
   ・取引慣行について透明性・公正性を実現するため、大規模かつ包括的な徹底した調査による取引実態の把握に加え、継続的な調査・分析を行う専門組織等の創設や、透明性・公正性確保の観点からの規律の導入を検討してはどうか。
5. 公正かつ自由な競争の再定義
   ・競争法の重要性の高まりをふまえ、デジタル市場における公正かつ自由な競争のあり方（多面市場におけるネットワーク効果の評価、潜在的な競争相手の芽を摘むようなかたちの企業結合等）について検討する必要があるのではないか。
6. データの移転・解放ルールの検討
   ・データポータビリティやAPI開放といったデータの移転・開放ルールの要否・その内容を検討していくべきではないか。
7. 国際の視点
   ・デジタル・プラットフォーマーをめぐるルールの国際的なハーモナイゼーション、域外適用のあり方や実効的な執行のあり方について検討していくべきではないか。

（出所） 経済産業省・公正取引委員会・総務省。「デジタル・プラットフォーマーを巡る取引環境整備に関する検討会中間論点整理の概要」（2018年12月2日）より作成。

備をしていくことが求められます。あわせて、個人情報保護の問題をどの程度のレベルで行うのかについて、国ごと、あるいは地域ごとにずいぶん差があるという現実に、世界の個人情報保護の動向をみながら、日本においても、プラットフォーマーとの関係性、情報の管理という問題を考えていく必要があるということだと思います。EUにおいては、GDPR（EU一般データ保護規則）がスタートしていますが、EUは、個人のデータは本人の基本的権利に当たるということで、人権侵害と同じような価値観を個人情報についてはもっているという考え方です。EUから域外への個人データの移転は原則として禁止をしていますので、こういう個人情報保護をどの程度のレベルで行うかということで、プラットフォーマーのコストも大きく変わります。

　最後に、ジェフ・ベゾスの「Amazonはいずれ潰れる」という話（2018年11月15日CNBC）がありましたのでご紹介します。「Amazonといえども、いつかは倒産するだろう。大企業をみると、その寿命は30年程度。100年ではない」「顧客ではなく自身に注力するようになると、それが終わりの始まりとなる」ということで、Amazonとしての成長をどれだけ求めていくのかということに対し、あえてこういう言い方をしています。米国のイノベーションとか、あるいはプラットフォーマーみたいな人たちの意識もわかるのではないかと思います。

　最後に、今日の論点を5点示しています。GAFAというプラットフォーマーが、さらに席巻していくかどうかという論点を掲げています（図表1－1－5）。こうした論点を、今日の講義を通じて深めていければと思います。

図表１－１－５ 「新しい経済システム－プラットフォーマーの台頭－」の論点

■プラットフォーマーの出現の必然性について、どうとらえるか。

■数あるプラットフォーマーのなかで、なぜGAFAがグローバルに拡大したのか。

■日本企業はプラットフォーマーにどうやって対抗していくべきか。

■EUのGDPRやメガ・プラットフォーマーへの規制などをふまえ、日本はプラットフォーマーをどうとらえるべきか。また、データの扱いなどをどうするべきか。

■日本企業がグローバルなプラットフォーマーになれる可能性があるか。また、なる必要性はあるのか（グローバル化vs日本型）。

GAFAの成長モデルと
日本企業への示唆⑴

アクセンチュア株式会社戦略コンサルティング本部マネジング・ディレクター

山路　篤

アクセンチュアの山路と申します。よろしくお願いします。

簡単にアクセンチュアの紹介をいたします。アクセンチュアはアメリカで創業した会社ですが、日本でも50年以上事業をしており、日本の社員数は1万1,000人（2018年12月時点）を超えています。事業としては、コンサルティング、ストラテジー、デジタル、テクノロジー、オペレーションズ、セキュリティの6つの領域でサービスとソリューションを提供しています。

私からは、主にGAFAの成長について考察を述べたいと思います。後半に牧岡から、今後このプラットフォームビジネスがどこに向かっていくのか、また日本企業への示唆についてお話しします。

⑴　GAFAの急速な成長の背景

皆さんご存知のように、GAFAは飛躍的成長をしています。

現在の規模の大きさもさることながら、成長スピードが速い。時価総額10億ドルになるまでにかかった期間をみても、一般的なフォーチュン500、売上げが500位以内の企業の平均値に対して、約半分以下の非常に速いスピードで成長し時価総額10億ドルを達成しています[1]。このスピードを維持してきたという点も特色だととらえています。

また、Google年間検索利用数2兆回以上や、Amazonの流通総額30兆円、

1　『シンギュラリティ大学が教える飛躍する方法』（日経BP、2015年）およびアクセンチュア調べ

Facebookのユーザー数20億人[2]などをみても、GAFAが私たちの日々の生活にいかに大きな影響を及ぼしているかがわかると思います。

なぜGAFAはこのような成長を成し遂げられたのでしょうか。

まず1つ、起点になっているのは、「Purpose」。これは「野心的で魅力的なビジョン」のことで、このビジョンを実現するためのビジネスモデルと、このビジョンに引き寄せられた投資家から発生するCapital（資本）、つまりお金が手に入るサイクル、それからGoogleの用語でいうとSmart Creative、つまりスマートで、かつクリエイティブな人が集まって活躍するような会社の仕組み、これを「Operating Model」と呼びますが、この3つの組合せが高度にかみ合うことによって急速かつ持続的な成長を遂げてきていることが、GAFA 4社に共通する特徴ではないかと思います（図表1-2-1）。

⑵　AmazonのPurpose

この6年で時価総額がいちばん伸びている会社であるAmazonを中心に、ご紹介していきたいと思います。

AmazonのPurposeは、「地球上で最もお客様を大切にする企業であること」、また「お客様がオンラインで求めるあらゆるものを探して発掘し、できる限り低価格でご提供するよう努めること」。この「地球上で最も」のところが覚悟を示しているように感じますが、ここで会社の目的、何のために存在するのかを規定しています。

Amazonはいろいろなサービスを提供しています。電子書籍のKindle、そして物流業、ECビジネス。さらにアマゾン ウェブ サービス（AWS）というクラウドの仕組みも提供しています。

特に祖業であるECを深掘りしてみると、Amazonのなかでは以下のよう

2　https://searchengineland.com/google-now-handles-2-999-trillion-searches-per-year-250247
　　https://www.nasdaq.com/article/amazon-vs-alibaba-gmv-revenue-ebitda-cm605342
　　https://about.fb.com/ja/company-info/

図表1−2−1　GAFAのExponential Growth Cycle

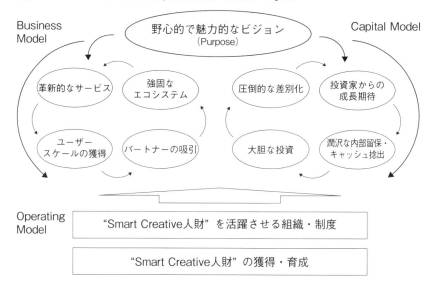

なサイクルとして定義されています。世界で一番の品揃えを実現し、それによって、最も素晴らしい顧客体験（カスタマー・エクスペリエンス）を提供していくことで消費者が集まってくる。そこに、買いやすいサイトのつくりも含めて提供して、さらに、Sellersというマーケットプレイスやコンテンツ制作のプラットフォーム、要するにサプライヤーが乗ってきやすいような環境をつくることで、いろいろな製品をもつメーカーや小売りがそこに集まってくる仕掛けを提供しています。規模が大きいことも手伝って安いコスト構造をつくり、それによって低価格で物を提供していく。この相対で成長を実現しています。

　まずは製品群の拡大について説明すると、地球上で最も豊富な品揃えを目指すということで、Amazon freshというサービス名で生鮮食品を手がけ始めたり、Amazon Fashionというアパレルも展開し始めたり、いまも、なおどんどん品揃えを豊富にしていくことに取り組んでいます。

　この一つひとつの強化・進化の具体例の1つはAmazon Fashionです。ア

パレルにはいくつかむずかしい観点があります。たとえば商品が羅列してあっても、実際着たようすがわからないと自分の感覚にあうかどうかわからないですよね。この点を解消するために、デザイナーとコラボレーションしてフォトスタジオをつくり、「このような着こなしになる」ということを発信する、などの工夫をしながら、新しいビジネスに進出しています。

また、紙や文具などの企業向け、B2Bの領域にも徐々に進出しつつあります。

コスト削減では、ロボットを活用しています。ECサイトで莫大な量の出荷を行っているので、その出荷作業を行う人を確保するために膨大なコストがかかっていますが、ここをいち早く自動化し、ピッキング用のロボットが倉庫中を走り回って棚から商品を取ってくる仕組みにしました。商品を梱包する人は取りに行く作業がなくなり、ロボットが運んできたら箱に詰めて、そしてまたロボットにもっていってもらう。一番手間がかかるピッキングの作業を自動化しています。また、いま試されているのは箱詰めです。棚から物を取り出して箱詰めするところはまだ人手で行う部分が残っているので、これを自動化すべく、大学の研究チームやベンチャーを集めて、毎年1回「Picking Challenge」という大会を実施しています。賞金を出すことでテクノロジーの進化を後押しして、いつの日かこの部分を自動化していくことを目指しているわけです。

また、これもオペレーションの話になりますが、プライシング、値づけについて。これは在庫が余っているのか足りないのか、競合が出している価格が自分たちの出している価格より高いのか安いのか、それから消費者のニーズが上がっているのか下がっているのか、これを複合的に分析して、売上げと在庫のリスクを最適化するかたちに値づけをダイナミックに変え、利益を最大化することに取り組んでいます。

Amazonのユーザーは増加し、出荷量も増加していますが、ここから派生したビジネスがいくつかあります。代表的なものが、AWSというクラウドサービスです。IT業界ではもう誰もが知っているプラットフォームになり

ますが、これは、注文数の増加に伴って、自社内でのトランザクション（処理数）が増加し、大きいデータセンターが必要になったことを発端としています。大きなデータセンターがあるなら、そのデータセンター自体をビジネスとして売ろう、ということで立ち上がったのがAWSです。

　副業のようなかたちで立ち上がったビジネスですが、AWSは、MicrosoftやGoogleなどのいわゆるITジャイアントを抜いて、クラウドの世界では圧倒的な１位になっています[3]。日本でも非常にシェアが上がってきています。

　ここで工夫されているのはコミュニティづくりです。先ほどもECの箇所でご紹介したように、パートナー、企業が乗ってきやすくするための情報提供をしながら、AWSを得意とするエンジニアが世の中にたくさん出てくるような仕掛けをつくって、AWSを盛り上げています。

　もう１つ派生させたビジネスは物流です。効率化された物流システムそのものを売っていくということで、「Amazonを経由しない販売」、つまりAmazonと関係ないところでもこの物流サービスを提供することをビジネス化していて、売上げをあげつつあるようです。

　さらにもう１つがデバイスです。電子書籍のKindleは有名ですが、ストリーミングテレビであるFire TV Stickや、いまではAmazon Echoなどデバイスを提供することでユーザーを囲い込んでいます。これは先ほどのPurposeの２つ目にあった、徹底的にユーザーに寄り添う会社になっていくということを具現化しており、生活者の周辺がAmazonのもので覆われていくという世界を実際に描きつつあるということでもあります。

　ここまでがビジネスモデルです。革新的で魅力的なPurposeを掲げ、それにのっとった革新的なサービスを生み出すことでユーザーを集め、ユーザーの魅力を梃子にパートナー企業をたくさん集める。こういうサイクルでますます強くなっているということをご紹介しました。

3　https://www.itmedia.co.jp/news/articles/1902/13/news078.html

(3) Amazonのキャピタル・モデル

　次に、もう１つの観点であるCapital Model、つまりお金が集まってくる仕組みについてご紹介します。

　Amazonのジェフ・ベゾスが毎年株主に向けて手紙を書いているのは有名な話ですが、初期の頃、1997年のものを参照すると、Amazonにとっての成功は株主価値の長期的な増大だといっています。「Amazonの考え方や意思決定のアプローチに共感するような投資家に株主になってほしいと思っている」ということを株主に対して宣言しているわけです。これは短期的な収益やウォール街の反応ではなく、長期的な市場でのリーダーシップになれるかどうかを基準に意思決定を行うことに賛同してほしいということです。たとえば今期の決算のためにコストを切り詰めるのではなく、10年後に一番収益があがるなら今期の決算の数字が少し悪くなっても投資をしていく、こういったことに賛同してくれる人にこそ株主になってほしいということなのだと思います。

　また、投資家は株を買ったら基本的にはその配当で利益を得ますが、配当もゼロでそのうえ自社株買いもしない。自社株買いをすると、市場における株の数が減り株価が上がるので投資家からの要請が高いのですが、Amazonは配当もしないし、営業キャッシュフロー累計額の数%[4]なので、ほとんど還元していないことになります。

　また、キャッシュを生み出すところにも工夫があります。「キャッシュ・コンバージョン・サイクル」、これはお金を支払ってから収入を得るまでの日数のことです。製品を仕入れて売るプロセスのなかで、基本的に仕入れるのが先で仕入先に対してお金を支払い、その何日後かにその物が売れて、お客さんからお金をもらうところまでにかかる時間を指しています。たとえば日本の製造業では、サプライヤーから素材を購入し、代金を払い、その素材

4　財務諸表よりアクセンチュアが算出

を使って製品をつくり、それをお客さんに販売してその1カ月後ぐらいに入金してもらう、という流れなので、数十日から100日程度かかるといわれていますが、Walmartでは10日から15日ぐらいです。サプライヤーへの支払はできるだけ遅らせて、お客さんに売ったらその場でできるだけ支払ってもらい、サイクルの日数を短くするという努力をする。そうすることで、手元に現金が残り、自由に使えるのですが、この工夫で有名なのはCostcoです。Costcoは年会費というかたちで先にお金をもらうモデルをつくっているので、売れてはじめて受け取るお金だけではなく、年の初めにお金を受け取れるという、サイクルが短くなるモデルをつくっています。では、Amazonはどうか。サプライヤーには売れた後、たとえば1カ月後に支払をするものの、お客さんからは売れたらすぐにお金をもらうことで、売上げが大きくなればなるほどキャッシュがますます増加するモデルになります。このようなことを実現して、自由になるキャッシュを手に入れているのです。

　こういった工夫を通じて自らのビジネスから生み出す自由なキャッシュが他の企業より多くなり、さらに投資家から成長に対して強い期待を集めて高い株価をつけ、そこの期待感があるから配当や自社株買いにキャッシュを使わなくても許容される。このような関係性を築いているからこそ、自分の手元にお金を残せるわけです。そして、貯めたキャッシュを使っていろいろな投資をしている。先ほどの物流倉庫やロボットなども含めて、R&Dの支出上位においてもすでにナンバーワンで、R&Dを着々と行い、絶えず革新的なサービスをつくることが実現できています。

　大胆な投資の例として1つあげられるのは、正確には投資ではなく経費ですがAmazon Primeです。アメリカでは会員費を年間79ドルもらうかわりに配送料を無料にするサービスをしていますが、これはたとえば本を5冊配送したら79ドルより配送費用がかかるので、実は非常にお金がかかるサービスです。もともとこのサービスを開始したときには証券アナリストから「赤字が目にみえているサービスだ。Amazonの将来性が不安だ」というような声もありましたが、実際に開始してみると非常にうまくいきました。いったん

この利便性を手に入れてしまうと、そのお客さんはAmazonでさらに購入をしてくれるし、ずっとAmazonの顧客であり続けてくれる。一度Amazon Prime会員になったお客さんからいただけるお金というのはライフタイムでみると3,300ドル[5]なので、マーケティング費用等も含めて会員1人を獲得するときのコストが300ドルぐらいかかっているのに対して、ペイするビジネスであるということがわかりました。

このような無謀にもみえるサービスは、成長を期待されている会社でなくてはなかなか投資家から許容されません。自由になるキャッシュがあり、成長が期待されていて、かつ信頼関係もあるからこそ実現できているのだと思います。

⑷　Amazonのオペレーティング・モデル

最後にOperating Modelについてです。Amazonの本社はシアトルにあり、第2本社をニューヨークとワシントンに建設しましたが、このとき最も重視した判断基準は、各自治体が提示している優遇策ではなく、最高の人材が集まる場所なのかどうかであったといわれています。ワールドクラスのタレントが集まる場所としてこの2つを選んだという話があります。

2016年の株主への手紙によると、重視している組織文化としてスタートアップのような動きの速さ、敏捷性、リスクをいとわない起業家精神をもっている人を集めていくと宣言しています。また、有名なせりふですが、「意思決定のなかには、元に戻せないものと、後から変更可能で元に戻せるものがある」といっています。後者の"後から変更可能で元に戻せる"意思決定については、経営トップの判断ではなく、現場レベルで次々に判断し敏捷性を保つ仕組みにしていくことを宣言し、実践しています。

このように優秀な人を集めて、その人が働きやすい環境をつくるところを下支えして、「差別化されたビジネスモデルと、集まってきたお金と、それ

5　https://www.vox.com/2016/10/5/13175272/amazon-prime-valuation-worth-143-billion-cowen-report

を使う優秀な人」とで持続的に成長し続けているということになります。

(5)　Googleのビジネスモデル

　次に、Googleのお話をします。Googleの起業の理念も有名ですね。世界中の情報を整理して、世界中の人々がアクセスできて使えるようにすることがGoogleのミッションであると定義して、あらゆる情報を集約して使いやすいようにしています。

　事業の構成としては、広告ビジネスが企業利益として非常に大きく、また、代表的なものでGoogle Search、Google Maps、YouTube、Android、Chromeと、大体皆さんのスマートフォンにも入っているのではないでしょうか。

　最近取り組んでいるのは「AIファースト」で、たとえばスマートフォンのなかにいかにAndroidのOSを埋め込むか、検索エンジンを埋め込むかというように、GoogleがつくったAIのエンジンをいろいろなところに埋め込むことに注力しています。

　1つの例としては、Fitbitというウェアラブルのリストバンドがあります。脈を測ったりできますが、Googleの機械学習を入れてFitbitから情報を得て、それによって自分の健康状態を管理したり、健康増進アクションの提案を自動で行えるようにしており、GoogleのAIエンジンが、スマートフォンだけではなく、別の端末にも入っていってアクションの提示や分析をサポートしています。この利用者が増加していくと、Googleのエンジンを使っているユーザーが増加していく構造になっています。

　人材についても投資をして集めているので、技術をもっている会社を買収したり、AIの人材が働きやすいような組織に変えていったりしています。

　Googleも、Amazon同様、株主に対しては中長期的な成長で還元していく方針で、配当もしていないし、自社株買いの累計額も非常に少ないかたちで、中長期的な投資に振り向けていることがわかります。実際にGoogleはM&Aをよく行っていますが、これは先ほどのビジョンを実現するために数

多くの会社に投資し、中長期的な成長を目指しているということです。Google がYouTubeを買ったのは有名ですが、YouTubeの売上高がまだ1,500万ドルだったときに買収額としてその100倍の大きな投資をしました[6]。その後、売上げが飛躍的に伸び、2013年で56億ドルになっていますが[7]、いまやこれよりもさらに大きくなっています。リスクがあるようにみえる投資は、自由になるキャッシュがないとできません。自由になるキャッシュを投資家との関係性によって手に入れたことで、こういったダイナミックな投資ができるという循環をつくっている例だと思います。

　人材の採用・育成・活躍については、Smart CreativeをGoogleは育てていきたいといっています。これは"着実にしっかりやります"という官僚的なエリートではなく、ビジネスのセンスや専門知識はもちろんですが、クリエイティブなエネルギー、自分で手を動かして業務を遂行しようとする姿勢、こういうSmart Creativeとして定義した人材を採用していくということです。特に、採用の掟として「自分より優秀で博識な人物を採用せよ」とあるのが、すごいですね。天才ばかりを集めているなかで、自分より優秀な人を採用し、また「最高の候補者を見つけた場合のみ採用せよ。いっさいの妥協は許されない」というポリシーでタレントを集めています。

　特に人事部では採用を非常に重視しているので、人事部には多くのデータサイエンティストがいるといわれています。どういう人がどういう面接を行ったときに優秀な人を採用できているか、面接のときどうだった人がその後活躍しているか、人の話なので相関関係がわかりづらいところですが、これを分析して、より最高の人材をより高い確度で集められる取組みをし続けています。

　また、働きやすさを追求するということで、Smart Creativeな人たちが仕事に没頭できるような環境づくりをしています。Googleの本社は「キャン

6　https://dealbook.nytimes.com/2007/03/08/was-youtube-worth-it/?searchResultPosition=16

7　https://newspicks.com/news/602949/body/

パス」と呼ばれていますが、たとえば食堂だったり、自転車のレンタルだったり、会社のなかでスポーツをしたり、雑用も全部済ませられるし、リラックス空間もあるということで、集中しやすい環境、オンとオフ全部が完結できるような環境を提供しています。

「20％ルール」というのを聞いたことがある人も多いかもしれないですが、20％というのは1週間のなかで1日分、20％の労働時間は本業じゃないことをやっていいというルールになっています。かつ、その20％の時間で何をやっているかを上司は問うてはいけない、管理してはいけないというルールになっています。自分の興味・関心がある新しい研究をしたり、誰かと新しいアイデアの実現に向かったり、これは個人が興味・関心に赴いて自由に行うなかからいろいろなイノベーションが創発されるという考え方ですね。

その20％の使い方の1つとして、東日本大震災のときにはパーソンファインダーを現場の独自の判断でつくったり、ウェブページだけだったものをモバイル版も開発したりしていました。大企業になったいまでも、こういうことが現場起点で起きていく自由な風土、柔軟な風土を維持し続けているのだと思います。

(6) GAFAが変える企業価値

ここまでAmazon、Googleがどうやって成長してきたのかをお話ししてきましたが、これは社会にも影響を与え始めていると思っています。時価総額イコール企業価値であるととらえられていますが、この企業価値のとらえ方が、1975年、サービス業よりもものづくりが世界でメインだった時代には、有形資産、いわゆる工場の設備、どんないい設備をもっているかとか、そういうものが企業の価値の大半を占めていました。ところが、IT、インターネットの勃興期では無形の資産、成長に対する期待や、サービスという無形のものの価値が基準になることが増えてきて、2005年以降、GAFAが台頭することによって、よりそれが加速化している状況だと考えています。Amazonがいま生んでいる利益よりも百何十倍もの株価がついているという話が

ありましたが、投資家が企業を評価するときには、いま何をもっているかではなく、どれだけ成長しそうな会社なのかということをみるように投資家のマインドセットも変わってきていると、そういうインパクトを与えていると思います。

　ここまでご紹介したGAFAの特徴を簡単にまとめると、魅力的で革新的なビジョンを掲げて、それを起点とする３つのモデルによって飛躍的な成長を10年以上も持続しているという点だといえます。世の中、優れたビジネスモデルは次々と出てきますが、20％成長を10年以上継続できている[8]点はGAFAの１つの特色だと思います。

　革新的なサービスでユーザー基盤を獲得し、それを梃子に巨大なエコシステムを構築してサービスを拡充していくことで、それぞれの領域におけるナンバーワンの座を確固たるものにしているビジネスモデルと、成長に対する期待を梃子にした投資家から集まってくる資本と徹底的なキャッシュマネジメント、手に入れた自由なキャッシュを使ってダイナミックな投資、時にリスキーにみえる投資もダイナミックに行える環境をつくっているという点。それから、世界一の人材を集めて、彼らを最大限活かすようなマネジメントを確立している点、このあたりがGAFAの共通の特色といえます。

　これによって莫大な時価総額、企業価値をつくっていった結果として資本市場にも影響を与えており、IT、インターネットの勃興によって無形資産を評価する市場に変わりつつあったことも追い風にして、お金を集めていくモデルが確立し、さらにGAFAの成功は投資家のマインドを変え、成長に対して投資していくというトレンドを根づかせたといえるのではないでしょうか。

(7)　GAFAが牽引する世界のビジネス

　ここで、GAFAに関する今後の注目点として、２つご紹介したいと思いま

8　財務諸表よりアクセンチュアが算出

す。

　1つは、中国のBATです。Baidu、Alibaba、Tencentがかなり勃興してきていることにどう対応していくのか。それから、さまざまな規制、監視、罰則などが強まってきている状況のなか、これにどう対応していくのか、社会にどう貢献していくのか。

　BATのなかで、Baiduは検索エンジンサービス、Alibabaはオンラインコマース、そしてTencentは中国版Facebookのようなものとゲームを事業にしていて、中国のインターネットユーザーの大半がこれを使っているという独占状態になっています。

　Alibabaの例をご紹介します。Alibabaは、1999年に創業して、いわゆるAmazonのようなオンライン取引をしています。ECサイトといっても、B2Bが起点で、その後消費者と消費者のC2Cに拡大し、さらにB2Cへ拡大し、企業がもっている商品を消費者に届けるサービスを次々に展開しています。

　流通総額でも、B2Cの取引とC2Cの消費者間の取引が飛躍的に伸びています。中国では「独身の日」とされる11月11日に大規模なバーゲンセールを行いますが、ここでの売上げが1兆円9を超えるそうです。

　タイムマシーン期においては、無料サービスでいち早く参加者を増やすため、量を増やしていきました。また質という点では、個人間の取引では詐欺のようなリスクがありますが、ここの担保をAlibabaが企業として行いました。これは代金を個人・買い手が払ってくれるかどうかとは関係なく、Alibabaが売った人に支払うというサービスです。これを「エスクローサービス」といいますが、こういうサービスを導入することで「詐欺に遭うかもしれない」というためらいをなくす工夫もしながら大きく伸びていきました。

　タイムマシーン期から脱して、いまでは革新的な金融・決済系のサービスを提供しています。もともとはECのなか、つまり自社がかかわっている取

9　https://techcrunch.com/2018/11/11/alibaba-singles-day-2018-31b

引のなかでの決済サービスを行っていましたが、これに銀行サービス、モバイルウォレットというサービスを追加して、さらに投資の仕組みも追加して、最後は信用サービスにまで乗り出してきています。いわゆるわれわれが使っているオンラインバンキングの仕組みにさらに追加して、たとえば物を買うネット通販や、映画のチケットや飛行機のチケットをとることまで全部このなかで完結する仕組みになっているのです。

　この取組みにより、消費者の銀行の預金残高も、どんな映画をみたのかも、いつ飛行機に乗ったのかもAlibabaが把握することになり、Alibabaが「この人がどういう人なのか」を最も知っている企業になっていることを意味します。どれだけお金をもっていて、どういう使い方をしていて、使ったお金に対してきちんと支払う人なのか、またSNS上ではどれぐらい知り合いがいるか等がわかってしまう状態になっているので、これによって信用のスコアリングをしています。

　このスコアをベースに、たとえばホテルにチェックインするときに「この人は信用できる人だからデポジットは要らない」というように判断され、ホテルのサービスをレベルアップするための情報として使うことができます。そうすると、チェックインの手続がより簡便化されるので、ホテルのサービスレベルもより上がることになります。このようなことを下支えする信用サービスも提供し始めています。個人からすると、実際にお金をきちんと返す人や、物をきちんと返す人にはどんどん便利になっていくということですね。

　一方、個人情報が全部漏れているのではないかというデメリットも懸念されますが、きちんとしている人にとってますます便利になっていくということが実現されている点は、BATのプラスアルファの特色だと思います。

　今後の注目ポイントとしてもう1つの観点です。革新的、野心的で魅力的な目標や目的（Purpose）をご紹介しましたが、少し違う観点のPurposeを掲げる企業が最近出てきています。

　ユニリーバは石けんやシャンプー、いわゆる消費財を取り扱っているグ

ローバルメーカーですが、社会に貢献することが自分たちのビジネスだとCEOがいっています。社会貢献の切り口は3つだといっていて、1つが「健康と福祉を向上するために行動する10億以上の人々を支援する」ことで、健康と衛生、栄養改善に世界の10億の人が取り組めるようにすることです。ほかには、「2030年までに事業を成長させつつ環境破壊を半減する」や、「2020年までに数百万人の生活向上を支援する」ということで、公平な労働環境を提供し、女性のための機会を提供し、インクルーシブなビジネスを提供するといっています。

　具体的には、トイレへのアクセスの改善です。日本ではあまり考えられない話ですが、世界ではまだ清潔なトイレが実現されておらず、それによって健康を害することが非常に多く起きています。ユニリーバはこの問題に対して、インドでは手ごろな価格の粉末タイプのトイレクリーナー、南アフリカでは水不足なので水をあまり使わなくていいようなスプレータイプのトイレクリーナーを開発して投入することで人々の生活をよくしようとしています。「安全・衛生・健康を守っていきます」ということを旗印に、ビジネスを展開しています。

　あとは手洗いです。石けんもないので手も洗わない、それが理由で下痢や肺炎になって、100万人を超える子供が亡くなっており[10]、これを解決するために新興国向けの安価な石けんをつくって、現場に入り込んで各地域で手洗いプログラムを実践することで「手を洗うと、どんないいことがあるのか」という「手を洗う文化」をつくりに行くことをしています。

　社会に貢献するという崇高なPurposeを掲げて、それを着実に実行することで大きく株価を伸ばしているユニリーバのような例が、いま出てきているのです。

　同様にもう1例は、携帯電話キャリアのボーダフォンです。イギリスの企業ですが、こちらも3つの目標を掲げています。1つは女性の社会的地位の

10　https://www.who.int/en/news-room/fact-sheets/detail/pneumonia
　　https://www.who.int/en/news-room/fact-sheets/detail/diarrhoeal-disease

向上、2つ目がエネルギーイノベーション、3つ目が若者のスキルと仕事を
つくっていくということ。

　実際には新興国向けのモバイルペイメントサービスをつくっています。社
会的な地位があまりない人でも保険に入りやすかったり、お金を借りて何か
事業を立ち上げたりという基盤を金融と組んでつくり、モバイル上で全部完
結する仕組みを提供しています。ケニア、コンゴ、エジプト、ガーナ、イン
ドなどでお金があまりない人でも新しく事業を立ち上げたり、安定した生活
を送れたりという支援をする取組みをして大きな成果を出しています。

　ボーダフォンは、もともと利益率が28%[11]だったのですが、新しいサステ
ナビリティ・ビジネス戦略を立案して実行し始めてからさらに伸びていて、
これが特筆すべき状況です。

　GAFAはより便利さを追求するような豊富な品揃えだったり、すべての情
報を集めることを基軸に飛躍的な成長を遂げていますが、一方で存在感が非
常に大きくなりすぎていることもあって、データの面での規制や税に対して
の取り締まりが出てきていたり、風当たりも強くなってきているというのが
いまの状況です。これに対して、ユニリーバやボーダフォンのように、より
高次なPurposeを掲げて社会に認められながら成長を持続していくところに
今後シフトしていけるのかどうか。GAFAを今後みていくうえでの着眼点の
1つかなと思い、最後にご紹介いたしました。

11　Vodafone Annual report

GAFAの成長モデルと
日本企業への示唆(2)

アクセンチュア株式会社常務執行役員

牧岡　宏

アクセンチュアの牧岡です。よろしくお願いします。

日本企業にとってプラットフォーマーの台頭が何を意味するのか、お話ししたいと思います。

(1)　製品価値の普遍化

プラットフォームに限らない話ですが、物やサービスをつくって売る、あるいはその逆で物やサービスを買う、利用するという基本的な視点で考えると、サプライ起点と、その逆側のデマンド起点と、その両方のデマンドとサプライのマッチングという軸があると思います。

また物やサービスの売買が何を使って行われているのかという軸もあります。人力、それからソフトウェア——OSやアプリケーションも含めたソフトウェアの世界。さらに、「ネットワークの外部性」といわれている原理。そして、機械学習、いわゆるAIです。

それぞれの価値は、人力であればたとえば「経験曲線」といわれているもので、これは物事を10回行うよりも100回行ったほうがより効率的に早くできるようになるということです。また、ソフトウェアの価値の1つは、限界費用が限りなくゼロに近づいていくこと。たとえばマイクロソフトのOSで考えてみると、最初にいろいろな投資をしますが、できあがった後は、限界費用はもうほぼゼロだといえます。

では、それを組み合わせてみましょう。縦軸がプラットフォームの価値と

して①製品価値の普遍化、②デマンドとサプライのマッチング、③顧客が求める価値提供のエージェント。横軸はそれらをつかさどるもので人力、ソフトウェア、ネットワーク、インテリジェンス。この２軸で、たとえば「製品価値の普遍化」をみてみます（図表１－３－１）。

　人力の例で、昔の松下電器、いまのパナソニックには「白物家電」を水道のように世の中にあまねく普及させるという「水道哲学」がありました。人力のところでデマンドサイドに立ってみると、いろいろな価値を提供するデパートの外商や、八百屋さんなどが近所を回って欲しいものを聞いた、御用聞きなどが該当します。

　次にサプライサイドをテクノロジーを使って右に進めていくと、WindowsのようなOSもあるし、AWSのようなクラウドサービスも該当する。また、IBMのWATSONなど、いわゆるAIを基盤としてサービス提供していく方向に発展してきています。

　このように整理してみると、ネットワークテクノロジーを使ってデマンドとサプライのマッチングをしていくのが、よくいわれているマーケットプレイス機能ということになります。Amazonなどイメージしやすいと思います

図表１－３－１　プラットフォームの進化

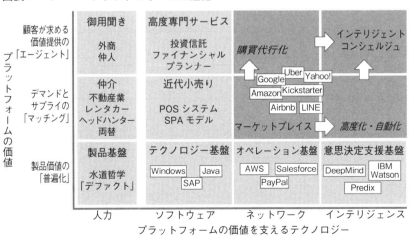

し、AirbnbやUberがありますね。

　では、現在はどうなっているのか。1つはマッチングから、よりデマンドサイドに上がっていくという上のベクトル、もう1つはネットワークからさらにプラスアルファでAIを使っていくという右のベクトル、そのベクトルが合成されたところがインテリジェントコンシェルジュになります。コンシェルジュは、まさにデマンド側、最終的にお客さんサイドに立って、「その人にはどのようなものがいいのか」を代行して考えてあげるもので、プラットフォームはこの方向に進んでいるとみています。

　Amazonの軌跡をたどってみると、最初は、本の販売という一点突破でした。その一点突破から、生活に不可欠な存在になることを標ぼうしてだんだん品揃えを増やし、結果として参加者が増加していく構造になっています。

　実際、Amazonの株価の推移をみてみると、大きく2つの屈曲点があり、最初は2008年、2009年頃から上がってきています。Zapposという靴のEC、いわゆるマーケットプレイスを行っている会社を買収した頃で、これが1つの屈曲点をもたらしていると思います。もう1つの屈曲点は、Echoで、なかに使われているAIエンジンのAlexaがローンチされたときでもあり、また株価は上昇しています。

　Amazonはなぜ、Zapposを買収したのか。しばらくは価格差でZapposに対抗しようとしていたAmazonですが、単純な価格差という非常に合理的な部分だけの優位性ではZapposに勝てないことに気がついて買収したんだと思います。Zapposはお客さんのロイヤルティー、日本語だと「忠誠心」という少し堅い単語になりますが、ロイヤルティードリブンの経営をしてきました。これは、お客さんの声をいかに大事にするかということです。小売りではそれを表す1つの指標としてリピート顧客がどのぐらいいるかをよくみますが、Zapposには平均的な企業の2倍近いリピートのお客さんがいました[12]。

　Amazonは、Zapposを買って吸収するより、あえて別個の存在にして、Zapposにお客さんのロイヤルティーを高めるためのノウハウを濃く集中さ

せました。そして、そこからのいろいろな学びをAmazon本体に入れていく方法をとりました。それぐらいZapposがもっている顧客ロイヤルティーを強く維持する能力を高く評価していたということです。

　AIについては、世の中でいわれているよりも生活のなかに溶け込んでいます。Siriを使っている人も大勢いると思いますし、Amazon EchoやGoogle Homeを使っている人も多数いると思いますが、たとえば"AIとのやりとりが容易になったと認識"する人が85％に達している[13]というデータもあります。

　Amazon Echoに関しては、「スキル」であるAlexaを開放しているので、「能力の拡張」つまりヘルスケアやファイナンスや旅行、不動産など、いろいろな個別の領域に対応できるAIとしてスキルを開発している人たちが大勢出てきています。

　また、Echoは家のなかにありますが、スマートフォンにも、車、家電、ロボットなどにもAlexaが内蔵されていると思います。個人が何をやっているか、何を買っているか、あるいはどこに行っているかという行動パターンの膨大なデータをAmazonはとっていると一般的にはいわれていますね。

　具体的に「天気はどう？」とか「どこに行きたい？」という顕在化しているニーズや考えもさることながら、何を考えているかなどの潜在的なところまでおそらく読み取れるようになってきます。たとえば日本で独居老人がますます増えてきたときに、気のきくAIと会話するほうが快適だと思うようになるでしょう。そうすると、ちょっとしたつぶやきなども全部収集されて、潜在的な思いや願望まで読み取られてしまうかもしれない。こんなところにまで進んでいく可能性もあります。

　もう1つは、購買履歴や、行き先の履歴などがわかるので、それを自分たちの製品をつくるときに活用するという話があります。たとえばトマトジュースに関して、味が濃いとか食塩無添加がよいとか、リコピンがいっぱ

12　https://www.christine.net/2008/02/zappos-shares-s.html
13　アクセンチュアのデジタル消費者調査、2017年

い入っているのが好まれるとか、顧客の嗜好がわかります。カゴメはAmazonと一緒に開発を行って、Amazon専用のプライベートブランドとして「プレミアムレッド」という商品を出しました。普通のナショナルブランドとして出しているカゴメの缶ジュースが100円程度だとしたら、これは160円程度します[14]が、それでも大きな売上げになっています。

このような動きは、トマトジュースだけではなく、ほかの消費財メーカーも追随してきています。

たとえば、一般的に衣類、アパレルビジネスにおける最大の悩みとして、サイズなどバリエーションが多くならざるをえないので、なかなか回転しないということがあげられます。

パレートの法則「80・20（二八の法則）」というのは、約20％のものが80％の売上げをつくっているという意味ですが、どこでも必ずそうなりがちで、特にアパレルの場合は20・80が10・90だったり、5・95だったりします。「ロングテールは悪である」とアパレルの人たちは悩んでいますが、Amazonの場合は逆にロングテールでも儲けられる仕組みをつくっています。それはやはり顧客の嗜好、何がどれくらい売れるかというデータをある程度もっているからです。

日本の会社、たとえば日本の消費財メーカーが長い間悩んでいるのが、Amazonのプラットフォームに乗るべきなのか、それとも違うやり方で生き延びるべきなのかということです。これがいまの多くの消費財のメーカーの経営層、トップの最大の悩みといえます。業界によっても状況が異なりますし、会社そのものの戦略や考え方によっても違うので必ずしもどちらがいいということはいえませんが、経営イシューとしてはそれほど大きくなってきています。

14　アクセンチュア調べ

⑵ 日本企業はプラットフォーマーとどう対峙するか

次に、プラットフォームエコノミーが台頭してきたときに日本の企業がとるべき方策についてお話しします。

企画して製造して販売するという従来のバリューチェーンのビジネスが昨今変わってきていますが、一方通行で物事や付加価値が進んでくる従来型を「リニア型のバリューチェーン」と呼び、そのリニア型のバリューチェーンは「レイヤー型のバリューチェーン」になり産業構造も変化しています（図表1-3-2）。

レイヤー型とは、Market、Make、Sell、Serveのなかでそれぞれ物事が進んでいくという意味合いです。

これにはいろいろな要因がありますが、一つはエンドユーザーあるいはその前のカスタマーの求めるニーズが高度化してきたり、複雑化してきているということがあります。昔はあるメーカーさんがつくったものをそのまま購入していたのが、いまはそれではなかなか満足できず、自分たちが企画の部分、生産の部分、売る部分それぞれに関して関与したいという傾向が強まっています。これが「産業構造のレイヤー化」です。

企画・製造・販売・サービスという流れでみたときに「日本企業はこの縦方向のレイヤー型のプラットフォーム的なビジネスのなかでどこに可能性があるのか」というのを示します（図表1-3-3）。

Marketの領域で勝つのは厳しく、またAmazonがやっているSellの領域で勝つのも非常に厳しい。これは結局、グローバルスケールのビジネスにならない限りは永遠に勝てないからです。言語は、多かれ少なかれ、全部自動化すると思うので、言語そのものというより人口的にという意味で、中国、インド、もちろんアメリカ等々が出てくるなか、人口減少が進む日本がこの領域で勝つのは厳しいとわれわれは考えています。

逆に多少なりとも可能性があるのは、Makeの領域で、日本のものづくりのなかでも、特に暗黙知の部分、ものづくりのノウハウです。これを梃子に

図表 1 − 3 − 2　産業構造の変化

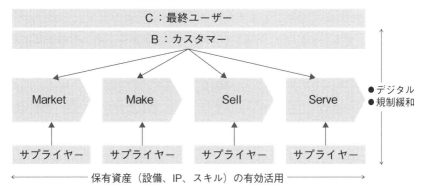

ニーズの高度化…製品・サービスを構成する機能・コンポーネントの価格とスペックに対する要求水準、選択肢の幅

←――――――――――――――――――→

C：最終ユーザー

B：カスタマー

| Market | Make | Sell | Serve |

●デジタル
●規制緩和

サプライヤー　サプライヤー　サプライヤー　サプライヤー

←――――――― 保有資産（設備、IP、スキル）の有効活用 ―――――――→

図表 1 − 3 − 3　日本発プラットフォームの可能性

業務プロセス	Market	Make	Sell	Serve
顧客接点（業務領域）	認知（検索・広告）　関心（チャット／メッセージ）　理解（チャット）　欲求（チャット）	デザイン　製品仕様確定　生産計画　製造	仕様確認　受注／決済　引当　配送	補修　バージョンアップ　コミュニティ　サービス事業
Global企業（例示）	🇺🇸 Google Facebook　⭐百度 微信	🇺🇸 GE　🇪🇺 SIEMENS ABB KUKA	🇺🇸 Amazon Apple (iTune)　⭐阿里巴巴 京東商城	🇺🇸 Uber Airbnb　⭐自由客 滴滴
日本企業（例示）	🇯🇵 LINE	🇯🇵 FANUC 安川電機 川崎重工	🇯🇵 楽天	🇯🇵 日本交通 パーク24 akippa ラクスル
	グローバル競争で言語／人口的に日本は不利	ものづくりを梃子に日本、ドイツに勝機？	グローバル競争で言語／人口的に日本は不利	遊休資産を梃子に日本にもチャンス？

グローバルに打って出られないか、グローバルプラットフォーマーになれないかと思っています。現在、世界でものづくりといえばドイツと日本ですので、限りなくこの二国の一騎打ちになるでしょうが、ここにこそ勝機があると思います。

　Serveの領域について、日本の１つの特徴として、遊休資産が圧倒的に多いことがあります。Uberの話でよくいわれていますが、自家用車の稼働率は日本だけではなく、世界全般で数％程度です。また、日本の場合は工場の設備や、空き家など、稼働してないものが比較的多い。まさにUberのビジネスが典型的ですが、車に限らず、使われていない資産をうまく使ってサービスを展開していくのは、遊休資産が多いという点においてのみですが、まだ日本の登板のチャンスがあるということを意味します。ただ、この点でグローバルのプラットフォーマーになれるかというと、そう簡単ではないと思います。

　ものづくりで、たとえばFANUCはグローバルベースでも工場、生産設備、ロボットも含めて非常にシェアの高いプレーヤーですが、彼らの工場で使うOSの部分を「FIELD system」というかたちで外販し始めています。AIに関してはプリファード・ネットワークスと戦略的に提携をして、これを基盤、いわゆるプラットフォームとしてグローバルで戦っていこうとしている。ここに可能性はあると思います。

　もう１つ、似たような試みでは、JSRという日本の化学メーカーがあります。コンビナートのなかには複数の会社が入っていますが、いままではバケツリレーのような構造で、つなぎや連携がきわめて効率的ではないという認識がありました。また、一つひとつのオペレーションに関しても、暗黙知、ベテランのエンジニアの勘や経験によっているところが多かったんですね。そこでいま、JSRは、暗黙知の経験でやってきたことを、センサーやアナリティクスを使って自動化するということに挑戦しています。また、コンビナートを構成する他の企業のなかでもそれをプラットフォームとして使って、コンビナート全体の効率、それからコストを格段に下げていこうという

動きがあります。

　もう１つ、ものづくりでドイツと日本を比べるとどうか。ドイツがインダストリー4.0で産学、政府も含めて国をあげて取り組んでいるので結構先行しているイメージはありますが、「では、ドイツが圧勝か」というと、そうでもないのです。

　意外に思うかもしれませんが、ドイツの通信ネットワークはかなり遅れており、４Ｇ回線の普及率57％、世界58位に対し[15]、日本は最先端に近い。もう間もなく５Ｇになるので、ネットワークインフラに関しては、日本のほうが優れています。

　あとは、中小企業割合が高いこともあげておきます。300人以下の会社がドイツが99.6％、日本も99.7％で両方とも高いですが、ドイツの場合は非系列、独立しているので、なかなかいうことを聞かない。対して日本の場合は、系列の割合が高いので、一丸となって取り組みやすい文化があります。ものづくりプラットフォームをつくっていくときに、実は日本のように系列の中小企業が多いことが有利になる場合もあるのです。

　遊休資産の活用については、ラクスルがいい例です。印刷業界はデマンドサイドは小ロットが多い。たとえば地場のスーパーマーケットがチラシをつくることになっても、そんなに大きなロットにはなりません。また、事業者側も２万社以上いて、上位２社で50％程度のシェアを占めており、町の印刷工場は非常に多い。なおかつ、商売の取引にインターネットを使っているという会社はほぼゼロに近いので、デマンドサイドもサプライサイドも分散化してしまい、結果として事業者サイドでは印刷機械の稼働率が非常に低いことが課題になっていました。そこで、稼働していない部分についてネットを使ってマッチングを行った。そのときに空いている印刷会社、なおかつデリバリーの問題があるから極力お客さんに近いところで空いている会社がすぐわかり、そこに小ロットで発注をかけていくことを行いました。印刷も、中

15　https://www.opensignal.com/reports/2016/11/state-of-lte

国で頼むよりも安くできる。当然、空いているところで行うので、いわゆる限界費用的には、動かすための電力代程度ですむ、このようなビジネスが出てきています。ある意味、Uberの印刷業界版のような話です。

ラクスルはずっとこういった領域を見つけていこうとしています。その後、彼らが始めたのがテレビコマーシャルで、特に地方局の枠を小分けで売り、そこで流すコンテンツも安くつくって、大金をかけなくても、地域でテレビコマーシャルを効果的に打てるというマッチングもしています。こういったビジネスが増えています。

日本企業の生き残りを考えたときに、Amazonのプラットフォームに乗るか、それとも独立の道を選ぶかは、大きな経営アジェンダです。また、プラットフォームをより構造的にみたときに、日本は企画やSellの領域でグローバルで勝てるのか。一方、チャンスがあると思われるものづくりや遊休資産の領域で本当にスケールアップできるのか、このあたりがいま、経営上の大きな論点になっていると思います。

(3) 世界の競争ルールの変化

最後に、競争のルールの大きな変化についてお話しします（図表1－3－4）。

従来のモデルでは、売上げをどうあげるか、利益をどう向上させるかということに注力している経営者が非常に多かった。それに対して、いまはPur-

図表1－3－4　競争ルールの変化

パイプライン型モデル		プラットフォーム型モデル
① 企業ビジョン	⟺	社会・産業ビジョン
② 機能的な価値	⟺	エンドユーザーの成果の価値
③ 不確実性の最小化	⟺	不確実性に対する対応力
④ 有形・無形資産の差別性	⟺	情報量
⑤ 供給サイドのスケール	⟺	需要サイドのスケール
⑥ 自社内部の最適化	⟺	エコシステムの統治
⑦ 自社の売上げ、利益	⟺	プラットフォーム全体価値

pose Drivenな経営をどう掲げていくかが非常に重要になっています。だいぶ前からですが、シリコンバレーの企業の株価は、ファウンダーのビジョン、世界観で左右されるようになってきています。日本の企業が、大きなミッションやPurposeをどう掲げ、それを絵空事ではなく、まじめに追求していくように変われるかどうかが競争上の大きな話になってくると思います。

　また、エンドユーザーに対して、安いとかおいしいとか早いとか、そういう機能的な価値ももちろん最低限必要ですが、それを使ってみてどういう経験があったのかや、どんないいことがあったのかが重要になってきています。マーケティングでよくいわれてきた「ドリルが欲しいわけじゃなくて、穴をあけたいんだ」という話です。

　日本の従来の経営の目的は、不確実性を最小化していく、リスクを極力抑えていくことでしたが、今後はむしろいろいろなことが起きたときの対応力、英語でいうとレジリエンスが会社としても大事になってくると思います。また、有形・無形資産がどれだけ優れているかとか、特殊なノウハウがあるかに対して、顕在化している情報量、さらに潜在化している情報量、これらがカギになってくると思います。

　また、供給サイドでは、工場が何軒あるかがもともとは大事でした。ラーニングカーブ（経験曲線）がきいているから物が安くつくれるということに対して、需要サイドのスケール、どれだけ多くのお客さんをもっているのかが重要です。

　自社内部の最適化では、一方通行のバリューチェーンに対して、それぞれの機能のなかをいかに最適化していくかがいままでの経営の主眼でした。プラットフォームを前提に考えてみると、自分たちでやるわけではないので、いわゆるエコシステムといわれている、（そこに参画する他社も含めて）プラットフォーム全体の価値をいかに高めていくか、このように経営の視点も変わらなければならないと思います。

　繰り返しになりますが、Amazonとどう対峙していくのか、あるいはレイ

ヤー化する経済構造のなかで自社をどう位置づけていくのか。また、表裏一体の話として、競争のルールが大きく変わってきているのに対して自社がどう舵を切っていったらいいのかがいまの多くの経営者の悩みです。

【商標に関するディスクレーマー】

"Amazon Web Services"、"アマゾン ウェブ サービス"、"AWS"、"Amazon EC2"、"EC2"、"Amazon Elastic Compute Cloud"、"Amazon Virtual Private Cloud"、"Amazon VPC"、"Amazon SimpleDB"、"SimpleDB"、"Amazon S3"、"Amazon Simple Storage Service"、"Amazon CloudFront"、"CloudFront"、"Amazon SQS"、"SQS"、"Amazon Simple Queue Service"、"Amazon Simple Email Service"、"Amazon Elastic Beanstalk"、"Amazon Simple Notification Service"、"Amazon Route 53"、"Amazon RDS"、"Amazon Relational Database"、"Amazon CloudWatch"、"Amazon SimpleWorkFlow"、"AWS Premium Support"、"AWS Import/Export"、"Amazon FPS"、"Amazon Flexible Payments Service"、"Amazon DevPay"、"DevPay"、"Amazon Mechanical Turk"、"Mechanical Turk"、"Alexa Web Search"、"Alexa Web Information Service"、"Alexa Top Sites"、"Alexa Site Thumbnail"、"Amazon FWS"、"Amazon Fulfillment Web Service"、"Amazon Associates Web Service"、ならびにその他のAWSのグラフィック、ロゴ、ページヘッダー、ボタンアイコン、スクリプト、サービス名は、米国および／またはその他の国における、AWSの商標、登録商標またはトレードドレスです。AWSの商標およびトレードドレスは、お客様に混同を生ずるおそれのある方法や、AWSの名誉または信用を傷つける方法で、AWSのものでない製品またはサービスに関して用いることはできません。AWSサイト上に表示されている商標のうち、AWSが所有していないすべてのその他の商標は、AWSと提携、関連、あるいは支援を受けているか否かにかかわらず、それぞれの所有者の財産です。

ディスカッション

（1） 米中プラットフォーマーの戦いと日本社会

幸田：プラットフォーマーのいろいろな議論がありましたが、特に米国と中国のプラットフォーマーの戦いをどのようにとらえるのかは、これから数年の間の非常に重要な観点だと思います。データ量からすると、中国のほうがある程度有利ではないかという話も含めて、グローバル企業であるアクセンチュアさんは、どのようにとらえていますか。

山路：まだこれは決着がついていませんが、たとえばシアトルにできたAmazon GOは、カメラで誰が入ってきたのか、何を買ったのかを認識してそのまま出ていけるというものですね。これを日本で実施するとします。コンビニで誰が入ってきたのかをカメラで特定できるようにしようとすると、「この店舗のなかではあなたの顔を撮って、あなたが誰なのかを認識してますよ」ということを事前に伝えないといけないという社会的な受容性の問題もあり、こういった点はなかなか進んでないというのが日本の現状ですね。

　その点、中国はその辺りの受容度が広いところがあるので、こういったサービスはいま非常に進んできています。「この顔の人は誰」なのかとか、どの顔の人がどの店に入ってきたのか、という情報を企業側がもっていても人々がそんなには気にしないという受容性がある。だからこそ、このサービスをどんどん進化させていくことができているので、スタートアップも含めて、Amazonよりも中国のほうが進んでいる事例が多く出てきていると思います。

　しかしながら、先ほどGDPRの話もあったように、「世界中で受け入れられるのか」というと、このビジネスモデルが通用する地域というの

は限られてくると思います。データを使う場合は先に個人に聞く必要があるというルールがGDPRなので、そういう世界において誰が勝つのかはまだわかりません。

幸田：日本からすると、ある種の社会的価値感をどうやって共有して、社会全体が発展することで企業としても成長していくということを、かなり意識しているフェーズに入っているわけですよね。そういう意味では、やっぱり社会的価値をどういうふうに共有していくかというなかで企業戦略を考えていくしかないということですよね。

山路：そうですね。まさに各地域の社会的な価値観だったり受容性というところに適用したデータの扱い方、サービスの出し方というのを追求していくことだと思います。たとえばいまのAmazonの状況よりももう少しローカライズされたデータの使い方だったり、サービスの仕方だったりをどの地域で誰が早くやれるのか。こういった戦いに少しずつなっていくのかなと思います。

(2) Amazonとの共存

幸田：牧岡常務から、Amazonのプラットフォームに乗るのか、それとも独自にやっていくのかということでいろいろモデルをご紹介いただきましたが、Amazonと共存するという中間的なモデルは考えにくいということでしょうか。

牧岡：そうですね。各業界のCEOと議論していると、折衷案についてよく聞かれますが、それはないのではないかと思っています。むしろ、折衷案を選ぶのは一番良くない選択肢だと感覚的には思います。

　　　Amazonのプラットフォームに乗るということは、企業がR&Dに多大な投資をして、Amazonの求めるものに応えることを常にし続けなければならないということになります。R&Dをすることによって自分の意思の自由があまりきかなくなってくるんですね。それは、メーカーにとってはAmazonの軍門に下るという意識になるのかもしれません。

⑶ ものづくりとプラットフォーマー

曳野（京都大学経営管理大学院客員教授）：京都大学の経営管理大学院あるい
　は経済学部、この教室のなかにいる履修生の皆さんは、とてもフレッ
　シュな話が聞けたと思います。これは別に京都大学だけの問題ではな
　く、東京大学に行ったら藤本（隆宏）先生がものづくりを説いておられ
　るわけですが、ものづくりとプラットフォーマーの関係を知りたいとい
　うのが質問です。ものづくりの世界は日本の強みだという話はわれわれ
　もここ15年ぐらいずっと聞いてきていますが、プラットフォーマーのフ
　レッシュな話をお聞きするにつけ、ものづくりとの関係性はどう理解さ
　れているのかを伺いたいです。

山路：プラットフォーマーが現れてきているなかで、日本の"ものづくり
　力"の強みをどうとらえるのかということですね。いくつかの観点があ
　ると思います。たとえば自動車産業でいうと、UberやGrabがプラット
　フォーマーという位置づけになります。主に自動車をつくって売るとい
　うことだけがこれまでの価値だったのに対し、Uberのようなライド
　シェアやカーシェアのように、つくられた自動車をいかにうまく使い切
　るかというところに価値が移ってきて、そちらのプレーヤーが儲かった
　り、時価総額が高くなったりということが起きているというのが現状で
　すよね。

　　おそらく、ものづくりに強いというのは今後も強みであり続けると思
　いますが、その強みをどうやったら最大限の価値に転換できるかが重要
　になってきます。ものをつくることにとどまるだけではなく、いかにそ
　れを使うかというサービスまで出ていく必要性が高まっていると思いま
　す。いまは自動車を例にとりましたが、ほかの、たとえば発電所のプラ
　ントをつくっている会社であっても、電車をつくっている会社であって
　も、コピー機をつくっている会社であっても同じことがいえると思って
　います。

曳野：通常、われわれが大学で教えるときによくいうのは、日本企業のもの
づくりの強みは、ボトムアップの非常に緩い進化型のプロセス、製品革
新じゃなくて、工程革新だということです。ただ、おっしゃるように、
プラットフォーム型の、どちらかというとトップダウンの非常に革新的
なプロダクトイノベーションが出てきたときに、日本の伝統的なものづ
くりのプロセスは非常に弱いというのは実感としてあるんです。日本の
場合、両方をうまく活かし切れるかなというのが非常にむずかしいと思
うんですが、その点はどうでしょうか。

山路：先ほどお名前が出た藤本先生は私が東大の学生だったときに授業を受
けたことがありますが、その際にも、日本のものづくりはとても強いと
おっしゃっていました。ただ、日本企業は生産を支えている人たちが非
常に強いが、企画力で負けているから利益が出ないというお話がありま
した。ものづくりの強さとビジネスモデルを新しくつくっていくという
企画系の力といいますか、ものをつくる以外の力という、この両輪が求
められていく点はそのとおりだと思っています。

牧岡：たとえば、自動車がいわゆるシェアリング型になったときに、走行距
離が何十万キロを超えても大丈夫な車をつくれるかというと、実はあま
り問題ないんですね。日本はカーボンの素材などが強いので、たとえば
つくっている部材を変えるなどして、それを実現できる可能性がある。
ただ、そのときにいわれるのが、「それは頭ではわかるが、実際世の中
がそうなった姿が想像できない」ということ。「将来そうなるだろう」
ということを想像して、自分たちのものづくりを「いままでとは抜本的
に変えていくのである」という決断ができないということなんです。経
営陣がそういう未来を想像できる力を養うこと、これが結構大きなチャ
レンジだと思います。

曳野：なるほど。藤本先生とは一度対談したことがあって、そのときに彼に
いったのは「日本企業の伝統的な強みがものづくりというのはよくわか
ります。でも、企業というのは、ものづくりは手段であって、目的や目

標ではない。金づくりが目標でしょう。でも、基本的にものづくりが金づくりに結びつかないのが日本の世界だと思いますが、どうですか」と。そこで時間切れになって対談が終わっちゃったのを覚えているんですけれども、幸田先生、そのあたりはどう思われますか。

幸田：製造業のいろんな工程を見直したり素材を入れ替えたりすることにおいては、日本は非常に強いと思います。しかしながら、漸進的ではなくて、「破壊的に」商品やサービスをつくりだす力が日本にはないのではと、最近思います。オープンイノベーションとか、横断性を組み合わせない限り、多分うまくいかないというところがいまの日本の製造業にとってはすごく大きな崖のような存在になっているという印象が強いですね。

(4) 非合理性は排除されるのか

学生A：このプラットフォーマーの台頭というのは、究極の合理的な世の中を形成しているように感じるんですが、非合理的な国とか非合理的な人間というのは今後排除されていくのではないかとも思いました。特に日本は、割と非合理的な国民性のように思うのですが、その点どう思われますでしょうか。

山路：今回のGAFAのお話は、気づかないうちに、あらゆるレイヤーに対してすごく幅広く浸透しているということだと思うんですよね。軽く検索したりとか、何か音楽を聞いたりとか、少し問合せをしたりとか、そういうところを全部握っているということです。

　Amazonも、Dash Buttonが最たる例ですが、水だったらどれでもいいよ、ティッシュだったらどれでもいいよというような、必ずしもこだわりをもって選択する性質ではないものについては全部握っていくということが起きつつあるというのが現状だと思います。

　ただ一方で、たとえば旅館のサービスのように、個人の嗜好にあわせたサービスや商品がなくなるのかというと、水やティッシュや洗剤はも

うボタンで買えば何でもいいけれど、「これだけはこだわりたい」みたいなものがあると思います。まさに合理性を超えた人間の特性だと思いますが、そのような部分はこのまま残っていくのかなと思っています。

(5) プラットフォーム型ビジネスを立ち上げるには

学生B：日本からAmazonとかに勝てるようなプラットフォーム型のビジネスが出てほしいと思います。たとえば、いま、プラットフォーム型ビジネスというのは、ネットワーク効果が発揮され始めるとどんどん強くなっていくという印象があります。それに対抗して新規参入するときに何を差別化したら既存のプラットフォーマーに勝てるのでしょうか。また、新しくプラットフォーム型ビジネスを立ち上げるときに、チキン・エッグ問題（たとえばECサイトで、出品者が少ないと購入者としても魅力がないし、購入者が少ないと出品者としても魅力がないという問題）が起きると思うんですが、それを打破するときに何が必要なのかをお聞きしたいです。

牧岡：日本の規制緩和的な動きが遅いのは、既存のプラットフォーマーを打破しようという熱量が圧倒的に足りないからというのが私の見解です。先んじて何かを動かすための規制緩和を期待しても、失敗し続けてきた歴史があるので、そう思います。

プラットフォームエコノミーの台頭の一番大きな意味は、君たちのような学生がそういうことができる受容度が増したということです。すなわち、デジタルテクノロジーは結局物事をすべて限界費用ゼロにするというテクノロジーであって、巨額の投資も要らないことを意味します。産業のレイヤー化は、千載一遇のチャンスであると思います。もちろん、会社にまず入るのも1つの人生だし、コンサルティング会社に入るのも1つの人生なんですが、何か新しいことを考えてほしい。そういうチャンスがあるということです。

OriHimeという分身ロボットを知っていますか。いま、筋萎縮性側索

硬化症（ALS）の患者が国内に約1万人[16]いますが、OriHimeは目線で遠隔操作できるんです。さらに、いわゆる高齢者も含めて外に出られない人がいま350万人いますが、そういう人たちが遠隔地でカフェをやっています。ALSの人が、目で分身ロボットのOriHimeを操作して、カフェに来た人にコーヒーを出したりしています。これは、テクノロジーを使って、たとえば本来優れた能力や思いがあるにもかかわらず社会参加できないような人たちの思いや能力を活かしているビジネスなんですね。これはクラウドファンディングで実現しています。

　今日は遊休資産の話もしましたが、こういった世の中にあるいろいろな問題点とか、本来優れた能力をもっている人がなかなかできないことをテクノロジーを使って解決していくというネタがいっぱいあるはずなんですね。20年前だったら成功確率も低かったと思いますが、それがやりやすい時代になってきたというのが一番の意味合いだと思っています。

　だから、Amazonにどう対抗しようかという点だけでなく、あなた自身がどんなことをやりたいか、徹底して考えて、それを実現するにはどうしたらいいかという攻めの気持ちでいろいろやっていくと、環境的にすごく楽しい時代なのかなというのが僕の個人的な答えです。

16　http://www.als.gr.jp/about/age.html

GAFAの限界と日本の挑戦

青山学院大学大学院法務研究科教授・金融技術研究所所長
大垣　尚司

　米国のIT巨大企業はGAFA（Google、Amazon、Facebook、Apple）とまとめ称されることが多いが、4社の粗利益を比較してみると、GoogleとFacebookの2社は収益の大半を広告に依存する点で、他の2社とはかなり異なることがわかる（下図）。

GAFA粗利益の比較（2018年連結損益計算書による。単位：百万ドル）

Apple		Amazon	
iPhone	166,699	製品	
iPad	18,805		
mac	25,484		141,915
その他製品	17,417	サービス	
サービス	37,190		90,972
合計	265,595	合計	232,887

Alphabet（Google）		Facebook	
広告	79,383	広告	55,013
その他※	10,601	その他手数料	825
合計	89,984	合計	55,838

※apps、google cloud、ハードウェア

　Google（Alphabet）とFacebookのビジネスモデルを、単純化をおそれず要約すれば、検索サービスやSNSを軸としたきわめて利便性・付加価値の高い情報サービスを無料で提供することにより全世界の個人情報を集積し、これを活用して、きわめて高効率な広告サービスを提供するものということができる。そして、両社が個人向けのサービスを開発・改善するためにかけるコスト

が個人情報の取得費で、広告収入の原価ということになる。

　ところでいま、「サービス」という言葉を使ったが、実は本来2社が収益獲得のために提供しているサービスは広告であって、検索サービスやSNSは、そのための「原材料」である個人情報を仕込むための「仕掛け」にすぎない。われわれは無料で提供される仕掛けの魅力に惹かれて両社の広告ビジネスの「原材料」を提供するわけである。

　では、われわれが「仕掛け」から得ている利便は、両社に提供した「原材料」の価値に見合うものであろうか。一般的には、利用者である個人は無料で両社の卓越したサービスを利用できるのだからメリットこそあれ失っているものはない、と考える人が多いだろう。しかし、2社が巨額の広告収入を得られるのは、サービス利用者が、広告主からするときわめて価値の高い個人情報を、わずかの利便の代償として本来より不当に安く提供しているからだとみることもできる。もしそうなら、2社は本来の付加価値相当以上の超過利潤を獲得していることになり、その部分は企業が支払う広告料として商品・サービスの原価となり、最終的には消費者であるサービス利用者に転嫁される。

　もともと、個人に関する情報は「プライバシー」と呼ばれ、秘匿するものであっても、一部の公人・芸能人を除いて、それ自身に経済的価値があるものではなかった。しかし、住所や電話番号といった個人を特定するための情報やこれと紐づけされた購買履歴その他商業的な取引を行う者にとって有益な情報は、「むやみに探られないこと」自体に意味があるのではなく、それが取引当事者以外の第三者に開示されたり、追加的な分析を施されたりすることで経済的な価値をもつという点、すなわちその財産性に特徴がある（財産的個人情報）。

　財産的個人情報を、その経済的価値より安く買って高く売ることができれば一種のarbitrage（鞘取り・裁定取引）が成立する。GoogleやFacebookが巨大な広告収益をあげている背景には単なる付加価値を超えた情報裁定機会の存在があるのではないか。比較的最近まで、そうした裁定機会は金融市場に典型的にみられたわけだが、最近はむしろ「情報」をめぐり未開拓の裁定機会が大きく広がっているように思われる。これを実現して超過利潤をねらい続けるarbitratorがGoogleやFacebookだとみると彼らの企業文化が腑に落ちる。IT企業といっても「ものづくり」企業の延長線上にしかない日本のそれとは根本的に異なるといってよいだろう。

　ただし、裁定機会は永遠に存在するわけではない。たとえば欧州における

GDPR（General Data Protection Regulation）や独占禁止法の適用強化は、産業戦略的な視点からみると、欧州の個人が米国IT企業に財産的個人情報を「搾取」されていることに対し、規制を強化することで裁定機会を縮小し、後発の欧州企業と競争条件を均一化せんとする動きとみることができる。一方、日本は個人情報保護法第1条が、「この法律は、……個人情報の適正かつ効果的な活用が新たな産業の創出並びに活力ある経済社会及び豊かな国民生活の実現に資するものであることその他の個人情報の有用性に配慮しつつ、個人の権利利益を保護することを目的とする」とうたうことにも象徴されるように、どちらかというと産業寄りのスタンスをとっている。ただし、日本独自の取組みとして、財産権としての個人情報を情報バンクに預託することで、その商業的価値を実現するための枠組みを提供する方向性が模索されている。こうしたさまざまな動きが強化されることで、いまあるGoogle、Facebookの超過利潤は適正化に向かう可能性が高い。

　ただ、2社のarbitratorとしての本質を忘れるべきではない。規制をすれば市場に歪みが生ずる。歪みがあればそこには新たな裁定機会が生まれる。彼らはこうした機会をしたたかに収益機会に変えていく「眼」と企業文化をもっている。一方、そうした、往時の米国インベストメントバンクにみられたような徹底して市場の歪みを追いかけ収益に変える狩猟民族型企業文化を、日本の企業が国の規制や保護のもとで真似たとしても、2社のパイを奪える可能性は低い。日本の金融機関がそうであったように、残念ながら彼らに相当する企業が日本に登場することは期待しづらいのではないだろうか。

　これに対して、日本の企業にとって最もわかりやすいのがAppleである。同社は、高度に洗練され、統合された情報機器－「モノ」－をプラットフォームとして、そのユーザーに対して情報サービスを提供することで収益機会の拡大を図る。多くの日本の経営者が夢みる方向性である。しかし、このためには、パソコンや携帯電話という既存カテゴリーのなかで常に破壊的なイノベーションを起こし続ける必要がある。Appleの行き方は今日の企業にとって理想ではあろうが、最もハードルが高い道ともいえ、Apple自身、そのハードルを越えるための挑戦を続けている。こうしたあり方を漠然と夢みて「ものづくり」に根拠なく固執しても、物真似・改良主義に堕すのみであろう。

　そうしたなか、多少なりとも参考になるのがAmazonである。Amazonは、プラットフォーマーとしての位置づけが強調されることが多いが、有名な"virtuous cycle"をねらうという「方針」を愚直なまでに貫くことで結果的に取

り扱う商品やサービスが急速に拡大する、従来的な意味での「多角化」とはまったく異なる成長モデルを提供している点に特徴がある。"virtuous cycle" とは、小さいギアで巨大なギアを回すときのように最初は大変だがいったん大きなギアが回りだすと止まらなくなるような売上げの正の循環をいう。最初の商品である書籍も、Amazon MarketPlace、AWSも彼らにとってはそうした正の循環をねらえる「何か」にすぎないと整理してみるとわかりやすい。これが期待できる対象（モノ、サービス）を適切に選択（selection）するという「方針（principle）」に頑ななまで固執する一方で、それに合致するなら「何を」「どのように」にはこだわらない。もちろん、virtuous cycleを継続的に見出すことは簡単ではないが、そのための不断の努力を経営の中心に据えることで、巨大ながら、意思決定の面ではスタートアップ時と変わらぬ単純さ・速度が保たれている。日本企業は、概して「モノ・サービス」が先にありきで「方針」は場当たり的なことが多い。今日本の経営者に求められているのは、Amazonのような「儲けを約束する切り口」にこだわるビジネスモデルオリエンテッドな思考ではないだろうか。

第2章

ベンチャーエコシステムと
リスクマネーの供給

はじめに

幸田　博人

　今回は、「ベンチャーエコシステムとリスクマネーの供給」と題して、INCJの勝又代表取締役社長にお越しいただき、「官民ファンド」としてのプライベート・エクイティ投資、特にベンチャー企業投資を通じて、イノベーションの育成に向けた金融機能の提供者としての取組みや課題について、お話を伺いたいと思います。

　私からのガイダンスとして、以下の4つのテーマを設けております。「日本のイノベーション・エコシステムの現状」「日本企業の置かれている状況」「資金調達（VC関連）の環境」、それから「オープン・イノベーションの必要性」です。

(1)　日本のイノベーション・エコシステムの現状

　「イノベーション・エコシステム」の意味がどういうことかから始めたいと思います。起業して事業を立ち上げて、最初は、経営チームを構築しながら、商品を製造する工場をどうつくるか、マーケティングのルートはどうするかなど、さまざまなことを事業化に向けて進めていく必要があります。起業の段階を越えて商品やサービスがマーケットに受け入れられ、そして成長していくと、資金も必要になっていき、その資金を梃子にさらに成長していくことを目指します。こういう成長サイクルが極力スムーズに進んでいくように、ある種、"生態的なシステム"としてとらえます。イノベーションをベースにした事業化がこうした多様なサポートを受けながら、絶えず循環的に行われるようになることを、1つのエコシステムととらえて、「ベンチャーエコシステム」全体を構築していく努力が重要になってきます。

　産業部門の研究開発費の対GDP比率を各国別でみると、高い順から、韓

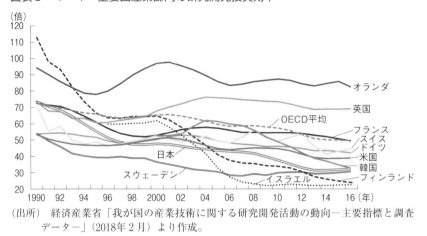

図表２−１−１　主要国産業部門の研究開発投資効率

(出所)　経済産業省「我が国の産業技術に関する研究開発活動の動向―主要指標と調査データー」(2018年２月) より作成。

国が３％、日本が2.5％、ドイツで２％です。日本の数字は確かに高いものの、イノベーションの創出力は後述のとおり、足元、厳しい状況にあります。日本の大企業が自社内の研究所に研究開発費を投じる資金は圧倒的に大きいわけですが、企業の付加価値と研究開発投資を比較した効率でみると (図表２−１−１)、日本の場合は、1990年代は比較的効率が高かったのですが、徐々に低下し、いまは先進国のなかで下位になっている点がポイントになります。また、「産官学」の資金の流れのデータをみていくと、大学に対して企業から流れる資金は大学の資金全体の2.6％とかなり低い水準で、企業等と大学との連携関係は強くないことがみえてきます。日本の「ベンチャーエコシステム」のなかで、産学連携の強化は、大きなテーマになっています。

(2)　日本企業の置かれている状況

キャピタル・マーケットのなかで、日本の企業価値の足元の状況をみることを通じて、イノベーションの重要性や「ベンチャーエコシステム」の今後の確立に向けた施策の強化について、確認しておきたいと思います。

まず、日米の取引所の企業価値推移をみます。ニューヨーク証券取引所、ナスダック、東京証券取引所とみていくと、やはり東京市場の成長の力が弱いことがわかります。IPO後に時価総額が大幅に成長した企業は、米国ではGAFAを典型例に、50倍以上や10倍から50倍未満のクラスの企業がかなり存在しています。時価総額上位企業の日米比較を2017年と2007年でみると、Apple、AlphabetすなわちGoogle、Microsoft、Amazon、Facebookなど新しい企業が次々に出てきて、各社時価総額が大幅に増えています。時価総額上位10社の合計値は、2007年は米国192兆円であり、日本の92兆円の2倍でした。ところが、2017年になると、日本の95兆円に対して、米国は510兆円と5倍であり、10年で大差がついています。

　PBR（株価純資産倍率）をみると、日本の場合、いわゆる時価総額が純資産を下回る、1以下の企業が6割くらいあります（2017年）。投資家からみると、将来の成長の可能性がない企業が多いということです。PBR1以下の企業は、米国は5％、欧州で15％にとどまります（2016年）。

　もう1つはROEの問題です。日本として株価あるいは企業を成長させていくためにも、ROEが非常に重要ということで、ROE8％を目標としています。ROEをデュポン・フォーミュラで分解すると「マージン×資産回転率×レバレッジ」に展開されますが、日米欧ともに回転率とレバレッジでは極端な差はないのに、マージンに大差があります。日本のROEの平均は8％を超えてきていますが、米国は15.8％、欧州は12.9％です（2017年）。日本のマージンが低いのは利益率が低いから、その理由は、業界構造が非常に競争過多であることに加え、流通構造の問題などもあります。一方、欧米は寡占化が進んでいます。

　ROEを上げていく観点からも、イノベーションの重要性がクローズアップされることになります。2017年は、グローバル・イノベーション・インデックスでは、日本は14位であり、上位は、スイス、米国、英国、シンガポール、ドイツが占めています（図表2-1-2）。項目でみると、たとえば「創造的なアウトプット」は、日本が極端に低く36位となっていて、こうし

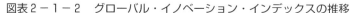

図表２－１－２　グローバル・イノベーション・インデックスの推移

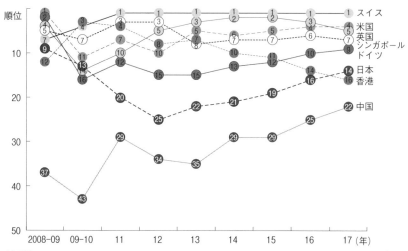

（出所）　Cornell University, INSEAD, and WIPO "The Global Innovation Index" 各年より作成。

た点もあり、日本は10位以内に入れていません。

(3) 資金調達（VC関連）の環境

　次に、ベンチャー企業の「段階別ファイナンス」についてみていきます。「シード」「スタートアップ」「アーリー」「グロース」「レイター」と、IPOの手前まで企業の成長段階に応じたファイナンスが行われていきます。スタートアップのときは、通常は会社を立ち上げるメンバーが、自分のお金を持ち寄って、それを株式持分としてスタートし、人件費やオフィスの賃料、事業の立ち上げ資金に充当していきます。その後、徐々に事業化の状況がみえてくるなかで、外部資金の調達を行っていきます。その時にベンチャーキャピタル（VC）が、その会社の今後の事業の見通しを評価して、ファイナンスの是非を決めていきます。こうしたVCについて、足元、多様なVCが増えてきていて、業種に特化したVC、大企業VC（CVC：コーポレートベンチャーキャピタル）、官民ファンド、大学関連VCなど、徐々に特徴のある

図表２－１－３　ベンチャー・エコシステム

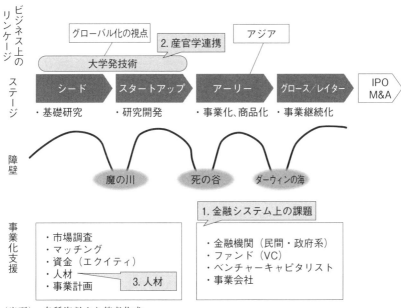

（出所）　各種資料より筆者作成。

ファンドが増えてきています。独立系や金融機関系もありますが、金融機関系のVCは、将来、グループの銀行がデットで資金供与するために、企業の成長を見込んで入口段階で関係をもっておこうという意味合いもあります。ここ数年で、日本においても、スタートアップの調達額と会社数は増えています。「ベンチャーエコシステム」の流れでいうと、資金のボトルネックも想定して、「シード」「スタートアップ」「アーリー」「グロース」「レイター」と段階を経るごとに、「魔の川」「死の谷」「ダーウィンの海」など（図表２－１－３）を乗り越えていく必要があります。

　ベンチャー企業の資金調達額について日米比較をみると、米国は日本の80倍もあります（2016年）。ベンチャー企業への投資の対GDP比率では、米国は日本の約10倍、中国が日本の５倍です。「ユニコーン」という、時価総額1,000億円以上の大きなベンチャー企業の社数は、米国109社、日本１社、中

国は56社です。「起業活動率」すなわち、起業準備＋起業3.5年未満の企業を経営している人の割合は、日本は3.7％です。米国12.7％、中国の14.0％と比べて、いかに新しい企業で働いている人が少ないかがわかります（2015年）。VCの出資者構成は、日本は半分が金融機関であり年金は0.6％です。米国では、「Family Office」、オーナー系の富裕層や、大学の基金、年金も、相当のウェイトで出資しています。

　日米に大きな格差があるなかで、スタートアップ企業と大企業との連携は、徐々に進んできています。大企業が設立するCVCを通じて、スタートアップへの投資が少しずつ増えています。たとえば、ソニー、パナソニック、トヨタ、KDDI等、大企業がファンドの仕組みを構築し始めました。増加の理由は、大企業のなかで研究開発をすると製品の機能がよくなった、コストが下がった等の通常的なイノベーションにとどまるケースが多く、「破壊的イノベーション」はなかなか出てきません。しかし、企業の外部では、多様な人材がさまざまな技術をもっている場合があります。CVCから投資をしてベンチャーを育成し、出てきた事業をもう1回大企業と連携するかたちを増やしていくことが大事だという認識が、浸透し始めています。しかし、大企業の研究者には「それは自分のなかでいままでやってきたが、使えないから技術化はしなかっただけだ」などといった抵抗も強く、こうした取組みが成功するかどうかはまだまだ未知数です。

(4)　オープン・イノベーションの必要性

　大企業が自分の研究機関で取り組む「自前主義」だけではうまくいかなくなったので、オープン・イノベーションが出てきました。オープン・イノベーションは、社外の優秀な人と連携すること、また、大学とのパートナーシップを幅広く活用します。一方、クローズド・イノベーションは、金融機関を例にとれば、従来の金融機関の常識を超えて、「不確実性を前提とした計画」「前例の否定」「（縦割りでなく）クロスファンクション」などの取組みを強力に進めていく必要があります。そうすることを通じて新しいテクノロ

図表2－1－4 「ベンチャーエコシステムとリスクマネーの供給」の論点

■大企業の意識は変わってきているのか。オープン・イノベーションを標榜して
　いるが、意識は変化しても変革には時間がかかるのではないだろうか。

■日本において、起業家意識はなぜ定着しないのだろうか。起業家マインドが低
　いのだろうか。

■産官学連携や、大学発ベンチャーが、まだまだ不十分と認識されるが、課題は
　どこにあるのだろうか。

■政府系ファンド（公的なリスクマネー供給）と人材面の課題は何か。

■日本では、なぜ米国のように大規模なベンチャー企業（ユニコーン企業）が出
　てこないのだろうか。

ジーを有した企業や異業種との連携を進めていくことこそが、イノベーショ
ンを大企業に取り込んでいく仕組みとなります。
　最後に、この章の論点を5つあげます（図表2－1－4）。この後、勝又社
長からお話を伺い、ディスカッションを通じて、議論を深めていければと思
います。

官民ファンドによる
ベンチャーエコシステムへの資金供給

株式会社INCJ代表取締役社長
勝又　幹英

皆さん、こんにちは。INCJの勝又と申します。

弊社の背景をお話しいたしますと、私どもINCJというのは、以前は産業革新機構という名前でした。これは旧産業競争力強化法という法律に基づいて2009年から15年間の時限立法ということでつくられておりました。ところが、時が流れて2018年に入り、残存期間が6年となった段階で、日本の産業競争力を強化するためにベンチャー投資をしたり、産業再編を進めたり、はたまた日本の国土の上にない技術とかサービスをもつ会社・資源に投資するといった、設立のミッションが本当にすべて達成できただろうかという反省のもとに、経済産業省、財務省等を交えて国会で議論をしたうえ、これはもう1つ新しい組織をつくって、基本的にはもう一度彼らにこのミッションを継続させるべきじゃないかという結論になりました。その結果、2018年9月の末に旧機構が商号変更をして「産業革新投資機構」——「革新」と「機構」の間に「投資」という文字が入ったのですが、それが新しい組織としてできまして、向こう15年間にわたって引き続きミッションを遂行していくことになりました。

ただ一方で、私どもは過去9年間に投資した案件がありますので、これからの新規投資分と既往投資分を分別管理するために、旧機構の資産を会社分割、いわゆる外出ししました。私ども取締役が会社分割で外に出まして、2025年3月の当初の期限までに、いまある投資のバリューアップ、それからマイルストーン投資（ベンチャー投資のときにある一定のステージまで行ったら

追加出資をすること）を行い、2025年にはすべての投資を換価処分して、最終的には私どもの資金の出し手である財務省の理財局および他の日本を代表する大企業である株主に配当というかたちでお返しをして、私どものミッションが終わるということになりました。

(1) 産業革新機構設立の背景

2009年に旧産業革新機構が設立された当時は、日本の産業構造の大きな転換期にありました。日本の会社がグローバル化、オープン化、ものづくりから知識経済へと変わったときに本当にその環境変化に対応できているのだろうかという議論のなかで、日本の産業構造の課題は、ピラミッド型、縦割りといった古さにありました。それから、優れた技術やノウハウを自分の工場でつくったものじゃなければ採用しないという、いわゆるNIH（Not Invented Here）シンドローム（症候群）がありました。あと、ものづくりとサービスを融合させなければいけないのにできていないとか、昔からの古い仕事の縛りが残っているといった課題がありました。通信会社のソフトバンクと自動車会社のトヨタが組むなんていうことは昔は考えられなかったわけですけれども、それがコネクテッドモビリティという概念のもとで業種横断的に、産業構造を超えて対応していく、そういったことが民間の力だけでできるのだろうかという問題意識がありました。それからもう１つ、すでにVCやバイアウトファンドもありました。ただし、民間ファンドというのは、どうしても短期的な利益をとりながら常に次の資金調達をしなければいけないなかで、本当に中長期のリスクマネーが供給できているんだろうかという反省もありました。結果的に、旧産業革新機構、現INCJが官民ファンドとして呼び水機能、触媒機能を果たしながら日本のあるべき産業政策ビジョンを遂行していこうと考えて、時限的な組織をつくったということが設立の背景にあります。

基本方針（図表２−２−１）は、自前主義ではなくて、オープン・イノベーションを通じて次世代の国富を担う産業を育成・創出することです。つ

図表2-2-1　株式会社INCJの基本方針

> オープン・イノベーションを通じて
> 次世代の国富を担う産業を育成・創出する

基本方針
■収益性や実現可能性のみならず、社会的な意義（投資インパクト）を重視
■比較的中長期のリスクマネーを提供（内部収益率（IRR）ではなく長期の投資
　元本回収倍率（MoC）を重視）
■民間だけではリスクが高く投資が困難な分野への投資（民間企業、民間ファン
　ドと協業・協力、呼び水効果）
投資基準
①社会的ニーズへの対応、②成長性、③革新性が認められる案件であること

まり、10年後、20年後を見据えた新しい産業を育成して、将来的な日本の国
富に貢献するということです。それをプライベートエクイティ投資という手
法を使ってやろうと考えました。

　そして、短期的な収益性だけではなくて、社会的な意義（投資インパクト）
を重視することです。たとえば、投資を5億円したら、10億円で回収して5
億円儲けましたというのはすばらしいんですけれども、それだけではなく、
この投資をすることによって、たとえば創薬への投資であれば、いままで治
らなかった難病に対するソリューションができることが大事です。それによ
ってわれわれ全体のクオリティ・オブ・ライフ（QOL）が上がるとか、そう
いったことも重視しながら、中長期のリスクマネーを供給することを目指し
ました。一般的に、投資の業界ですと、投資収益率としてはタイムバ
リュー、つまり時間の収益率概念であるIRR（内部収益率）を重視します。
私どもが重視しているのは、投資価値の絶対的増加の指標である、MoC（投
資元本回収倍率）の最大化を目指しています。

　では、この基本方針に合致したものにはすべて投資したかというと、そん
なことはありません。結果的に過去9年で約130件投資していますが、「確か
にこれは基本方針としてはいいんだけれども、限られた人間、限られた時間
のなかでどの案件にどう取り組んでいくか」という観点から最終的な優先順

位を設けました。

1つは「社会的ニーズへの対応」です。確かにこれは儲かるが、なぜ国民の税金を使う必要があるんだろうという問題が出てきます。さらにいえば、収益だけではなく、「非財務的な社会貢献」も勘案する必要があるということです。それから、投資先に成長性が見込まれるのか。また、革新性があるのか。この革新性というのは、必ずしも技術的な革新性でなくても、サービスの革新、もしくはビジネスモデルの革新性も含めたことをわれわれとしてはクライテリアとしてみております。

(2) 産業革新機構の15年

15年間のイメージですけれども、最初の数年間は、創業期ということで、案件の積上げをして、新規案件の選択と集中を通して投資ポートフォリオを積極的に積み上げていこうとしました。私がこの組織に属したのは2015年4月ですが、ちょうど創業期からある程度ポートフォリオもできたのでバリューアップをしつつ、最終的なイグジットに向けて少し舵を切ったというところです。今般、新しく産業革新投資機構ができたことも考えると、もう新規投資は終わりにして、すでに投資した案件のバリューアップ、イグジットに注力していくことになるかと思います。

これまでの投資の内訳をみますと、旧産業革新機構では、投資件数の約8割がベンチャー、スタートアップへの投資です。1割が、半導体業界やディスプレイ業界の再編など、再編ものです。それから、海外への投資。日本の会社単独では買収できない海外の会社のリスクを分担することによって共同買収することにも取り組んでいます。

産業革新機構はベンチャー投資をして損をしているとメディアではよくたたかれます。これは確かにベンチャー投資ですから、言葉を選ばずにいえば、10件投資したら半分は全損することも覚悟しなければなりません。しかし、それはもうベンチャー投資では避けられない。逆にいうと、そこで損をしたくないのであれば、一番いい方法はまったく投資をしないことです。し

かし、半分はたとえ全損であっても、残りの半分が２倍３倍の利益をあげる
だろうという投資方針を信じるから投資をできるわけであって、最終的に私
どものベンチャー投資がうまくいったかどうかは、歴史が証明することにな
ります。

　われわれの投資というのは、一本足打法ではなくて、大きく分けるとス
タートアップ投資とバイアウト投資の２つに分かれます。残念ながら、2018
年３月の時点では、スタートアップについては、700億円投資して650億円の
回収ですから、まだ元本の回収には至っておりません。

　私どもが設立された背景、従来の取組みおよび今後の方向性を説明しまし
たけれども、定性的に、また一般的に問われるのは、リスクマネーの供給が
できたのか、ということです（図表２－２－２）。一般的にVCというと、私
が直前にいた民間のVCでは１件5,000万円から頑張っても２億円ぐらいの規
模でした。私どものベンチャー投資は数億円から、たとえば宇宙関係ですと

図表２－２－２　INCJの貢献（定性的評価）

■リスクマネーの供給
・１件当りの投資額は数億円から30億円超（ベンチャー）
・ITのみならず、ライフサイエンス、化学・素材、ものづくり等へ投資
・産業再編、海外Ｍ＆Ａ
■人材育成（ベンチャー）
・INCJのベンチャー投資グループの累計職員数約70名
・LP出資先においてキャピタリスト94名（新規55名）を育成
■大型産業再編の実現とバリューアップ支援
・さまざまな業界において大型の産業再編・統合を実現・推進
・マジョリティ株主として統合後の経営戦略、事業戦略の策定や追加Ｍ＆Ａを積
　極的にサポート
・Exit（イグジット）を通じて再編を加速させ、グローバル市場で戦える企業の
　創出
■大型海外共同投資のプロセス支援とリスクシェア
・デューディリジェンスや買収交渉など複雑なプロセスを支援
・買収後のガバナンス構築検討や取締役派遣により経営陣の経営・管理を支援
・マイノリティ投資によりマジョリティをとる共同投資家の事業リスクをシェア

64

30億円くらいまでの投資ができます。そして、たとえばアプリやゲームの業界というよりは、足の長いライフサイエンス、地味な化学・素材、それからうまくいけば在庫や運転資金が必要になる、ものづくりへの投資等もしながら、一方で産業再編、海外の買収等にも取り組んできました。

　また、投資のみならず、人材育成も行っています。これは私ども自身のベンチャーキャピタリストの養成と、それから私どもは130件のうち10件ぐらいをVCに、いわゆるLP（Limited Partner）投資をしています。LP投資をしているところでも新たにベンチャーキャピタリストを雇っていて、それが100名弱ですので、ベンチャーエコシステムへの人材供給ということでは多少の貢献があったのかと思います。

　それから、大型の産業再編とバリューアップ支援というかたちで、半導体等については、日本で残された数少ないグローバルプレーヤーであるルネサスエレクトロニクス等の再編・統合への投資をしております。

(3)　産業再編・統合の課題

　われわれのミッションは１つは産業界の再編・統合、それからベンチャーですけれども、１つ目の産業界の再編・統合の問題は、まず同じ業界内の企業数が多いことです。たとえば、いまでも日本で洗濯機をつくっている会社が少なくとも数社ある。その結果として、過当競争で低収益になりがちで、ROEも低い。上場株式への投資家も日本国内で戦っているのではなく、再編・統合を進めて痛みを伴う構造改革をして、自分たちの損益分岐点を下げてグローバルに戦える企業を創出していこうと期待しています。これはまさに韓国政府がやっていることです。大企業が数百社の子会社をもち、なかにはノンコアなのにコアのように扱われる子会社も再編・統合していくべきではないか。そして、「困ってから着手するのではなく、業績のよい時期にこそ対処すべきです」ということも常にわれわれの課題としてはあります。

　１つの典型的な例として、フォークリフト業界の再編があります。フォークリフト業界というのは、細分化された業界で、日本のなかでも日立建機、

日産、三菱重工がそれぞれフォークリフトをつくっていました。

　私どもの提案は、日立のフォークリフトの会社と日産のフォークリフトの会社が再編・統合することで、ユニキャリアという会社に統合し、各々7、8位ぐらいだったプレーヤーが結果的にマーケットシェア3位となる大手プレーヤーとなりました。

　私ども旧産業革新機構、いまのINCJの会長は志賀俊之と申しまして、日産の出身です。1999年ぐらいに日産がまさに財務的困窮に陥ったときに、ルノーの大型出資を契機に日産を立て直しますが、それでやってきたのが例のカルロス・ゴーン氏です。ゴーン氏はものすごいリーダーシップの持ち主ですが、それを日産側で受けて、日産を実際に立て直したのが志賀です。私の直属の上司になって隣に座っていますが、彼は、産業革新機構に来る前の日産時代から、産業再編を進めなければいけないという問題意識を強くもっていて、日産社内でフォークリフト事業の売却、統合によるさらなる成長戦略の追求については相当後押しをしてくれました。

⑷　ベンチャー育成の課題

　もう1つのテーマは、ベンチャー育成です。

　日本でも昔は、ホンダが「バタバタ」というモーターエンジンつきの自転車をつくるとか、イノベーションがありましたが、日本経済の失われた20年を経て、経営者の方のメンタリティーというのが問題になってきている部分があると考えています。

　1つは、リスクを恐れる守りの経営です。それから、横並び主義。そして、自前主義、つまりNIH症候群が、残念ながらいまだにあります。

　一方、近年ですと、マスコミをにぎわせた青色LEDであるとかiPS細胞とか炭素繊維素材とか、イノベーションがまったくないわけではありません。Ｃ社が始めた会社の一部をＡ社が新たなコア事業として買う、もしくはＤ社というベンチャー企業の事業をＢ社がＢ社の新事業として買収する、という具合に、米国のスタートアップ投資の資金回収は9割ぐらいがこのケースで

す。いわゆる「M&A」というより「トレードセールス」というふうに業界ではいいますが、あるベンチャー企業を買って自分の傘下に置いて、自分たちの資金を投入して、そこをさらに加速させる。

　創業者の方たちのメンタリティーとして、私がベンチャー投資を始めた10年ぐらい前は「上場が命」というような方もいましたが、最近はそういう方は減って、「僕の事業がきっちり評価されて、自分の事業に対してきっちりとしたリソースを割いて、この事業のポテンシャルを十分に成長させてくれることであれば別に身売りしてもかまわない」という方が増えました。これがトレードセールスです。それがうまくいかなければセカンダリーチョイスとして上場もあると、教科書的な回答をする方が増えてきていますし、この取引がさらに増えていくことによって、VCサイドとしては、どうやってお金を回収するかという資金回収の選択肢が増えてきます。これは、もともと資金流動性のないプライベートエクィティ投資の一形態としてのベンチャー投資に複数の資金回収のための流動性を与えるという意味で、ベンチャーエコシステムに貢献するところが大きいです。

　さらに、人材育成の部分については、会社にお金を投資するだけではなくて、私どものキャピタリスト、私どもが投資をしているVCのキャピタリスト、それから、私ども産業革新機構が2009年にできてからもう数十名の方が、民間市場に卒業生として還流していきます。その方たちは、VCに再就職することはあまりなくて、なかには自分で事業を起こしてファウンダーになった方もいますし、スタートアップ企業、創業企業における経営幹部、財務最高責任者であるCFOを含むいわゆるCxO人材となる方も多いので、われわれは、産業界に対して結構、有意な人材供給ができていると思います。

　もう1つは、それらを含めたエコシステムの構築というか、強靭化です。ただ単に会社に金融投資をするだけではなくて、中堅・大企業との協働であるとか、それからスタートアップの会社は顧問弁護士を雇ったり、会計士の方にいろいろ聞いたりということはなかなかコスト的にもできないので、私どもがインハウスでもっている弁護士機能や会計士機能といったところを、

担当者を通じて提供したりしています。

　ハンズオンの支援には、いくつか課題があります。

　ベンチャーが大成しない理由というのは、まず経営者の問題。たとえば技術系の会社であれば技術、それをどうやって商売にするかという事業戦略・営業マーケティング、それから資金調達も含めた事業計画、要するに技術と商売とお金回り、この３つがあると、大体の会社はうまく回ってきます。その３つの要素を１人で兼ねていることはまずありませんので、大体３人ぐらいいるようなバランスのとれた経営陣、会社が望ましいんですが、それもなかなかないということになると、その足りない部分を私どもが社外取締役であるとか監査役で入ることによって一部肩代わりをする、もしくは採用するまでのつなぎをするというようなこともしています。

　それから、技術信奉です。特に技術系出身の会社の社長、あとアカデミアの方は、「俺の技術を使った製品は売れるはずだ」と非常にプロダクトアウトな発想になりますが、必ずしもそうではなく、冷静な事業計画をつくることが必要です。

　次に、内製思考です。どうしても自分で量産化したくなる、自分で工場を建てたくなる、自分で設備投資をしたくなる。本当にそれでいいのか、それとも自らR&Dに特化して、ものづくりの部分はアウトソースするということも選択肢として検討すべきではないかということです。

　次に、知財の問題です。知財をとったことによって競合相手にビジネスモデルがばれる。もしくは、知財をとってしまうと、維持するためのコストもかかるということで、これもなかなかに見過ごされがちなところです。

⑸　官民ファンドの強みとは

　官民ファンドとしての強みは、私どもの監督官庁が経済産業省で、お金が出ているのは財務省という図なんですが、経済産業省を通じて厚生労働省や地方公共団体、それから非常に発言力のある医師会、大学、アカデミア等の連携も進んで、まさにこれはオープンイノベーション的に取り組むようにし

ております。

　1つの注目エリアは、宇宙スペースです。たとえば月面輸送であるとか月面資源探査を目指しているispaceという会社に投資をしているわけですが、おそらくこういった投資をするのは、民間のファンドだと、なかなかむずかしいと思います。5年後、10年後の将来の話であるということと、投資するのであればそれなりにまとまったお金がかかるというようなことで、これも清々と議論をして2017年末に投資をしています。

　次の宇宙事業では、宇宙空間利用の障害となるスペース・デブリ除去サービスが重要です。デブリというのは「ゴミ」とか「ちり」という意味です。今後中期的に数千の人工衛星を打ち上げる予定があります。地球の周りを約4,400の人工衛星が回っていますが、そのかなりの部分がもうすでに歴史的な役割を終えているのに、まだ地球の周りを周回している。さらに直径10センチ以上のデブリが約2万個も周回しており、古い人工衛星も含め、10年20年かければ、だんだんそれが重力に引きずられて地球に落ちて、最後には燃え尽きますが、時間がかかる。この地域を監視するための人工衛星を打ち上げるためには、「いま、ここの帯を回っているこの衛星が邪魔」となったら、それをピンポイントで除去するしかないのです。Astroscaleというベンチャーは、それ自身は古いデブリ化した人工衛星にベタッとくっつく独自デバイスを開発し、最終的にはそのデブリを必要な周回軌道から除去するというサービスを提供しています。これは1回で5億円ぐらいかかりますが、Astroscale社の技術ができる前は、1回で30億円ぐらいかかっていました。新しい衛星を打ち上げるためには、既存の衛星を除去しなければならないということが規制化されると、これからはこういったサービスを使わないと、自らの人工衛星が打ち上げられないというような時代が、もうすぐそこまで来ています。

⑹　日米のベンチャーエコシステムは何が違うか

　それでは、今度は日本全体もしくは日本と米国のベンチャーエコシステム

の比較ということでお話をさせていただきます。

　先ほど「過去20年間、日本はイケてないよね」という話をしましたが、昔は結構イケてた時代もありました。1970年代、1980年代ではトリニトロンのテレビやVTR、ウォークマン、ファミコン。1990年代になってもリチウムイオンバッテリーやハイブリッド自動車等をつくってきましたが、やはり2000年ぐらいから、本当に海外で食っていけるものがどこまであるかというと、だんだん先細りになっているというのが全体感ではないかという気がします。

　国別にユニコーンの数をみても、日本には１社しかありません。では、主要国のVC投資の金額がすべてを物語っているのでしょうか。これは１つの仮説ですが、日本は1,300億円から1,500億円ぐらいベンチャー投資をしていますが、米国は７兆円ぐらい投資をしていて、日本と米国で１対50ぐらいの差があります。それから、それはまだ100歩譲っていいとしても、われわれが気になっているのはやはり中国。３兆円級、日本の20倍ぐらいの投資をしています。VCによる資金供給が金額的に少ないことと、GDPとの比率からみると、もう少しあってもいいのではないかということは長年いわれてきています。

　これは私の仮説ですが、たとえば日本と米国のベンチャーのエコシステムというのがあるわけですが、エコシステムという１つの整然としたシステムがあるわけではなく、いくつかのエコシステムを構成している一つひとつの分野を遠くからみると、それがエコシステムという投資環境にみえるという状況だと思います。

　スタートアップというのは、創業者がいないとまったく始まりません。創業者のスペック、さらには、創業者の絶対数が日米では異なります。米国ですと、創業者はとにかく失敗しても偉い。人材業界のピラミッドの頂点にいます。

　日本ではどうでしょうか、私が実際にベンチャー投資をした2010年から2013年ぐらいはセカンダリーベストとしての起業、要するに、食っていくた

めの起業であるとか大企業に入れなかったから起業するような人が結構多かったんですが、この数年は、「あっ、こんな人が起業してくれたんだ」というようなことが増えてきています。

　実際に学生さんと話す機会がありますが、昔は日本の大手商社、米系のインベストメントバンク、米系戦略コンサルティング会社などから内定をとると合コンで大モテでした。まあ、いまでもそうかもしれませんけれども、最近は「『○○と○○コンサルティングからオファーが出たんだけれども、自分、起業しようかな』というと、相手の目がキラキラ輝く」といった話を学生さんから聞くこともあります。起業というものが現実的な選択肢に入ってきたのをみると、創業者のレベルは確実に上がってきていると思います。ただ、残念ながら、米国のレベルには達していません。

　ベンチャーキャピタルの投資の規模も、米国では、２億ドルあって一人前です。日本だと、つい数年前までは30億から60億円ぐらいでした。最近でこそ100億、200億が出てきましたけれども、まだ一般的にはベンチャーキャピタルの規模は小さめです。

　創業者の次に、今度は、運営するファンドマネージャーが必要です。特にVCの場合はファンドマネージャーを「ベンチャーキャピタリスト」と呼びますが、米国でいくと、人材ピラミッドのTier2で、一番尊敬されるファウンダーのすぐ下です。創業する人が一番偉い人、それを手伝って投資をする人が２番目に偉い人です。日本の場合も変わってきてはいて、昔は元銀行員とか元証券マンという方が大勢を占めていたんですが、最近は、「もともと戦略コンサルにいました」「弁護士でした」という方も出てきて、これも改善傾向にあります。

　さらには「起業マインド、国民性」です。ここは非常にむずかしいんですが、米国ではやはり「起業して、彼は偉い」と思われます。成功すれば偉いし、失敗しても「いや、彼はあの失敗から何かを学んだはずだ」ということでかえって評価されるみたいなところが日本ではまだあまりないように思います。ただ、先ほどの冗談めいた合コン話を含めて起業への社会的関心が高

まっているし、学生時代から起業しないまでも、起業するためには本当に大企業に行くのがいいのか、戦略コンサルに行ったほうがいいのか。それとも、大企業じゃなくて、スタートアップでありながら最近上場した会社にあえて就職して、そのトップの意思決定や、ビジネスモデルの運用の仕方を学ぶのがいいのかという、起業を前提とした職業選択等が始まっているという意味では、これも望ましい傾向にあると思います。

　最後に、人材の流動性です。先ほどの「失敗してももう 1 回挑戦できる」です。これは、私どもも、ベンチャーキャピタル業界の互助システムじゃないんですけれども、「何かの会社をリスクをとって立ち上げようとした。しかし、なんらかの理由によってうまくいかなかった。いま、彼らは何もしていないようだ」ということになると、仲間内で、「いま、あの会社ではCFOが必要だな」と考えて、そこで優先的にそういった人を採用するように、コミュニティのなかで拾っていく。

　それから、米国とのもう 1 つの大きな違いとして、米国では非常に細分化されたステージがあります。かつ、そのステージごとにそれを自分の持ち味とするVCがいて、自分たちのステージはこれが売りだ、これが強みだということをわかりながら投資しています。

⑺　ベンチャーキャピタルのバリュエーション

　ここで、バリュエーションの考え方を説明しておきます。

　一般的には、当然のことながら、VCもプライベートエクイティの一種ですから、株価に値段はついておりません。ですから、自分たちで自分たちがフェアバリューだと思われるところにバリュエーションします。プライベートエクイティ、VCもそうですけれども、その株式価値には一物一価の法則は当てはまりません。その方がこのビジネスをどうみるかということで決まるので、みた人ごとに株価が違うというのがいわゆる上場株式とはまったく違うところだと思います。

　ただ、考え方は基本的に同じで、今日現在は何も起きていない会社、極端

な話、「売上げもないが、5年後にはこれぐらい売上げが出ているだろう」と、少なくともマネジメントはそういっている、そういう事業計画しかない会社について、それをベンチャーキャピタリストが自分の目でもう一度みたときに、われわれは「フューチャーバリュー（将来価値）」といいますが、自分の5年後の価値を算定する。ただ、5年後の価値に今日投資できませんから、5年後の価値をなんらかの割引率、ディスカウントファクターで、今日現在の価値にディスカウントバック（割り戻す）して、それが今日の評価額、バリュエーションということになります。

ただ、シード、アーリー、レイターぐらいまでのステージの会社というのは、いわゆる伝統的なDCF法（Discounted Cash Flow Method）がなかなか使いにくいところです。

CAPM（資本資産評価モデル）であるとか、WACC（加重平均資本コスト）という外部負債でファイナンスすることを前提としたバリュエーションは使わないので、基本的には創出されるキャッシュフローなり、利益自身がどれぐらい伸びるのか、それによって会社のエンティティバリュー（企業価値）がどれぐらい絶対的に伸びるのか、ジェネリックでどれぐらい伸びるかというところの見方と、何年後かに達成されるであろうフューチャーバリューをどういう割引率で現在価値化するかというところのボラティリティが非常に高いというのが大きな違いです。

非常に単純化していくと、将来的なEXIT時のバリュエーションをどう評価するのかですね。たとえば、トップライン（売上高）なら単価と個数でもいいですし、マーケットシェアでもいいですけれども、EXIT時の目標を置いて、それが何年後に起きるのか。そして、EXITはIPOなのか、それともトレードセールスなのか。PER倍率でやるのか、EBITDA倍率でやるのかということをまず決めながら、最終的にこのEXITのときの将来価値を達成するかもしれないし、失敗するかもしれないことを念頭に置く。

うまくいく場合もあればうまくいかない場合もあるということを申し上げましたが、これは米国の公認会計士協会がこのVC投資を時価で評価すると

きにどういう判断基準で行うかをガイドラインとして公表しています。これは会社によって、いろんなステージがありますが、彼らの見方としては製品の開発がどこまでできているかというオペレーショナルステージと、もう1つの概念としてファイナンシャルステージというのがあり、最終的にはオペレーショナルステージとファイナンシャルステージの両方をみながら「この投資ステージはどうだ」「このステージに見合った割引率、すなわち期待収益率はこうだ」ということを決めていきます。

　かつての日本のVC業界は、証券会社系のVCがIPOの主幹事狙いで投資をしていた時代もあったため、その割引率も基本的にはプレIPOの割引率でした。アーリーステージの会社でもっと高い割引率を使わなければならないのに、これも上場会社との類似業種比較で、「CAPMでいくと、β値の2倍ぐらいにしておきましょうか。そうすると、割引率としては18%ぐらい」といったことも特段の違和感なく評価軸として使われていました。

　また、パフォーマンス管理についても、「ベンチャー投資というのは、神様でない限り、当たるか当たらないかわからないので、最終的にはパフォーマンスがどうなるかは宝くじみたいなものです」といった議論がよくされていました。

　モニタリングも、基本的には月例のPLをみて、とにかく単月で早く黒字化しようと。そして、経営陣に手をつけることはまずなく、シナリオ分析も保守的なケースをつくることが好まれていたような気がします。

　ただ、「米国流」というとちょっと言い過ぎですが、それに対するほかの考え方としては、発行体のステージ、あるいは自分たち自身がやっているVCの得意なステージは何かということです。

　パフォーマンス管理も、確かに個別評価は大事で個別でみたら当たる当たらないという宝くじ的なことはあるけれども、「最後はポートフォリオでみよう」というポートフォリオを信じる気持ち、信仰があるのか。逆にいうと、1件1件はどうなるかわからないが、全部終わってみたら投資は10年かけて倍になっているということを信じている、大数の法則を信じてベットし

ている、賭けているわけですね。

　それから、モニタリングも、月例のPLは本質的な問題ではありません。この会社が、先ほどいった将来的価値、「５年後にいくらの売上げを達成して、どれぐらいの利益を出して、どれくらいの企業価値になったところで、どうやってEXITするか」といったら、われわれが投資をするときに置いた将来的価値、たとえば「将来企業価値である30億円を割り引いて現在価値５億円とし、それに対して３割相当分を買うから１億5,000万円投資した」みたいな話になるんですけれども、これはそもそも将来価値の30億円が適正だったのか、に常に立ち返る必要があります。これはMTMですね。「Marked to the Market」というんですけれども、「投資を実行したのが３年前でした。ふたをあけてみたら、あまりうまくいきませんでした。では、今日この案件がわれわれのVCに純新規案件として検討依頼が来たら、あなたはこの会社をいくらでバリュエーションするのか」と、担当者にもう一度試算させるわけです。その担当者は、３年前にそこで初めて自分の置いた仮説が正しかったのか、間違っていたのかを知る、それが白日のもとに出る。その最終的な将来価値を増大させるためには「別にPLなんて、赤字は全然オーケーじゃないの。債務超過なんてまったく問題にならない。でも、時間は敵だよね」と。要するに、１日１日EXITが遅れれば遅れるほど、新規参入も来る、競争も激化する、赤字運転資金もかかる。

　だから、ここも日本と米国で違うのは、私自身の反省も含めてですが、日本では担当者が「いや、思った以上に単月の黒字化が遅れていまして」という言い方をします。毎月の赤字や資金の流出額を「バーンアウト」とか「バーンレート」というんですが、毎月1,000万円が赤字であると、バーンレートは1,000万円といいます。要するに、年間で１億2,000万円ぐらいの資金流出をしたのですが、「バーンレートを抑えて、ちょっとこれは様子をみましょう」というと、それは一見よく聞こえます。ただ、これは時間を味方と考えているのです。赤字の速度を抑えていくと、何か将来いいことが起きるのではないかと。しかし、いいことは起きません。

逆にいうと、米国ですと、その投資会社の将来価値達成の可能性を再吟味していけるとなれば、「そうか。それなら、これはもっと人を張って研究を加速化させて、将来価値の達成も加速化しよう」と考えます。

これはどちらが正しいということでもないですが、大きな違いがあります。要するに、結局バーンレートの圧縮をする、足元の赤字を減らす、優秀なエンジニアをクビにしてキャッシュをセーブすることによって、いわゆるリビングデッド、会社は潰れていないが、EXITも上場もトレードセールスも起きないという状態に会社が固定化されてしまうことになってしまう可能性がある。

経営陣も、米国ではかなり緊張感をもって投資をしているので、たとえ起業オーナーであっても、ベンチャーキャピタリストが主導権を握る取締役会において、きちんとしたパフォーマンスが達成できていないし将来もできないと判定されれば、当然のごとく退いていただき、技術系、営業系、資金系、先ほど3つの要素が必要だといいましたが、そこに必要なものをVCが相談して補充していきます。

⑻　日本で起業家を輩出するには

以上、お話しした理論的なことに加え、実際投資の現場に行ってみると、そんなに簡単ではない。たとえば起業家不足である、起業家の能力が低い。もしくは、技術、営業、お金回りのうち、大体1つ、2つ足りないのです。3つある会社というのは珍しいです。

それから、ベンチャーキャピタリストサイドにおいての目利き不足です。目利き不足というのは2つの意味があります。一般的な目利きというのは「いいものをいい」ということと理解されています。ベンチャー投資の場合は、年間に10件投資するとすれば、その前に大体数百件をみています。たとえば500件をみたなかで、ほとんどのものはもうその場で断る。でも、そのなかから50件と守秘義務契約を結んで精査して、最終的に10件に投資をする。したがって、この場合の目利き力というのは、確かに500のなかからい

い10件を見つけるという意味もありますが、逆にいうと、いかにダメなものはダメだと見切るかということです。500分の450をみた瞬間に断ることによって、500分の10じゃなくて50分の10にする。もっといえば、どんどんダメなものが減って母数を小さくすることによって結果的に打率が上がるという逆の目利き力もあるのです。

　それから、ハイインパクト案件というユニコーン案件になりそうな案件が日本では少ないです。これは非常に議論があって、ハイインパクト案件というのは、残念ながら、人為的にはつくれないのではないかと思います。どちらかというと、起業してみたいという人が100人ぐらいではハイインパクト案件は出てこなくて、1,000人ぐらいいると1人ぐらい出てくる可能性がある。だから、ハイインパクト案件、ユニコーン案件を増やしたいのであれば、ユニコーン案件になりそうなところにお金をどんどんつぎ込むのではなく、どちらかというと、起業家層のテールをなるべく長くすることによって、大数の法則にかけるほうがいいかなと私は思っています。

　なぜ起業家が増えないのか。「創業のリスクは怖くない」という人が米国の場合は多いんですね。怖いと思う人が日本の場合は多いということですし、「創業者のキャリア、社会的地位が高い」というのは、起業してみようという人の絶対数に影響してくるわけです。

　それからもう1つは、日本においては大企業勤務というのが非常に幸せなのですね。特に技術系の研究職の方にとっては、大企業やIT系の人は往々にして研究所というところに入れられて、毎日研究していればお金ももらえる、社宅にも入れる、ボーナスも出る、昇進していくということになりますと、この環境を捨てて起業してみようという人はなかなかないでしょう（図表2－2－3）。

　私がいままで10年ぐらいベンチャー投資をしているなかでも、たとえば大手通信会社の研究者の方の事例があります。その会社にはすばらしい研究所がありますが、その方が社内である提案をしました。「この技術を使って、この商売をやりましょう」と。残念なことに社内からは「もっと大規模にし

図表２−２−３　起業と大企業勤務の比較

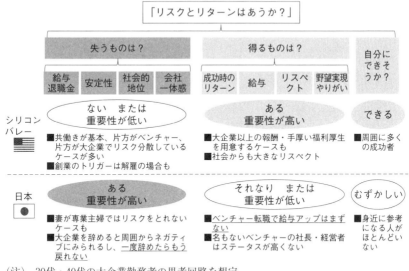

（注）　30代・40代の大企業勤務者の思考回路を想定。

ないとダメだ」ということで、結局その方はそのエリート研究所の研究員を
辞職して私どもに事業計画を持ち込んで、私どもがそこに出資をして、その
会社は４年後にマザーズに上場しました。

　こうしてエピソードとして話すぐらいですから、例としては珍しいです。
要するに、失うものは多くて得るものはあまりないというのがいままでのか
たちでした。ただ、いまは研究所そのものが解体されるとか研究所そのもの
が売りに出るという時代になってきましたので、大会社のエリート研究所に
ぬくぬくといること自身が本当にいいのか、辞めたときに得られるものが少
なくて失うものが多いかというのは、ちょっとぐらぐらしてきているんじゃ
ないかなというふうに思っています。

　それから、起業家をリスペクトする文化醸成とそれを支える仕組が、残
念ながら、農耕文化であったり島国根性であったりというところでわれわれ
が期待するほど追いついてきていない。

それからもう1つ、なぜ目利き力が育たないのか。これは両方の目利き力があるといいました。要件定義は出てきているのか、事業戦略はどうなのか、人はどうなのかということがありますが、やはり経験が大事です。自分がこうだなと思った案件に投資すると、半年ぐらいで自分の仮説が思ったとおりだったのか見誤ったのかが大体わかります。名刺交換をして、最初の2、3分話を聞いたときに感じた「いけるのか、いけないのか」という判断は、大体1カ月かけて精査しても変わりません。ですから、私も含めて、担当者にもいっているのは、そのときのイメージをとにかくよく覚えておけということです。自分が感じた印象でもファーストインプレッションでも何でもいいです。本当にそれがどうだったのかというのはそのときに悩まないと、「こんな事業計画をもらいました。業界事情はこうです。経営陣はこんな略歴で」と50ページのレポートを書いても、それは単なる作業であって分析ではありません。最初に自分が思った仮説が本当にどうなのか、それは投資をした半年後に白日のもとになるという真剣さをもって検討しようということをいっています。

いま、われわれの生活に供給されている製品、サービス、ビジネスモデル、このなかにはニーズがありながら十分な製品やサービスが提供されていないカテゴリーがあります。その需給ギャップを単なる個人的な不満としてみずに、そのギャップ、自分が感じている「このサービスは全然ユーザーフレンドリーじゃない」という不満はすべてビジネス機会になります（図表2－2－4）。

そういう人たちが1,000人ぐらいいて起業するとなると、そのなかから1社ぐらいはユニコーンが出てくるかもしれない。で、それは、先ほど申しましたが、1,000社のなかから5社10社ではなくて、ロングテールにして、潜在的な起業家たちを増やしていくということが結果的にハイインパクトベンチャーを増やすのではないかというふうに私は思います。

いま申し上げたさまざまな基本的な問題ですが、アイデアということになると、私はやはり起業家数の絶対的な少なさが問題だと思います。だから、

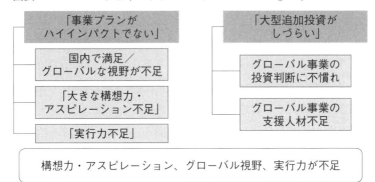

図表2−2−4　なぜ「ハイインパクト・ベンチャー」が少ないのか

ユニコーン企業が一定数発生するような大数の法則が効かないのではないのか。それから、立ち上げについても経営人材が少なく、人材の養成がまだ足りない。それから、ハイインパクトベンチャーの少なさというのは、ハイインパクトベンチャーになりうるような候補者群、つまり起業家予備軍のロングテールの軸が短いのではないかということです。

　最後に、提案としては、企業はやっぱりオープン・イノベーションに最初に取り組んでほしいということで、これは大学、ベンチャー、研究所との協働もあります（図表2−2−5）。

　それから、ノンコア事業や技術を積極的にカーブアウトする。先ほど申し上げましたフォークリフトのユニキャリアの場合は現在弊社にいる志賀が当時はまさに日産の意思決定者でしたが、これをなんとかCEOレベルにもっていけないかというのが課題だと思います。

　もう1つは、大学の産学連携。日本の大企業はかなりの金額を大学にR&D研究資金として出していますが、その拠出先は主に海外の大学であり、日本の大学にはほとんど出していないようです（図表2−2−6）。

　ベンチャーエコシステムの日米比較と、日本にとってのこれからあるべき姿を提案したところで、私のお話を終わらせていただきます。

図表2－2－5　企業はオープン・イノベーション・ファーストで取り組む

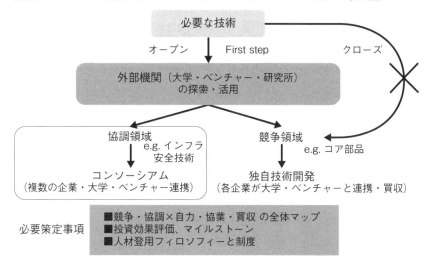

必要な技術

オープン　First step　クローズ

外部機関（大学・ベンチャー・研究所）
の探索・活用

協調領域
　　　　e.g. インフラ
安全技術

競争領域
　　　　e.g. コア部品

コンソーシアム
（複数の企業・大学・ベンチャー連携）

独自技術開発
（各企業が大学・ベンチャーと連携・買収）

必要策定事項　■競争・協調×自力・協業・買収 の全体マップ
　　　　　　　■投資効果評価、マイルストーン
　　　　　　　■人材登用フィロソフィーと制度

図表2－2－6　企業と大学の人材流動化を図る

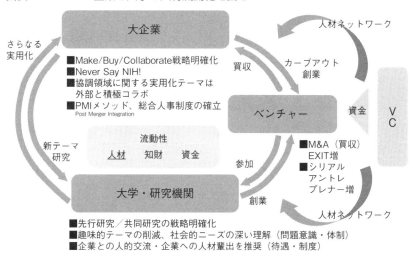

さらなる
実用化

大企業

人材ネットワーク

■Make/Buy/Collaborate戦略明確化
■Never Say NIH!
■協調領域に関する実用化テーマは
　外部と積極コラボ
■PMIメソッド、総合人事制度の確立
　Post Merger Integration

買収

カーブアウト
創業

ベンチャー

資金

V
C

流動性
人材　知財　資金

新テーマ
研究

参加

■M&A（買収）
　EXIT増
■シリアル
　アントレ
　プレナー増

大学・研究機関

創業

人材ネットワーク

■先行研究／共同研究の戦略明確化
■趣味的テーマの削減、社会的ニーズの深い理解（問題意識・体制）
■企業との人的交流・企業への人材輩出を推奨（待遇・制度）

ディスカッション

⑴ 日本の大企業はオープン・イノベーションをサポートできるのか

幸田：日本の場合、大企業は、オープン・イノベーションという考え方に基づき、イノベーションを外部企業などと共同でつくっていくことや、ベンチャー企業を育てるための共同活動が重要であるとの認識を有していることは間違いないと思います。しかし、そうした大企業は必ずしも多くない気がします。大企業がオープン・イノベーションをあまりサポートできていないのは、なぜですか。

勝又：意識はいろんな意味で変わってきているとは思います。一般的にいうと、たとえばわれわれが大企業に行って「ノンコアの部分を外出しして再編しましょう」とか「われわれが投資した会社の製品やサービスを御社の新規領域として導入をご検討いただけませんか」といった場合に、大体の社長さんは、総論賛成、「そうなんだよ、勝又君」といってくれるんですけれども、「じゃあ、今度経営企画担当常務の誰々君に落としておくから」となると、そこからが問題なんです。彼らが本当にいわれたとおりにノンコアビジネスを外出しして再編するのか、もしくは、まだ創業 3 年の新しい会社からのサービスを受け入れるかというと、そこが大体ネックになります。一般的に、ナンバー 2 とかナンバー 3 の方は、新しいことに取り組むインセンティブがあまりなくて、結果的に何も起きないというのがいままでの状況でした。

幸田：大企業にとって、ROE を重視していくと、ROE を上げるための事業再編をスピード感をもって行う必要もあり、以前と比べて、大企業も追

い詰められ始めていると思います。

勝又：そういう意味では、マーケットがその会社をみていて、社外取締役が入ってきて正論を正論としていいやすい状況になってきています。先ほど、「Not Invented Here」という言葉をいいましたけれども、もう1つ「NIMBY」という言葉があります。これは「Not In My Back Yard」のことで、要するに「総論はいいんだけれども、うちは（裏庭でそれをするのは）勘弁してよ」というところで逃げるニンビー症候群というのもあるようです。

(2) ベンチャー企業の企業価値算定のむずかしさ

学生A：VCという話なんですけれども、私は、前職でM&Aをやっておりまして、そのなかでベンチャー企業に投資するという案件もあって携わったことがあります。通常のバリュエーション方法で企業価値を算定してもなかなかペイしないというところで、ペイするようにリアルオプション的な価値を加えたりというのもしましたが、なかなかむずかしいです。VCとして、どのようにされているのか、たとえばペイしにくい案件でもリアルオプション的な価値を含めているのかどうかなど教えていただきたいと思います。

勝又：事業会社を前提にした議論でご説明します。私自身は、ファイナンシャルリターンで考えるということで、実務的にリアルオプションを使ったことはいっさいありませんが、論理的にはありうるかなと思います。

　事業会社の場合には、まず、かつて一般的にいわれていたのは、同じ事業計画をみたら、事業会社が運営するCVCのほうが高めのバリュエーションを出せるはずだということです。事業の親和性があるので、事業に対する目利き力が高いということがありますし、最終的に、上場であるとかトレードセールスといういわゆる完全な外出しであっても、自分で買い取るというイグジットオプション（出口戦略の選択肢）を自

分がもっています。将来価値であるフューチャーバリューについても、自社のリソースをつぎ込むことによって単独のVCが出せないような、まさにバリューアップができるということもあります。どれをとってもバリュエーションは全部上に行くので、そこのところで事業会社の方たちは投資判断、価値算定に迷うと思います。VCの場合、先ほど申し上げたように、ポートフォリオとしてやるので「この案件を通すためになんとか」というのはありません。それをやった瞬間に終わります。CVCは悩ましいと思います。

(3) 日本におけるユニコーン登場の壁

学生B：日本では、なぜ米国のように大きな企業価値のあるベンチャー企業（ユニコーン企業）が出てこないのでしょうか。起業そのものはよかったとしても、日本にいる投資家の感度がそこまで高くないためにあんまり投資が進んでないということがあるのか、事業以外の面でも問題があるのかなと感じています。事業そのもの、あるいはそれ以外でも何か問題と感じられることがあれば教えていただきたいと思います。

勝又：この論点は、メディアでも議論されているし、私どもの社内でもよく議論をします。確かに、事業素質では、ユニコーン企業になりそうな素質のある会社はなくはないんだけれども、それを支えるためのVCなり、ベンチャーキャピタリストなり、それからその顧客になりそうな大企業なりが事業的な潜在素質を十分に引き出せない可能性があるというのはご質問のとおりです。ただし、それはユニコーン企業にかかわらず、すべてのスタートアップ企業がそうなので、私は「だからユニコーンが出ない」というところには直結しないと思っています。

　反省を込めていうと、確かに、「5年の事業計画で、売上高30億円です。税引後当期利益は3億円です。PERは10倍になるので、30億円のマーケットキャップでIPOでいきましょう」というと、一般のベンチャーキャピタリストは「それでいいじゃないか」ということになりま

す。そこで「いやいや、そんなに小さくまとまらず、少なくともマーケットキャップは100億円を目指しましょう、そのためにいくら必要なんですか」ということが大事です。そうすると、あと２年延ばして10億円必要だということで、そういう思考も出始めています。また、潜在的な起業家も投資家も、普段から、世の中をもっと良くする「大きな構想」「Big Dream」とその実現方法について、考えをめぐらせることが重要と思います。

(4) ファンドマネージャーの資質とは

学生C：ファンドマネージャーという仕事に興味があって、いま、投資銀行方面で就職活動を行っているんですけれども、ファンドで働く人に共通する素質やバックグラウンド、あと勝又さんがもし学生時代に戻るとしたらどういうことをするかを教えていただければと思います。

勝又：それは非常にいい質問で、１つの回答はないんですが、あえてお答えするとすれば、ファンドマネージャー業務では、これはベンチャーもバイアウトもかなり似ているところがあるんですけれども、いろんなスキルセットが必要だといわれています。ファイナンスとか、あと文系御三家の法律・会計・税務であるとか、それ以外に、技術であるとかマーケティングであるとか、20ぐらいのスキルセットがあるといわれてます。そんな20ぐらいのスキルセットを全部完璧にもっている人はいません。大体みんな３つぐらいを自分の強みとしてもっています。ファイナンスなんかは多くの人が学ぶので当たり前のこととして、たとえば、マーケティング、人事管理、労務管理、コンプライアンスなど、なんでもいいですが、自分の強みがあって、私みたいなおじさん方とジョブインタビューをしたときに「俺は○○が売りなんだ」ということを明確にいえることが大事です。

　いまのはスキルセット的な話ですが、あとは胆力です。打たれ強さ。自分が投資をして、大体ベンチャー投資なんかうまくいかないです。半

年たったときに、ぐしゃっと倒れてしまうようではむずかしくて、あなたが倒れちゃダメで、倒れそうな社長さんを支えるのがあなたの役目です。やっぱり胆力はスキルセットを超えたレベルであったほうがいいです。

幸田：補足すると、まずは、産業に係る事業エリアで専門家であるというのが間違いなく大事です。そのうえで、昨今の流れのなかなので、やはりデータ分析はポイントです。IT的な素養と、それからある種の、データアナリストとまではいわないけれども、それに近い分析能力です。また、リサーチ的な素養は、すごく大事だと思います。要するに、全体をみていて、マクロ的な観点で自分のポジショニングができて、それが将来に向かってどういう方向にあるのかということをみてとれるような、そういうある種の俯瞰的な見方ができるスタンスをもつことは大事です。そのためには、リサーチ力や分析力で客観視しつつ自分の会社なり、あるいはサポートする会社の状況をきちんと把握していくことがポイントです。

勝又：まさにいまお話をしていただいたことは、幸田先生自身が若かりし頃、興銀の産業調査部で原油やエネルギーのアナリストとして名を馳せていらっしゃったので、多分ご自分の経験からもいわれていると思います。いまの洞察力のあるプレゼンテーションはやはり若いときに鍛えてもらったものがベースにあると思いますので、私も同感です。それから、私の経験からいうと、やはり英語ができたほうがいいと思います。

第3章

資本市場と企業の変革

はじめに

幸田　博人

　この章では、堀場製作所の大川常務取締役管理本部長兼東京支店長、エーザイの柳常務執行役CFO（いずれも講義当時）に、それぞれお話いただきます。

　まず、前半では「京都企業の特徴と企業戦略」と題して、大川常務から、堀場製作所の特徴、戦略、財務面などをふまえつつ、コーポレートガバナンス・コードの改訂への対応やESGへの取組みの話を伺いたいと思います。

⑴　京都企業の特徴

　まず、2018年 3 月に日本経済新聞に掲載された内容を整理した「関西 2 府 4 県の株式時価総額」をみますと、関西（2 府 4 県）で上場している企業は608社にのぼります。時価総額で約100兆円、上場企業全体の 2 割くらいということです。そのうち京都の上場企業全体の時価総額は24兆円で、 1 社当りの時価総額が3,800億円とかなり大きいです。大阪府の上場企業全体の時価総額は63兆円、キーエンス、パナソニック、大和ハウスといった大企業がありますが、 1 社当りでは1,500億円です。京都企業では、任天堂が 7 兆円、日本電産 5 兆円、島津製作所 1 兆円、ロームが 1 兆円ですので、関西の企業のなかで京都企業というのは存在感があるということがわかると思います。

　京都企業をひとくくりにして分析する先行研究がいくつかあります。本日は京大の徳賀先生がまとめられたもの（徳賀芳弘編著（2016）『京都企業　歴史と空間の産物』中央経済社）を参考にします。京都府には上場企業が約70社ありますが、そのうち、評価対象に選ばれたのが「京都企業34社」であり、主要企業はすべて入っています。次に、「京都「モノ作り」企業10社」というカテゴリーをつくっています。京セラ、日本電産、オムロン、村田製作

所、ローム、島津製作所、堀場製作所、任天堂、宝ホールディングス、ワコールです。これら10社の特徴として、「同族企業」「積極的な海外展開」「高収益」「高い安定性」「外国人株主比率が高い」ということが出ています。さらに、34社リストをみると、比較的製造業系が多いですが、いずれも、主力製品の世界シェアが高く、海外売上高比率・売上高営業利益率ともに高いことが特徴です。日本電産はそうした特徴を有しておりますし、今回の堀場製作所もそうです。「オリジナリティー」「財務の安定性」「グローバルニッチ」「社会貢献」、この4点が特徴になります。

(2) オーナー企業の強み

　京都企業に限った話ではないですが、オーナー企業の強みがあるのではないか、というテーマが世界的に注目されています。

　2011年12月の株価を100にしてその後の伸びをみたときに、日本・米国S&P・ドイツ、この3つが同じぐらい上がっています。一方で、米国については、GAFAと呼ばれる企業群を除くと、株価の動きがスローであるという傾向にあります。Google、Amazon、Facebook、Apple、この4社にいかに投資のお金が集まったかがみてとれると思います。さらに、世界の過去10年間の時価総額増加上位10社をみると、オーナー系企業がきわめて多いというのがみてとれます（図表3−1−1）。

　では、なぜオーナー企業が強いのか。さまざまな見方があると思いますが、1つはやはり組織構造の問題です。創業者や傑出した経営者が、起業あるいは事業を広げて成長している、たとえば、ソフトバンク、ファーストリテイリング、日本電産が代表的です。逆に、100年以上続いている企業のなかでもオーナーの子孫の方々がそのまま経営を承継しているという企業群が相応にあります。日本の場合は、イノベーションや起業にかかわる企業の裾野がすごく狭いと思います。将来に向けては、そうした新しい循環が始まるような経済・産業構造でないといけないということです。今日の2つ目のテーマとして意識してもらえればと思います。

図表3－1－1　過去10年間における世界の時価総額増加額上位10社

	企業名	国　名	セクター	時価総額 （兆円）	増加額 （兆円）
1	アップル	米　国	IT	94.7	75.6
2	**アマゾン**	米　国	一般消費財・ サービス	62.0	57.8
3	**フェイスブック**	米　国	IT	56.6	56.6
4	**アルファベット**	米　国	IT	80.2	56.4
5	**テンセント**	中　国	IT	54.3	52.8
6	**アリババ**	中　国	IT	48.6	48.6
7	**マイクロソフト**	米　国	IT	72.6	36.0
8	**バークシャー・ハサウェイ**	米　国	金融	53.8	29.7
9	ビ　ザ	米　国	IT	28.4	28.4
10	JPモルガン・チェース	米　国	金融	40.8	24.7

（注）　網掛け・太字企業は、オーナー企業。1USドル＝110円で換算。
（出所）　藤田勉・幸田博人（2018）『オーナー経営はなぜ強いのか？』、中央経済社より作成。

(3)　M&A戦略

　それから3つ目は、京都の企業はM&Aをうまく活用していて、比較的失敗は少ないといわれています。まず、日本電産は、永守さんの考え方で「モーター、回転する事業」という定義があって、「時間を買う」こととあわせて、1つの考え方として明確にしています。コストシナジーもかなり意識され、PMI（Post Merger Integration）にきわめて長けているという例だと思います。村田製作所は、自社のコンデンサとあわせてスマホ用にキットとして販売できる商材の買収など、M&Aも活用し、売上・時価総額ともに年平均10％成長しています。顧客に提供できるソリューションの拡大や付加価値の向上に加え、ソニーのバッテリー事業買収のように先を見据えた動きなど、比較的幅広く活用しています。京都企業のM&Aは、In-Outのタイプが

図表３−１−２　海外Ｍ＆Ａ成功に向けた３つの要素

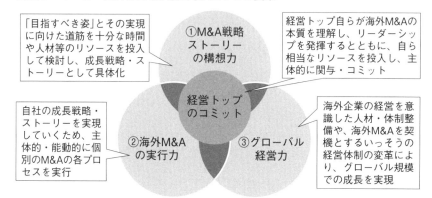

「目指すべき姿」とその実現に向けた道筋を十分な時間や人材等のリソースを投入して検討し、成長戦略・ストーリーとして具体化

経営トップ自らが海外Ｍ＆Ａの本質を理解し、リーダーシップを発揮するとともに、自ら相当なリソースを投入し、主体的に関与・コミット

①Ｍ＆Ａ戦略ストーリーの構想力

経営トップのコミット

自社の成長戦略・ストーリーを実現していくため、主体的・能動的に個別のＭ＆Ａの各プロセスを実行

②海外Ｍ＆Ａの実行力

③グローバル経営力

海外企業の経営を意識した人材・体制整備や、海外Ｍ＆Ａを契機とするいっそうの経営体制の変革により、グローバル規模での成長を実現

（出所）　経済産業省 我が国企業による海外Ｍ＆Ａ研究会、「我が国企業による海外Ｍ＆Ａ研究会報告書 概要」（2018年３月）より作成。

多くなっています。

　図表３−１−２は、日本企業が海外Ｍ＆Ａに失敗する例が多いことをふまえ、経済産業省が研究会をつくって海外Ｍ＆Ａの成功に向けたポイントを整理したものです。３つのポイントがあり、第１に「Ｍ＆Ａ戦略ストーリーの構想力」、第２に「海外Ｍ＆Ａの実行力」、第３に「グローバル経営力」です。そして経営トップのコミットになります。たとえば、海外企業と日本企業のプラットフォームに大きなギャップがあるなか、両者がなんらかのかたちで統合・リンクするという仕組みが必要な場合に、それに際して、海外の仕組みのほうがグローバル・スタンダードだということを日本の経営トップが理解して、それを取り入れて運営するようにしないとうまくいきません。そういう意味では、京都企業が世界の企業を相手にＭ＆Ａを実行しているということは、なかなか大したものだと思います。

⑷　コーポレートガバナンス・コード（CGC）と対話ガイドライン

　最後に、CGCと対話ガイドラインについて、簡単に触れたいと思います。

2002年頃、エンロン事件をはじめとする不祥事を受けて、OECDがコーポレートガバナンスの項目を提示したことが、実質的なスタートポイントになります。2015年には、株主の権利と公平な取扱い、あるいは投資家サイドの考え方をどう導入するか、ということで改訂されました。日本においては、2015年にCGCを公表し、2018年6月にこれを改訂しています。企業において、持続的な成長と中長期的な企業価値向上が重要であり、そのためにはCGCに定められたようなことをしっかりやらなければいけないということです。ルールというよりはプリンシプル・ベース（「原則としてどうやるか」）であり、コンプライ・オア・エクスプレイン（「実際に受け入れて実行するか、実行できないならほかに説明しなさい」）の手法を採用しています。CGCと裏表の関係で、機関投資家がスチュワードシップ・コードを策定し、投資先と対話を深めることも促されています（図表3－1－3）。

　堀場製作所・大川常務の講義の論点を図表3－1－4に示します。

図表3－1－3　各種コードと「企業と投資家の建設的対話」

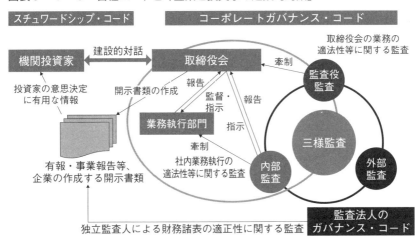

（出所）　みずほ証券作成。

図表 3 － 1 － 4 「京都企業の特徴と企業戦略」の論点

■「コーポレートガバナンス・コードの改訂」（2018年 6 月）と「投資家と企業の対話ガイドライン」をふまえ、意識すべきことは何か。

■非財務情報の重要性について、どのようにとらえ、どう取り組んでいくのか。

■ROE経営について、中長期の企業戦略と絡めてどのようにとらえ、進めていくか。

■京都企業に特有の強みとは何か。

■堀場製作所の起業精神は現在どのようなかたちで活かされているか。どのようにして海外でも強みを発揮できる企業になっていったのか。

　次に、後半では「企業金融を巡る動向－医薬品産業と事業戦略－」と題して、エーザイ常務執行役CFO／早稲田大学大学院客員教授の柳氏から、同社のコーポレートガバナンス・コードへの最先端の取組みや、ご自身で関与された「伊藤レポート」のROE 8 ％の議論を含め、お話を伺います。

　私のガイダンスは、テーマを 4 つ設けております。「医薬品産業の戦略」「医薬品産業を取り巻く環境」「M&A戦略のむずかしさ」「ESG・SDGs」です。

⑸　医薬品産業の戦略

　まず、エーザイは、当期利益390億円、売上高5,000億円強、総資産 1 兆円、純資産6,000億円、時価総額は 3 兆2,800億円となっています（2018年 3 月期）。医薬品で、時価総額が 1 兆円を超える規模の企業は12社あり、 3 兆円以上も相応にあります。当期利益では、1,000億円を超えている企業が、武田薬品、アステラス、大塚ホールディングスで、日本のなかでも、成長期待の高い産業です。ただ、海外と比較すると、これらの企業も将来的に生き残れるのかどうか、激烈な競争や技術の進化が絶えずある業界として、むずかしい産業構造かと思います。欧米の企業は大きな企業がずらりと並んでい

ます。米国はジョンソン・エンド・ジョンソン、ファイザー、メルク等、欧州はグラクソ・スミスクライン、ノバルティス、ロシュ等。グローバル上位10位は欧米の企業ばかりで、日本からはシャイアーを買収した武田薬品が入る程度です。欧米の巨大企業との競争にさらされているのが特徴です。

　株価の推移に目を移すと、アベノミクス開始後の2012年12月を100として指数化した場合、足元の日経平均は150ですが、日本の医薬品メーカーは、塩野義、中外、エーザイはじめ250から350程度の水準であり、欧米の企業よりも高いです。市場におけるウェイトは高くなっており、成長産業ですがリスクも顕在化しているとみられます。

　次にROEですが、伊藤レポートでは8％のターゲットが明示されています。2017年の医薬品産業のROEは、日本8.4％、米国11.4％、欧州17.9％となっています（図表3－1－5）。製造業・非製造業との合計ともに過去20年間、高いほうから、米国、欧州、日本の順番ですので、医薬品産業では、欧州が米国より高いことが特徴です。いわゆるデュポン・フォーミュラの3要素に分解しますと、医薬品産業では、日本のマージンは11.1％、米国11.6％、欧州17.3％であり、欧州の高いROEを支えているのは10％台後半のマージンです。エーザイはROE6.5％、マージン7.3％、回転率0.5回、レバレッジ1.7倍です。米国と欧州は、各社の間でかなり幅があるのと、マイナスのところもあり、二極化的な側面も進んでいるということかと思います。

　医薬品産業を他の業種と比較してみます。TOPIXのセクター別財務指標比較をみると、医薬品業界は、手元キャッシュが多い、ROE8％は平均並み、配当性向は平均より高い、自社株買いも平均的に実施、というのが2016年度の数値であり、事業特性として積極的な投資が必要であることが理解できます。各社の違いを、横軸に売上高、縦軸に売上高営業利益率をとってグラフ化すると（図表3－1－6）、海外企業は右上のほうに固まっています。日本企業は規模が小さく、今後スケールメリットをどう求めていくかが大きなテーマになってくると思います。

図表3－1－5　医薬品産業のROEと要因分析

2017年

日本	社数	ROE	マージン	回転率	レバレッジ
	社	（％）	（％）	（X）	（X）
医薬品*	23	8.4	11.1	0.5	1.5
製造業	317	8.5	5.0	0.8	2.2
非製造業	113	9.1	5.7	0.6	2.7
合計	430	8.7	5.2	0.7	2.4

米国	社数	ROE	マージン	回転率	レバレッジ
	社	（％）	（％）	（X）	（X）
医薬品*	26	11.4	11.6	0.4	2.6
製造業	285	14.0	8.2	0.7	2.6
非製造業	114	21.3	8.7	0.7	3.4
合計	399	15.8	8.4	0.7	2.8

欧州	社数	ROE	マージン	回転率	レバレッジ
	社	（％）	（％）	（X）	（X）
医薬品*	20	17.9	17.3	0.5	2.3
製造業	253	14.1	8.7	0.6	2.6
非製造業	136	9.9	5.0	0.6	3.3
合計	389	12.9	7.5	0.6	2.8

（注）　医薬品はバイオテクノロジー・ライフサイエンス含む。データ取得は2018年5月17
　　　　日。業種分類はGICS産業分類による。必要なデータを取得できた企業が集計対象。
（出所）　Bloombergより作成。

　PBRとPERをとると、日本、米国、欧州各社ごとに特徴があります。
エーザイについては、PERがかなり高く55倍、PBRで5.1倍ということで
す。欧米企業は、売上高や総資産の規模も大きく違ううえに、キャッシュフ
ローが厚く、研究開発費が高いことが特徴です（売上高に対する研究開発費込
みCFの比率：欧米5割超、日本が4割くらい）。ただ、日本企業も近年の大型

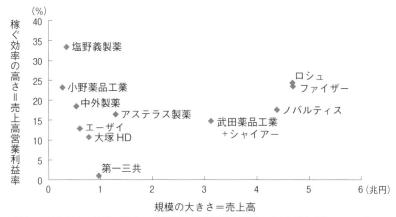

図表3-1-6 医薬品メーカーの規模と稼ぐ力

（注） 業績は2017年度の数値。大塚HDは医療関連事業。武田薬品工業＋シャイアー
は単純合算。1USドル＝112.116円、1スイスフラン＝113.940円で換算。

買収により2016年度の数値は欧米の2006年度の水準と類似の構造になってき
ました。

(6) 医薬品産業を取り巻く環境

医薬品産業を取り巻く環境、マクロのデータについてですが、少子超高齢
化社会といわれ、20年後か30年後に、日本の人口が1億人を切るということ
と、高齢化率（65歳以上の比率）が2015年の22％から上昇し2050年には4割
くらいになるということであり、社会構造に大きなゆがみが出ることになり
ます。

高齢化と財政問題とはリンクしていて、社会支出の推移を政策分野別にみ
ると、高齢分野への支出が最大であり全体の120兆円の約半分を占めていま
す。海外との比較では、フランスが約13％、日本が10％を超えていて、各国
ともに高齢化問題が大きなウェイトを占めています。医療費は年々伸びてい
て、概算医療費で2016年度は41兆円であり、2000年度から15年間に12兆円増
加、薬価の問題も含め政策的にますます大きなテーマになってきます。医療

費の水準をGDP比率でみると、米国が17%で最も高く、日本は11%で欧州各国並み、OECD諸国平均を少し上回る程度です。研究開発費も増加の一途をたどっています。競争力の源泉であるものの、2016年度は1.3兆円と売上高の約1割超を占めていて、産業的には大変だと思います。

厚生労働省が作成した「医薬品産業強化総合戦略」（2015年9月）では、わが国は世界で数少ない新薬創出国であり、医薬品はわが国成長産業の柱の1つとの認識のうえで、「国民への良質な医薬品の安定供給」「医療費の効率化」「産業競争力の強化」を三位一体で実現することを掲げています。イノベーションの推進の面と、マクロ的な人口減少、高齢化問題のなかで医薬品産業をどう取り扱うのかという面と、両方から考えなければいけないということです。加えてグローバルな視点で取り組むことが常に必要です。イノベーションと表裏一体であるため、産官学の連携強化が大前提であり、相当のタイムスパンとお金がかかります。グローバルな競争にさらされているという点では海外M&Aが1つの核になると思いますし、グローバルベースのベンチャーの創出がきわめて重要であり頭に置かなければいけないと思います。

(7) M&A戦略のむずかしさ

医薬品産業とM&Aは切っても切り離せないことを、頭に入れておいてください。図表3－1－7は、左が欧米企業の買収リスト、右が日本企業の買収リストで、エーザイも一部入っていますが、武田薬品が相当積極的にM&Aを実行しています。成功例もあれば、失敗例も相当あります。M&A戦略がなぜむずかしいのか、バリュエーションの問題もあれば、デューディリジェンスの問題もあれば、PMIの問題もあります。PMIのなかで、日本企業が買収者で、被買収者である海外企業のシステムを維持するパターンでは、日本の本社がグローバル・プラットフォームになれるのかどうかが、非常に大きなテーマです。

図表３－１－７　医薬品産業のM&Aの例

欧米企業		日本企業	
2007年	AstraZenecaが米バイオ MedImmuneを買収	2008年	エーザイが米バイオ MGI PHARMAを買収
2009年	Merckが米製薬 Schering-Plughを買収	2008年	武田が米バイオMillennium Pharmaceuticalsを買収
2009年	Rocheが米バイオ Genentechを買収	2008年	塩野義が米製薬 Sciele Pharmaを買収
2009年	Pfizerが米製薬 Wyethを買収	2008年	第一三共がインド後発薬 Ranbaxy Laboratoriesを買収
2010年	Novartisがスイス眼科医薬 Alconを買収	2009年	大日本住友が米製薬 Sepracorを買収
2011年	Sanofiが米バイオ Genzymeを買収	2010年	アステラスが米製薬 OSI Pharmaceuticalsを買収
2015年	NovartisがGSKの抗がん剤製 品群を買収	2011年	武田がスイス製薬 Nycomedを買収
2015年	Pfizerが米バイオ Hospiraを買収	2012年	大日本住友が米バイオ Boston Biomedicalを買収
2016年	Pfizerが米バイオ Medevationを買収	2015年	大塚HDが米製薬Avanir Pharmaceuticalsを買収
2017年	J&Jがスイス製薬 Actelionを買収	2017年	武田が米製薬ARIAD Pharmaceuticalsを買収
2017年	Gileadが米バイオ Kite Pharmaを買収	2017年	田辺三菱がイスラエル製薬 NeuroDermを買収
2018年	Sanofiが米製薬 Bioverativを買収	2018年	武田がアイルランド製薬 Shireを買収（５月公表）

（出所）　各社資料より筆者作成。

図表3－1－8　ESG投資の評価項目（MSCIの例）

大項目	中項目	小項目
環境評価	地球温暖化	二酸化炭素排出、製品カーボンフットプリント、環境配慮融資、温暖化保険リスク
	自然資源	水資源枯渇、生物多様性と土地利用、責任ある原材料調達
	廃棄物管理	有害物質と廃棄物管理、包装材廃棄物、家電廃棄物
	環境市場機会	クリーンテクノロジー、グリーンビルディング、再生可能エネルギー
社会評価	人的資源	労働マネジメント、労働安全衛生、人的資源開発、サプライチェーンと労働管理
	製品サービスの安全	製品安全・品質、製品科学物質安全、安全な金融商品、プライバシー＆データ保護、責任ある投資、人口動態保険リスク
	ステークホルダー管理	紛争メタル
	社会市場機会	コミュニケーションへのアクセス、金融へのアクセス、ヘルスケアへのアクセス、健康・栄養市場機会
ガバナンス評価	ガバナンス	取締役会構成、報酬、オーナーシップ、会計リスク
	企業行動	企業倫理、公正な競争、租税回避、汚職と政治不安、財務システムの安定

（出所）　MSCIより作成。

⑻　ESG・SDGs

　コーポレートガバナンス・コードが2018年6月に改訂されました。これをどう実践していくのか、最先端のエーザイの事例を伺って、後ほど議論できればと思います。コーポレートガバナンスについては、形式論をどう超える

図表3－1－9　「企業金融を巡る動向－医薬品産業と事業戦略－」の論点

■投資家の関心（例：ROE、ガバナンス関連、ESG他）のスコープについて。

■医薬品産業におけるグローバル（クロスボーダー）M&Aの困難性について。

■イノベーション企業（創薬系バイオベンチャー）への評価および今後の見方について。

■今次のコーポレートガバナンス・コード改訂の評価／非財務情報の有用性の評価について。

■企業における多様性（ダイバーシティ）の重要性について。

か、実質化の議論が大事になってきています。また、キャピタルマーケット的なテーマでいえば、ESG投資をどう考えるかですが、図表3－1－8に評価項目の一例（MSCI）を示しました。ESG投資とSDGsとの関係も出てまいります。財務情報と非財務情報の統合的開示についても世界の流れとなっており、今日のエーザイの事例でもテーマになります。最後に、柳常務執行役CFO（講義時点）／客員教授の講義の論点を図表3－1－9に示します。

京都企業の特徴と企業戦略

株式会社堀場製作所常務取締役
大川　昌男

　皆さんこんにちは、堀場製作所の大川と申します。

　私は大阪府吹田市で生まれ、兵庫県芦屋市で育ち、18歳で京都大学法学部に入学しました。当時は、歴史好きで京都に憧れていました。京大時代は、グローバルな体験をしたいと思い、外交官を志して勉強していたのですが、途中で志望を日本銀行に変えました。法律の勉強は好きでしたが、経済や国際金融についても興味をもつようになり、日銀に入ればそれらを勉強できるのではないかと思ったからです。

　日銀に入ってもできるだけ海外経験をしたいと思っていましたので、米国留学（Harvard Law School）に派遣されたり、スイスの国際機関である国際決済銀行（Bank for International Settlements：BIS）に2年間出向したり、フランクフルト事務所長を2年半ぐらい務めたりしました。こうしたグローバルな体験は、堀場製作所に移ってからも大変役に立っています。今後、AIが進化して語学力が不要になる可能性は確かにゼロではありませんが、ニュアンスや国際感覚などはやはり非常に重要ですので、学生の皆さんには、ぜひ海外経験を積んでほしいと思います。そのためには、英語の習得は必須であり、地理的なことを考えると、できれば中国語もできることが望ましいでしょう。もちろん、中国語ではなくドイツ語やフランス語ができるということでもよいとは思います。欧州では、3カ国語、4カ国語を自由自在に操る方が多数いますし、中国では、英語も日本語もほぼネイティブ並みにうまいという方も結構いますので、ぜひ後輩の皆さんには頑張っていただきたいで

す。これは、私がこのように大学にお邪魔したり、就職活動中の皆さんとお話しするときに必ず申し上げている点です。語学力はあくまでも出発点で、そのうえで、異文化理解力とグローバル・コミュニケーション力を習得していただきたいです。また、自国の文化を勉強し、それに関してプライドをもつことも重要だと思います。今後、日本企業がグローバルに生き残っていくためには、こうしたグローバル人財をどのように育成・獲得していくかが非常に重要です。

　少し話題を変えましょう。日銀時代、とりわけ支店長を務めていたとき、私はよく、「皆さんの財布のなかに日銀の商品が入っております。いつもわが社の製品をご愛顧いただきまして、毎度おおきに」（笑）というようなことをいっていましたが、堀場製作所の場合には経営管理大学院、経済学部の皆さんに使っていただいている商品はないと思います。

（1）　堀場製作所の特徴

　冒頭に質問をさせていただきます。当社の社是、つまり会社のモットーだと思うものを次の３つの選択肢からお選びください。

　「１．おもしろおかしく」「２．いやならやめろ」「３．天気晴朗なれども波高し」。

　正解は１番です。「おもしろおかしく」、これはかなり特徴的な社是で、京都の財界では有名です（図表３-２-１）。三択問題の２番の選択肢、「いやならやめろ」。これも堀場製作所らしい言葉なのです。創業者の堀場雅夫が『イヤならやめろ！』という著書を書いているので、機会があれば是非読んでみてください。３番の選択肢は、堀場製作所とはまったく関係ありません。これは、日露戦争時に、秋山真之が起草したといわれる電報の一部ですが、私個人がなかなか語感がよいと思って、気に入っているフレーズです。興味がある方は、司馬遼太郎の『坂の上の雲』をお読みください。

　堀場製作所の本社は、京都市南区にあります。「はかる技術」をビジネスとする分析・計測機器のメーカーです。創業製品は、酸性・アルカリ性を測

図表3－2－1　社是

「おもしろおかしく」"Joy and Fun"
人生の最も活動的な時期を費やす仕事に
プライドとチャレンジマインドをもち、
「おもしろおかしく」エキサイティング
に取り組むことによって人生の満足度を
高め、よりおもしろおかしく過ごせる。

るpHメーターです。また、放射線量を測る機器、放射線計などもあります。この製品は、東日本大震災時の原発事故後にも活躍しました。

　会社設立は1953年です。創業者の堀場雅夫は最初から堀場製作所を設立したわけではなく、設立の8年前の1945年に、堀場無線研究所を大学3回生で創業しました。堀場雅夫は京大理学部で原子核物理学の研究をしていたのですが、敗戦に伴って日本は、GHQから原子力にかかわる研究を禁止されたので、学生のまま私設研究室として「大学ベンチャー」を立ち上げたのです。堀場製作所が、よく「学生ベンチャーの草分け」と紹介されるのは、こういう歴史があるからです。この点は後ほど説明します。

　現在のHORIBAグループは、従業員が約8,000名で、そのうち日本人の割合は4割を切る38％、外国人の従業員が6割を超えるグローバル企業です（図表3－2－2）。代表者は、代表取締役会長兼グループCEOの堀場厚（創業者・堀場雅夫の息子）です。

　京都企業は非常に中長期志向であることが1つの特徴といわれています。2018年の1月1日に社長が交代しましたが、これは26年ぶりの社長交代でした。

　堀場製作所は、B2C企業と異なり、皆さんが日常生活で使用する製品はありません。特に学生の皆さんが今後就職を考えるうえでは、京都には、堀場

図表３－２－２　グローバルネットワーク

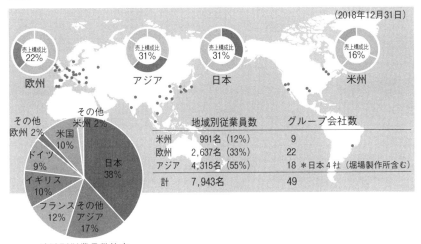

（2018年12月31日）

地域別従業員数		グループ会社数
米州	991名 （12%）	9
欧州	2,637名 （33%）	22
アジア	4,315名 （55%）	18 ＊日本４社（堀場製作所含む）
計	7,943名	49

地域別従業員数比率

製作所を含めて、働きがいのあるワーク・ライフ・バランスにも配慮した魅力的なB2B企業がたくさんありますので、それらの企業に、より関心をもっていただきたいと思います。B2B企業の会社案内やホームページなどを通して、そうした企業が社会で果たしている役割を認識していただければ興味が湧くかもしれません。

　HORIBAグループの製品は、「はかる・分析する」技術にかかわる機器で、多品種少量生産が１つの特徴です。幅広い産業で使用されていますが、産業・顧客軸等で事業分野を分けています。これを「セグメント」と呼び、現状は５つのセグメントに分けています（図表３－２－３）。

　第１に、自動車計測セグメントです。自動車の排ガス測定装置やエンジン、駆動系、ブレーキなどの自動車開発用計測装置を提供しているほか、2015年に英国のMIRA社を買収したことを通じて、自動車車両の開発や試験のエンジニアリングビジネスにも領域を広げています。

　もう少し詳しくみていきましょう。自動車計測セグメントで売上が最も大きい主力製品は、「MEXA（メクサ）」と呼ばれるエンジン排ガス測定装置、

図表3－2－3　事業セグメント

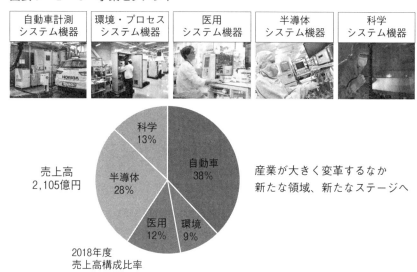

| 自動車計測システム機器 | 環境・プロセスシステム機器 | 医用システム機器 | 半導体システム機器 | 科学システム機器 |

売上高
2,105億円

産業が大きく変革するなか
新たな領域、新たなステージへ

2018年度
売上高構成比率

科学 13%
半導体 28%
自動車 38%
環境 9%
医用 12%

　つまり自動車の排ガスを測る機器です。この商品をファイナンス論の観点からとらえれば、HORIBAグループの現在のキャッシュ・カウととらえられます。
　排ガス測定装置は、国の検査機関やさまざまな試験機関で排ガス試験に用いられています。また、自動車メーカーや触媒メーカーなどの研究開発部門は、厳しさを増す排ガス規制に適合する自動車開発のために、また内燃機関をはじめエネルギーをトータルで高効率化するために、排ガス測定装置を使用しています。現在、電気自動車開発が話題ですが、その背景には、環境問題、排ガス規制の課題があります。昨今話題のESG投資の文脈では、ESGの「Ｅ」、Environmentに関連して、地球環境の保全は、どの企業にとっても非常に重要な課題です。そのなかで、排ガスの問題は重要な課題の１つであり、堀場製作所は、高品質の排ガス測定装置を自動車メーカーや検査機関等に提供することで、地球環境の保全に貢献しています。
　加えて、前述のとおり、2015年に英国のMIRA社（現ホリバMIRA社）を

買収しました。ホリバMIRA社のビジネスは従来のHORIBAグループのそれとは異なったビジネスモデルです。端的にいえば、堀場製作所は製造業ですが、ホリバMIRA社は非製造業です。具体的には、自動車に関するいろいろなテスト・サービス、コンサルティング、エンジニアリングを提供しています。

　次に、環境・プロセスセグメントです。大気・水質・土壌の計測に幅広く対応する分析・計測機器を供給しています。具体的には、火力発電所などから排出されるガスを測定する煙道排ガス分析装置や、水の汚染や排水管理などを監視する工場用水質計、石油精製プロセスの各種計測装置などがあります。

　第3に、医用セグメントです。人体からの採取物に対して分析・計測を行う検体検査市場において、主に血液検査機器と検査時に使用される検査試薬——プリンターに対するインクに当たる消耗品——を販売しています。具体的には、血液中の白血球や赤血球などを測る、血球計数装置が主力製品です。この製品は特に国内で非常に強く、開業医を中心に高いシェアを保持しています。

　第4に、半導体セグメントです。最先端の流量制御技術によって、半導体製造における歩留り向上や微細化技術に貢献しています。半導体セグメントの主力製品は、「マスフローコントローラー」と呼ばれる製品です。「はかる」というよりは半導体製造プロセスにおいて必要なガス・液体の流量を「制御する」製品で、これを半導体製造装置メーカー向けに提供しています。

　最後に、科学セグメントです。国産初のガラス電極式pHメーターの研究開発から始まった堀場製作所の分析・計測機器は、赤外線によるガス分析、X線を用いた固体分析、ラマン分光・蛍光分光などの分光技術を用いた新素材開発やバイオ研究などへと広がり、各時代で未知の領域に挑む最先端の研究を支援し続けています。さらに、研究開発分野以外でも、医薬品・食品・電子部品の異物検査や不良解析、犯罪捜査、考古学分野などに、科学セグメントの分析機器が幅広く活用されています。また、基礎技術の開発を通じ

て、他の４つのセグメントに新たな分析・計測技術を供給する、インキュベーターの役割も担っています。

　自動車計測セグメントと医用セグメント、半導体セグメントは、名前からだいたいどのようなカスタマーがいらっしゃるのかを想像できると思います。環境・プロセスセグメントは、地方自治体などさまざまなカスタマーがいらっしゃいます。また、あらゆる工場が潜在的なカスタマーです。科学セグメントは、京大の理学部、工学部、農学部、医学部はもちろん大学の研究室、研究機関、企業のR&D部門や製造、品質管理部門が主なカスタマーです。

⑵　HORIBAグループのビジネスモデル

　ビジネス戦略に話題を移します。HORIBAグループのビジネスは、「グローバル・ニッチ」のビジネスモデルです。ねらったビジネス分野でシェアをしっかり押さえる──独自の技術力を要し、市場が小さいために大企業等が参入しづらい分野でグローバル・シェアをとりにいく──という戦略です。

　主力製品のエンジン排ガス測定装置だと、世界で約80％のシェアをもっています。半導体製造装置向けのマスフローコントローラーでは、世界シェア60％ほど。これら以外では、火力発電所等で使用される煙道排ガス分析装置、そしてラマン分光分析装置です。ラマン分光分析装置は、光を使って（分光技術を用いて）物質の化学組成や分子構造の解析ができる装置で、燃料電池などの新素材やバイオ研究で注目されています。これらも世界的に高いシェアとブランド力をもっています。

　HORIBAグループの売上高全体に占める日本の比率は、約３分の１にすぎません。アジアが３割ぐらい、米州が２割弱、欧州が２割強で、拠点も欧州、米州、アジアに多数有しています。早くから海外に事業展開をしたHORIBAグループはグローバルとローカライズを高い次元で組み合わせた、地球規模で拠点をもつ"ほんまもん"のグローバル企業を目指しています。

もう１つの特徴は、「マトリックス経営」です。５つのセグメント軸とグローバルにおける地域軸をマトリックスに組み合わせてオペレーションしています。ファイナンス理論の分散投資に相通じるところがあるかもしれません。

　５つのセグメントのバランスについてみると、現状では、自動車計測セグメントの売上シェアが高い一方、利益面では半導体セグメントのシェアが高くなっています。残りの３つのセグメント、すなわち、医用セグメント、環境・プロセスセグメント、科学セグメントがさらに成長してくると、先ほど申し上げた分散投資の理論のアナロジーで、リスクをよりコントロールしやすくなるでしょう。半導体業界は非常に波がある業界なので、シリコンサイクルのボトムでは、半導体セグメントが影響を受けます。そうした状況に直面した際に、たとえば、他の４つのセグメントで売上げを積み上げるとか、生産人員をシフトするといった柔軟性があることが望ましいと考えています。マトリックス経営では、そうした柔軟性が確保されています。これは多様な事業をシナジーさせて経営しているメリットだと思います。

　IR（Investor Relations）活動をやっていると、海外の投資家等から、事業は分割して、全部ばらばらにしてはどうかという意見を聞くことがあります。また、自動車分野に特化してはどうかという示唆をいただくこともあります。これはファイナンス理論のコングロマリット・ディスカウント理論のアナロジーに基づく主張かと思います。こうした議論に対して、HORIBAグループは多様なビジネスを行っていくことで、リスクを分散するだけではなく、実は底流する技術にはシナジーがあり、それこそが成長力の源泉で強みなのですと、５つのセグメントをマトリックス経営している理由を説明しています。確かに顧客の業界が異なるため、一見するとセグメントごとに異なるビジネスモデルにみえますが、HORIBAグループが提供する基本技術は、５つのセグメント間で共通する、あるいはよく似ている「はかる技術」なのです。私はこの議論にはそれなりに説得力があると思ってます。「説得力がない」と思う投資家は堀場製作所の株式を買わないかもしれません。他

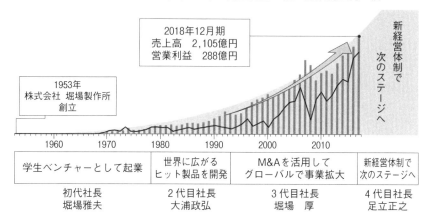

図表3-2-4　HORIBAの成長〜30年で売上高約10倍、営業利益約18倍〜

2018年12月期
売上高　2,105億円
営業利益　288億円

1953年
株式会社 堀場製作所
創立

新経営体制で次のステージへ

学生ベンチャーとして起業	世界に広がるヒット製品を開発	M&Aを活用してグローバルで事業拡大	新経営体制で次のステージへ
初代社長堀場雅夫	2代目社長大浦政弘	3代目社長堀場 厚	4代目社長足立正之

方、「いやいや、なるほどおもしろい」といって応援してくださる株主もいらっしゃると思います。IRの話は、のちほど敷衍します。

　次に、堀場製作所の企業規模についてお話しします。東京証券取引所の業種区分で同じ電気機器メーカーといっても、東芝や日立製作所とは規模がまったく異なります。堀場製作所は、2018年に連結売上高で2,000億円を初めて突破しました（図表3-2-4）。当社会長兼グループCEOの堀場厚は「堀場製作所は大企業を目指すのではない。偉大なる中堅企業を目指そう！」ということをしばしば述べております。規模を大きくすることが重要でないとは申しませんが、企業の質、クオリティを向上させることが何よりも重要だということです。

(3)　HORIBAグループの歴史－京大ベンチャー発、「おもしろおかしく」、M&Aで事業拡大－

　次に、堀場製作所のことをより知っていただくため、当社の歴史を振り返りつつ、3つのエピソードをお話ししたいと思います。

　1つ目のエピソードとしては、京大ベンチャーとしてスタートしたことをあげたいと思います。堀場製作所の前身である堀場無線研究所を京大ベン

チャーとして1945年に起業しました。先ほど申し上げたとおり、戦後、GHQにより日本は原子力に関する研究が禁止され、京大の研究室の実験設備は破棄されたため、堀場雅夫は「ならば、自分で研究室をつくろう」と無線研究所を創業しました。ただし、残念ながら、堀場無線研究所が初期に取り組んだコンデンサは事業化に失敗し、結局借金が残ってしまいました。借金を返すためには、何をすべきかということで、コンデンサの品質管理に使用していた、自作のガラス電極式pHメーターを販売する事業に切り替えていきました。その当時のpHメーターは、外国製だったらしいのですが高価なわりに輸送中に故障したり日本の気候にあわず品質が安定しないなど、どうも使い勝手が悪かったようです。それで京大と産学共同研究でpHメーターを自力で開発していました。それが8年後の1953年に創立された堀場製作所の創業製品になったということです。

　2つ目のエピソードとしては、「おもしろおかしく」という社是を取り上げたいと思います。創業製品は、pHメーターでしたが、堀場製作所が飛躍したのは、排ガス測定装置という、2代目社長の大浦が開発部長だった時に誕生した製品によるところが大きいです。当時の堀場製作所では、人間の息、呼気を分析する医用機器の研究開発をしていたのですが、この技術を自動車の排ガス測定に使えないかと考えました。当時社長だった堀場雅夫は、人間の健康や医療に貢献する繊細な分析機器で、自動車の排ガスのような油やゴミが多い汚れたものを計測することに反対し、研究開発を中止する指示を出していました。しかし大浦は、社長の指示を無視して開発を続けて、「今年中に3台売るので継続させてください」と直訴し、エンジン排ガス測定装置を堀場製作所で最も稼ぐ製品にしたのです。自己の信念、自己実現を大切にする社風を表したエピソードですが「社長や上司のいうことを聞かない会社」と揶揄されることもあります。しかし、HORIBAグループでは開発者魂や、自己実現の喜び、自己の揺るぎない信念やプライドに基づく行動を尊重し、社是の「おもしろおかしく」に込めています。ですから、ホリバリアン（HORIBAグループでは働く人全員のことを「ホリバリアン」と呼びま

す）は、「何が社会のために役に立つのか」を自ら考えながら働き、社長に
１回反対されたぐらいでは自分の信念やチャレンジは曲げないというスピ
リットは当時からあり、いま現在も続いています。上司の指示に基づく仕事
を完遂することは評価に値すると思います。しかしそれよりも、自らの提案
に基づく自発的なチャレンジを大切にする、そうしたチャレンジスピリット
をより評価するということです。HORIBAグループの企業文化を支える精
神は、ベンチャースピリット、チャレンジスピリットです。これらが「おも
しろおかしく」の精神と直結しているといえましょう。

　この「おもしろおかしく」という意味はなかなか解釈がむずかしいし、意
味が深いのですが、海外には「Joy and Fun」と英訳して伝えています。現
在、日本人以外のホリバリアンは６割を超えていますが、彼らにもHORIBA
グループのコーポレート・モットーは「Joy and Fun」であると説明し共感
を得ています。また、数年前に本格的な英語版社歌をつくり、毎週月曜日の
朝やイベントごとに、ホリバリアン全員で一緒に歌い、一体感を醸成してい
ます。

　「おもしろおかしく」を社是にすることを提案したのは堀場雅夫です。当
時「そんなお笑いみたいな社是、やめましょう」といった反対論が役員会で
は多く、すぐには制定されませんでした。しばらくして、社長を退任する際
に皆からプレゼントは何がいいかと聞かれ、「おもしろおかしく」を社是に
してくれといい、皆も聞き入れざるをえなかったといわれています。いまで
はHORIBAグループの代名詞的な役割を果たしています。私の感覚では、
京都財界人のほとんどは、この社是を認知しているのではないかと感じま
す。私自身も日銀の中堅職員時代には、ユニークな社是があるものだなと認
識しておりました。私の世代では、堀場雅夫のビジネス書を読んでいる割合
が比較的高いことも影響しているかもしれません。

　この社是の意味をあらためて確認しておきましょう。「人生の最も活動的
な時期を費やす仕事にプライドとチャレンジマインドをもち、『おもしろお
かしく』エキサイティングに取り組むことによって人生の満足度を高め、よ

りおもしろおかしく過ごせる」。こういう会社にしたいというのが堀場雅夫の「おもい」です。「お笑いの会社になる」という意味ではなくて、1日8時間、1週間5日、年間200日という相当長い時間を働くわけですが、こういう気持ちでホリバリアンが働ければ、その人の人生はよりハッピーになるし、新しい技術も生まれやすくなるでしょうし、会社も成長できるし、社会にも貢献できるはずだということです。この社是の深い意味を理解するにあたっては、「プライド」と「チャレンジ」というのがキーワードだと思います。すべてのホリバリアンにプライドとチャレンジマインドをもってもらいたいと思っています。社是の意味するところを実現できれば、働きがいのある会社、従業員思いの会社になれるといえるのではないでしょうか。働き方改革やワーク・ライフ・バランスも重要ですが、仕事がおもしろおかしくなければ働いていてもつまらないですし、仕事をおもしろおかしくできれば、それは素晴らしいことといえるのではないでしょうか。

　3つ目のエピソードは、「M&Aで事業拡大」をあげたいと思います（図表3-2-5）。M&Aについてはさまざまな案件を実施してきましたが、グローバルな大型案件を実施したのは、3代目社長堀場厚の時代からでした。

図表3-2-5　M&Aによる成長

1995年度 ABX/ジョバンイボン 買収前	1998年度 ABX/ジョバンイボン 買収後	2007年 自動車計測システム機器事業 買収後	2009年 リーマンショック	2015年 MIRA 買収後	2018年 FuelCon 買収後	売上高
406億円	675億円	1,442億円	1,045億円	1,708億円	2,105億円	分析（環境） 分析（科学） 半導体 医用 自動車
129 277	102 260 231 81	400 269 258 514	124 325 223 371	167 270 353 274 642	193 277 577 260 796	
6.6% 2.0%	4.3% 1.5%	11.5% 11.4%	4.9% 4.0%	11.3% 10.2%	13.7% 14.3%	営業利益率 ROE
23%	49%	56%	55%	62%	62%	従業員比率 ■日本人 □外国人

すなわち、堀場厚の社長就任以降、M&Aのグローバルな展開を加速しました。堀場製作所にとっては比較的大きな買収案件は4件ありました。約20年前に南仏のモンペリエにある医用計測機器メーカーのABX社（現ホリバABX社）と、パリ近郊の科学分析機器メーカーであるジョバンイボン社（現ホリバ・フランス社）を買収しました。このジョバンイボン社は、2019年に創業200周年を迎える由緒ある科学分析機器メーカーで、フランスにおける名門の分析機器メーカーです。3件目は、約15年前にドイツ（フランクフルト近郊）のカール・シェンク社から自動車計測システム機器事業を買収しました。

　買収によって取得した事業の戦略立案機能と研究開発機能は、必ずしもすべてが京都本社にあるわけではありません。科学セグメントであればパリ近郊にも、医用セグメントであれば南仏モンペリエにも、自動車計測システム機器セグメントであればフランクフルト近郊にも、買収先企業を中心に事業の戦略立案機能と研究開発機能を残しています。財務・ファイナンスの本社機能は京都に集中していますが、セグメントの事業戦略、およびそれに密接に関連する研究開発機能はグローバルに分散して存在しています。これは堀場製作所のM&A戦略と密接に関連しています。堀場製作所のM&A戦略の特徴、とりわけポスト・マージャー・インテグレーション（PMI）戦略の特徴は、被買収会社の経営者や技術者等を残すことにあります。むしろ彼ら彼女らのほうから「堀場製作所だったら私たちの技術をわかってくれて、一緒にやってくれる」「経営が少しうまくいっていないところがあるけれども、HORIBAグループに入ってシナジーを出しながらそこを立て直したい」というかたちでM&Aの話が進むことが多くあります。

　4件目の大型M&A案件は、先ほども触れた、2015年の英国のMIRA社（現ホリバMIRA社）の買収です。MIRA社とは「Motor Industry Research Association」の略称です。この買収は堀場製作所にとって大きなチャレンジでした。自動車業界が電動化や自動運転といった100年に一度といわれる大きな変革を迎え、自動車関連の技術の潮目が変わる時代の直前に堀場製作

所がMIRA社を買収できたのは幸運でした。ホリバMIRA社は、自動運転や電動化に関する技術を多数保有しています。ビジネス内容をみると、コンサルティング、エンジニアリング、さまざまなテスティング・サービスを行っています。東京ドーム60個分の広大な敷地をもっており、私もはじめて訪問した折に、「おまえのためにベスト・テスト・ドライバーを呼んであるよ」といわれて、私は助手席に乗っていただけですけれども、テストコースを時速250kmで走る体験をしてきました。ホリバMIRA社にはさまざまなテストを実施できるコースや舗装面、お客様が賃貸できるテナント施設があります。また、こうしたテストで判明した問題を解決できる技術者を有していることから、ホリバMIRA社では、問題解決のためのエンジニアリングサービスやコンサルティングサービスをあわせて提供しています。

ホリバMIRA社の従業員は約600人で、堀場製作所のM&A案件のなかでは過去最大です。

また、2018年9月には、ドイツのFuelCon社（現ホリバ・フューエルコン社）という電動化車両用バッテリーや燃料電池のテスト装置を開発・製造販売する企業を買収しました。今後は、ホリバ・フューエルコン社が電動化車両用バッテリーや燃料電池の計測を牽引していくことになります。先ほども申し上げましたが、自動車業界では100年に一度といわれる大きな変化が起きています。現在の堀場製作所の主力製品はエンジン排ガス測定装置ですが、50年後、内燃機関に依存した自動車を自動車メーカーが開発・製造しているのかという点には不確実性が残ります。そういう意味で、排ガス測定装置とは違った製品ラインアップをもっているほうが、自動車業界のお客様ニーズに応えることができるのです。

このように、HORIBAグループでは、M&Aを続けながら技術力を高め、グローバルにビジネスを展開しています。研究開発拠点を全部京都に集中させたり、京都の生産モデルを全世界にコピーするかたちで展開しているわけではありません。グループ内では、Center of excellenceというかたちで認識し、そこで当該技術に関する研究開発を実施しています。

⑷　HORIBAグループのIR活動

　堀場製作所のIR活動は、外国の株主も多いこともあって、15年ほど前からグローバルに実施しています。また、2013年からいわゆる統合報告書を発行しています。「統合」とは財務情報と非財務情報との統合を意味します。経営管理大学院、経済学部の学生さんが企業研究をするにあたっては、この統合報告書の分析から始めるのがよいと思います。

　統合報告書とは、株主や投資家、取引先などに対して、1冊で企業の経営実態や持続的な成長への取組み、長期的な企業価値向上につながる取組みなどを紹介するもので、その内容については、中長期の経営戦略、環境・社会貢献への取組み、ガバナンスの仕組み、財務諸表による業績分析、CSRなどが柱となっています。

　「CSR」とは、「Corporate Social Responsibility」の略語であり、「企業の社会的責任」という意味です。最近では、ESG（Environment Social Governance）やSDGs（Sustainable Development Goals）といった言葉のほうが知られているかもしれません。

　統合報告書（堀場製作所では「HORIBA Report」と名づけています）に何を書いているかというと、財務情報と財務諸表に載らない情報です。財務諸表に載らない情報とは何かというと、たとえば、「見えない資産」のことです。堀場製作所の場合にはまず一番に「人財」をあげています。「人材」ではなく「人財」と表現します。人、つまりホリバリアンは、会社の宝であり財産であると考えているためです。

　堀場製作所は四半期開示をしていますし、堀場製作所の株式は株式市場では毎日売買されていますが、私が是非、統合報告書を読んでいただきたいと考えている方々は、やはり中長期の視点で堀場製作所の株式に投資したり、堀場製作所となんらかのかかわりをもつことを検討してくださっている方々です。したがって、「HORIBA Report」には、そのような投資家の方々が堀場製作所の事業内容や目指している未来を理解し賛同し、そしてファンにな

っていただけるような情報をしっかりと織り込んでいきたいと考えています。「HORIBA Report」が、その年に投資家の皆様に伝えるべきことを的確に表現した報告書にすべく一生懸命作成に取り組んでいます。

なぜ、IR活動が必要なのか。世界で最初の株式会社である東インド会社が誕生して以来、株主は会社に対してお金を拠出しています。会社は投資いただいたお金に対してリターンを返す。また、株主は、株主総会で取締役を選任する権利を有しています。堀場製作所の場合は、12月決算なので毎年3月に株主総会を開催しており、そこで取締役が選任されています。

そういう意味では、IR活動というのは、お金を拠出してくださる投資家の皆様と、どのような対話をどう行うのかということだととらえています。加えて、お金をお借りしている銀行等の金融機関ともさまざまな対話をしております。

株主との対話というと、「SR (Shareholder Relations)」という言葉もありますが、私自身はInvestor Relationsだと思っています。両者はかなり重なる概念ですから、IRとSRを厳密に区別する意義を私はあまり感じていません。

IR活動については、さまざまな方法があります。機関投資家向けに説明会を開催することもあれば、個別に投資家を訪問することもあります。自社でアレンジすることもあれば、金融仲介機関である証券会社の方に、アレンジをお願いすることもあります。機関投資家向け決算説明会については、年に2回、通期決算発表後（第4四半期の開示後）と半期決算発表後（第2四半期の開示後）に、開催しています。第1四半期の開示後と第3四半期の開示後は、電話会議という形式で、機関投資家に対して決算説明会を実施しています。こうした決算説明会に加え、投資家対応を随時実施しています。

対話の内容についてはさまざまなバリエーションが考えられますが、先ほどの統合報告書と同様に、財務情報と非財務情報とをあわせて、さまざまなトピックを織り込みながら実施しています。最近のある事例を具体的にみてみましょう。

まず「HORIBAグループを取り巻く外部環境は、いま、どのようになっ

ているか」という論点からスタートします。たとえば、マクロ経済的な視点からは、「米中貿易摩擦の影響」とか、「英国のEU離脱の影響」といった論点が考えられます。また、もう少し業界に近い観点からは、たとえば、自動車計測セグメントでは「現状排ガス規制が厳格化している影響から、自動車メーカーの投資意欲が旺盛である」とか、環境・プロセスセグメントも「中国、インドを中心に環境規制が強化されている」、半導体セグメントでは、「半導体のシリコンサイクルはどうなるか」といった論点です。

　そのうえで、具体的なグループ全体の業績、セグメント別の業績について説明した後、業績予想についても同様に説明します。

　その際、為替レートについては想定為替レートを、ドル・円やユーロ・円について開示します。あわせて、「1円ドル安になると、○○億円売上高が減少する、△△億円営業利益が減少する」といった為替の影響の話をします。為替動向は業績への影響がありますし、また、外国人投資家も多くいらっしゃるので、為替影響に関する投資家の関心は高いといえます。

　このように財務情報の概要を説明したうえで、次に業績予想に影響を与えそうなトピック、あるいは、中長期の業績に影響を与えそうなトピックにつき、セグメント別に財務情報を参照しながら非財務情報について説明します。

　論者のなかには、「企業が自発的に開示する情報は、都合のよいものばかりで、Selective disclosureとなり証券市場をゆがめる」との批判をする方もいるようですが、実務ではアナリストからより多くのトピックを開示してほしいとの要請がありますし、アナリストからこちらからの説明以外のさまざまな質問を受けることもあります。もちろん、最近ではFair disclosure規制もありますし、会社のビジネス戦略上開示するタイミングを考慮する情報もありますので、そのあたりをバランスさせながら、適時開示を実施しています。

　さらに、最近では、先ほどお話ししたESGとかSDGsを意識した説明をします。具体的には、「このトピックは、ESGのうち、Eに関連しています」

とか「あのトピックは、SDGsの持続可能な世界を実現するための17のゴールの○○に関係します」といった話を入れます。

なぜかといいますと、現在、投資家がESG視点を従前にも増して気にされるためです。堀場製作所は、ESGやSDGsにしっかりと取り組んでいるし、そもそも堀場製作所のビジネス自体がESG投資やSDGsに寄与することが多いことをしっかりアピールしています。

最後に、株主への還元政策について説明します。株主還元政策は、投資家の皆様の最も関心が高い事項の1つです。

いまの時代、生き残っていくためにも、さらなる成長をとげるためにも、企業は戦略的投資に力点を置きたいところではありますが、株主への配当をどうするかという論点とのバランスは難問だと思います。ファイナンス理論上は、配当でキャッシュアウトすれば、株価は下がるはずなのですが、現実のマーケットでは必ずしもそうなっているようには思えません。そうすると、株主への配当をどのくらいにすべきかという論点はますます難問になるのですが、堀場製作所には創業者の堀場雅夫が決めた基本的な考え方があります。すなわち、配当金と自己株取得の合計額が、おおよそ連結ベースの純利益の30％程度としています。自社株買いは、少なくとも堀場製作所の場合には、毎年実施するという慣行はないので、実際に検討する場合には、過去数年の移動平均等の数字をもとに検討しています。残りの70％は内部留保し、戦略的投資資金として設備投資やM&A等に使います。私自身は、創業者である堀場雅夫の考え方に共感していて、「なるほど、これはバランスがいいな」と感じています。

以上が、投資家向け決算説明会の内容の大枠です。こうした当社側からの説明が終わると、さまざまな投資家の皆様から多くのご質問をいただきます。投資家とのそうした対話で気づかされることも多く、IR活動を通じて投資家と適切な対話の機会をもつことは重要なことだと考えています。

本日の最後のトピックに関する説明をする前に、ESG投資に対する堀場製作所の視点ということと、統合報告書について少し補足します。

まず、ESG投資に対する堀場製作所の視点については、事業を通じて、言い換えると、本業による環境（environment）および社会（social）への貢献という視点を用いています。メセナのように何か本業以外のかたちで社会に貢献するというよりは、ESG、CSR、SDGsについて、私たちは事業を通じて貢献していきますと説明しています。実際のところ、堀場製作所のビジネスは、環境問題や社会ニーズに密接に関係しています。私たちとしても、世の中にニーズがある技術、すなわち、世の中の人があったらいいなと思っている技術を是非開発したいと思っています。言い換えれば、皆さんが欲しいと思っている技術であれば、皆さんは喜んで相応の対価を払っていただけると思いますし、そういうかたちでビジネスを拡張していくことが健全であると思っています。やはりビジネスを持続的に継続・拡張するためには、企業には配当資金や戦略的資金の元手となる一定の利益がなければなりません。それがないと、企業はゴーイング・コンサーンではなくなり、事業継続ができなくなってしまいます。

　EとSについて、堀場製作所は、事業を通じて環境問題や社会問題の解決に貢献していくわけですが、G、すなわち、ガバナンスについてもさまざまな論点があります。ここでは、独立社外取締役について少し敷衍します。現在、堀場製作所の取締役会は8名のメンバーで構成されています。8名のうち、3名が社外取締役です。3分の1以上ということになります。

⑸　HORIBAグループのグローバル財務戦略

　最後のトピックとして、グローバル財務戦略の話をしたいと思います。

　私が、財務部門を担当しているなかで、財務データの何に注目しているかということを中心にお話しします。

　まずは、やはり売上高です。これは、企業の成長スピードを測るKPI（業績評価指標）たりうると考えています。次に、営業利益です。企業の存続のためには、持続的成長のためには、一定の営業利益が不可欠となります。

　売上高、営業利益と申し上げたうえで、私自身が一番注目している財務指

標は、実はキャッシュフローです。まず、どのぐらい営業キャッシュを生み出しているのか、また、どのくらいの投資キャッシュフローを使っているのか、その結果、どの程度のフリーキャッシュフローがあるのかということを確認します。

当然、営業利益率やROEもみています。

そのうえで、WACCに注目しています。WACCとは、Weighted Average Cost of Capitalの略称で、加重平均資本コストと訳されます。企業の資金調達のコストであり、借入に係るコストと株式調達に係るコストを加重平均したものです。WACCについては、最近ではコーポレートガバナンス・コードにも参照されるようになってます。私自身は、WACCを意識した経営につき、各社とも取り組んでいらっしゃると思いますし、HORIBAグループにおいてもその考え方を社内に浸透させようとしています。財務部門では、WACCといえば通じるわけですが、これを全社的にどのようなかたちで、事業の最前線のホリバリアンに意識してもらうかを財務部門責任者として考えているところです。

他社では、ROIC経営というかたちでWACCを意識しているケースもみられますが、HORIBAグループでは、「HORIBA Premium Value」という独自の概念を導入して、WACCを社内に浸透させようとしています。堀場製作所は、日本語でいうと「ほんまもん」、英語でいうと「プレミアム」を目指しているので、こういうネーミングになっております。

HORIBA Premium Valueを利用することで、各事業部門の投下資本に対するリターンを最大化することを目的としています。投資をただ単に抑制することにならないように十分に配慮しつつ、資産効率の向上により企業価値最大化を図りたいと考えています。

では、HORIBA Premium Valueとは、どういう指標なのか。HORIBA Premium Valueとは、「最適なリターン・利益を生んでいるか、不要な資産はないか」を測る指標です。すなわち、これまでの損益中心の評価に加え、資産効率・投資効率にも光を当てています（図表3-2-6）。

図表３－２－６　HORIBA Premium Value

①   ②
=　 営業利益 　－　 資本コスト
　　（本業の儲け）　　（投下資本×社内資本コスト率）

【HORIBA Premium Value からみえるもの】
　　①営業利益が最大化しているか
　　②資産の効率化が行われているか
　　③HORIBA Premium Value を下げても長期投資を行うべきか
　　事業活動を測れる目標にし、全社目標とつなぐもの

　営業利益から資本コストを差し引いたものが、HORIBA Premium Value
です。そのため、HORIBA Premium Valueは、数値であって、率ではあり
ません。

　資本コストとは、資金を調達することに伴うコストです。資金は事業推進
のために必要であり、運転資金は在庫や売掛金に、設備資金は固定資産に転
じていきます。資本コストは、投下資本×社内資本コスト率としています。
現在は、全事業・全世界で同一のレートを採用しています。基本的に事業部
門のホリバリアンにもわかりやすいシンプルな計算式としています。営業利
益から資本コストを差し引いた金額の変化をみながら、資産効率の向上を図
っています。

　では、具体的な取組みを紹介します。「投下資本をしっかり意識して、効
率的にお金を運用するように」と財務部門から事業部門に指導すると、事業
部門からは「具体的に何すればいいの」という反応がかえってきます。財務
部門からの回答は、「運転資金と設備資金を分けて考えましょう」と説明し
ます。

　まず、運転資金についてですが、堀場製作所が材料を仕入れて、製品を生
産して、それが会計上在庫になり、売上がたって、売掛債権になり、それが
回収されて入金されます。このサイクルを、CCC（Cash Conversion Cycle）
と呼びます。入金されるまでの間に、資金を工面するコストが資本コストで

122

す。日本はマイナス金利なので、銀行からの借入金利は低いですが、一方、株式で調達した資金には配当を支払う必要があります。では、どうすれば資本コストが低減できると思いますか。1つの答えは、CCCを短くすればよいということになります。在庫残高の減少、売上債権の回収、前受金の受領が具体的な手段となります。

　他方、設備資金については、投資の回収をしっかり確実にすることが大事です。「投資資金投入→事業の成長→投資資金の回収」というサイクルをしっかり回して企業価値の最大化を図っていく必要があります。この点に関連して、先ほど「HORIBA Premium Valueの導入にあたっては投資をただ単に抑制することにならないように十分に配慮する」と申し上げたことに留意が必要です。どういう留意かというと、足元のHORIBA Premium Valueの数字にばかり目がいってはいけないということです。すなわち、HORIBAグループの成長のためには、短期的にHORIBA Premium Valueの数字が下がったとしても中長期の投資を行っていくべき場合があるということです。中長期的なキャッシュフローを生み出せる見込みがある投資については、現在のHORIBA Premium Valueが下がっても投資を実施すべきです。そういう意味では、HORIBA Premium Valueの数字も短期的な推移だけをみるのではなく、中長期的な今後の見通しもふまえて判断していく必要があります。このあたりが実務的には大事でありしかもむずかしいところです。事業への投資を続けながら高い営業利益率を実現する。同時に、生まれた利益から株主にしっかりと還元して高いROEを維持する。このバランスを高い水準で維持する経営判断を行っていく。堀場製作所流にいえば、「難しい。だから、挑戦しよう」という感じでしょうか。

ディスカッション

(1) 京都企業の強みとは

幸田：大川常務の場合、日銀でグローバルに活躍されてきたので、京都に来られて事業会社に入られて、いろいろな感想をおもちになられていると思います。たとえば、企業のオリジナリティーは何かや、オーナー系の強みは何かを含めて、特に「京都企業」というとらえ方もあり、どう感じられているかお話をいただければと思います。

大川：なかなかむずかしい問題です。京都企業は、1200年以上の歴史がある京都にプライドをもち、日本文化（京都文化）を大切にしています。そういう京都人の気質が中長期で考えるということにつながっているのではないでしょうか。少し視点は異なりますが、大阪の企業では30年くらい前に本社機能の東京移転が盛んに起きました。社長を含む役員や経営企画部、国際部（海外営業部）、財務部などが東京にあるほうが、役所にも近く、さまざまな情報が入ってくるためです。京都でも、明治時代以降に東京に移った企業がないわけではないですけれども、電子部品や機械を中心としたメーカー系の企業は原則として京都に残っています。東京と大阪のリズムは非常にスピードが速く、一方、京都は周りのリズムにかかわらず中長期で物事を考えるところがあるように思います。加えて、その文化的歴史的背景から、京都企業には、誰かの真似をするのが嫌いで（オンリーワン、ナンバーワン）、ほんまもんの製品や技術（プレミアムな品質や格）を追求する傾向があると感じます。いわゆる、京都人のプライドがよいかたちで個性になっているのだと思います。

　京都の強さの1つに、多数の大学があること、京都市民の約1割が学生であることもあげられます。企業からみれば研究パートナーになりう

る大学が多いことは強みですし、18歳から22歳くらいの層の人口が他都道府県から流入して増える点も特徴で、大学卒業後の新卒人材を相対的に採用しやすいというメリットもあります。

幸田：いまお話しいただいたこととも関係があるのですが、京都企業は、海外の売上高比率も高いですし、グローバル志向自体も強いことがずいぶんありますね。これはどうみていらっしゃいますか。

大川：京都企業、特にメーカー系の企業は、文化と歴史で京都がナンバーワンというプライドをもっているためか、東京を中心とした国内市場に拘泥せず、いっそのこと海外に売ればよいと、早くからグローバルに展開したように思います。京都に空港はなく、物流の面では大阪や名古屋、あるいは東京経由となることは不便ではありますが、それはアレンジすればよいということです。

　京都は、東京・大阪・名古屋、あるいはその他の地方都市と比べて世界遺産をはじめとする文化財が多く残っていますし、伝統工芸・伝統芸能の家元や総本山といった方々も多数いらっしゃって文化レベルも高く、グローバルな視点からは大変魅力的な国際観光都市です。外国の方々も「京都だったら喜んで行きますよ」と、商談においてはむしろ地の利があります。これだけ情報がグローバルに展開されると、「この会社と事業提携したい」とか「御社のこの技術を利用して、こういうサービスを提供してもらえないか」というビジネス上の機会は、日本だけに閉じた社会よりもグローバルに開いた社会のほうが格段に広がります。このような、グローバルにおける京都の魅力や評価を背景に、京都企業もグローバルに事業を展開しています。

(2)　ベンチャー精神は生き続ける

幸田：堀場製作所の創業者の話がありましたが、いまでもベンチャー精神みたいなものが生きているということは感じていますか。

大川：はい、ベンチャースピリット、チャレンジスピリットを大切にしてい

ます。「おもしろおかしく」という社是は、「人生の最も活動的な時期を費やす仕事にプライドとチャレンジマインドをもち、「おもしろおかしく」エキサイティングに取り組むことによって人生の満足度を高め、よりおもしろおかしく過ごせる」という意味ですが、やりがいある仕事に挑戦して充実感を感じてほしい、ということを示していると私なりに解釈しています。会長兼グループCEOの堀場厚に『難しい。だから挑戦しよう』という著書がありますが、堀場がよくいうことは、指示待ちではいけないということです。上司に指示されたことをやるのは当たり前ですが、上司にいわれたことをこなすだけではなくて、「これが社会の役に立つ」とか「これが会社のためになる」ということを自ら考えて、どんどん提案し挑戦してほしいということです。やはり自分で主体的に動いて、はじめて「おもしろおかしく」感じるということなのです。このようにHORIBAグループは自主性を重んじる会社ですので、手をあげるのが得意な方は、ホリバリアンになるのに向いているといえます。若手抜擢の機会も多く、手をあげて「こういうことをやりたい」と自主的な提案から発足したプロジェクトチームのリーダーには、手をあげた当人が抜擢されることがよくあります。ただし、1人でなんでもできるわけではないので、スーパーマンではなく「スーパードリームチーム」を重視しています。「是非これをやりたいのです！」という提案をすれば、HORIBAグループのなかでスーパードリームチームをつくり、チームで問題解決やプロジェクトに取り組んでいます。このように自主性を重んじる企業風土があり、チャレンジ精神、ベンチャースピリットは生き続けていると思います。

(3)　ガバナンスにおける社外取締役の意義

幸田：ESGの3つ目のG（Governance）については、社外取締役の話を取り上げていただいています。今回のコード改訂なども認識しつつ、多様な視点がずいぶん入ってきていますね。

大川：堀場製作所は株式会社としての創立時に、（大沢商会の大沢善夫会長、京福電鉄の石川芳次郎社長といった）当時の京都財界を代表する方々が出資してくださいました。現在でいうベンチャーキャピタルで、京都における草分け的存在でした。引き受けていただいた際に、「出資はするけれども、毎月経営のチェックもする」とのことで、堀場雅夫は経営の思想や実践のテクニックを伝授された経緯をふまえて、会社創立以来、社外取締役に経営に携わっていただいています。すなわち、堀場製作所では、会社法やコーポレートガバナンス・コードが定める前から社外取締役を活用しています。端的にいえば、社外取締役の方のアドバイスの有益さを実感していることがその理由であり、筋の通った考え方だと思います。社外取締役の法定化の立法趣旨もこうした事案の蓄積をふまえたものであったならばよかったのにと思うこともあります。

⑷　海外勤務にはどのような人が向いているのか

学生Ａ：堀場製作所グループは海外法人も非常に多いんですが、現地法人において海外派遣者の比率はどのぐらいになりますか。日本で就職して海外に派遣されている人はどのくらいいますか。

大川：日本から海外に派遣されているホリバリアンは、100人を超えています。現地法人における海外派遣者の比率は約2％です。これを今後はさらに増やしたいと思っています。また、海外グループ会社から日本への出向者は、現状では10人ほどに留まっていますが、日本語を話せない者も含めてどんどん増やしていく計画です。日本のホリバリアンには、もっと英語に堪能になってもらう必要があります。

学生Ｂ：海外派遣者に対してはどういう仕組みになっているのでしょうか。たとえば、現地法人の言語を覚えて派遣させるか、それともパーソナリティーを重視して派遣しているのかということです。

大川：HORIBAグループには、出向、研修などさまざまな海外派遣の仕組み・制度があります。英語はできたほうがよいですし、英語圏以外の国

では、英語に加えて現地の言語もできたほうが、仕事もよりおもしろくできますし生活の幅も広がります。もちろん語学も大切ですが、それよりも重要なのは、コンピタンス、「中身」です。海外に派遣する場合、製品・技術開発、生産管理、財務、営業などの職務における専門性や育成計画と連動させています。ただし、この時代の速さは、派遣が決まってから語学の勉強をしているのでは間に合いません。大学生の皆さんは大学在学中に、できるだけ多くの言語を学んでおくべきと思います。たとえば、英語と中国語が堪能な方は重宝されるでしょう。

(5) M&Aと被買収会社の関係性

幸田：M&Aの話も本日は出ていますが、こういう事業だと、基本的には被買収サイドの経営陣やマネジメントにしっかり残っていただいて一緒に運営していくというのがすごく大事なんだろうと思います。そのときに堀場製作所の理念や考え方、あるいは運営の仕方をどう理解してもらうのかというのも入口としては大事だろうということですが、CFOの立場で買収された会社との関係で、理念の共有化や運営の仕方などについてはいかがですか。

大川：HORIBAグループにおけるM&Aについては、当社会長兼グループCEOの堀場厚が社長時代の1990年代半ばに初めてM&Aを行って以来ずっと、事業を手に入れるというよりは、その事業をなす技術力をもつ「人財」を獲得することに価値を置き、人や心を大切にしてきています。その面で、HORIBAグループのコーポレート・モットー「Joy and Fun」や、オープンでフェアな企業文化が非常に活きているといえます。また、被買収会社の事業成長を加速するべく、買収後に買収金額と同額程度の資金を（設備投資や研究開発投資など）投入していくことが多くあります。講義（3－2）でご紹介したこれまでの買収事例においても、被買収会社の経営陣や技術者が買収後も変わらず前線で活躍し事業成長を果たしています。これらの実績もあり、被買収会社のほうから、「自分

たちの技術で世の中に貢献したいと思うので、是非、HORIBAグループに入れてほしい」といってきてくれます。堀場厚をはじめとする経営陣は、きわめてうまくリーダーシップを発揮しています。

　財務として留意している点は、買収前は正当な価値よりも高い値段で買わないこと、買収後はキャッシュフローが想定どおりに生み出されているかを地道にチェックすることを重視しています。

⑹　自動車事業のこれから

幸田：HORIBAの自動車事業における排ガス事業の強みはよくわかりました。しかし世の中では電動化やシェアリングが進んでいます。電動化に対する投資を進めておられますが、京都にいる私たちでも車を自ら所有してどこかに行くというモチベーションをもつ学生はかなり減っているように思います。そんな変化があるなかで、HORIBAの自動車事業の先行きをどのように考えておられますか。

大川：おっしゃるとおり、今後、自動車産業は大きくかたちを変えていくと考えています。電動化はもちろんのこと、自動運転の拡大、そしてご指摘のシェアリングの拡大。これらによって、モビリティを運用・保有する主体は個人から企業にかわっていくのかもしれません。一方で、ヒトやモノが世界を動くことに変わりはなく、モビリティそのものの活動量はむしろ増加していくと思います。いままでは個人が運転していたものがプロもしくはロボット（コンピュータ）が自動コントロールをするかたちになる。より自動でコントロールされる必要があるモビリティの開発には、HORIBAグループがもつ分析・計測の技術がより重要になります。

　また、少し視点を変えると、そんなに一気にエンジンはなくならない、ということです。電池に大きなブレークスルーが起これば様相は変わるかもしれませんが、この先数十年は、ドライブトレーンの種類はますます多様化します。そういったモビリティの開発には膨大なデータを

解析する必要があり、まさにそこにHORIBAグループが貢献できると考えています。

　学生の皆さんには、物事の本質をしっかりと見極めて判断する能力、ノウハウなどを身につけていただきたいと思います。世の中の情報を鵜呑みにするのではなく、自らの目でみて、手で触れ、判断する材料を増やす努力をしてほしいと思います。

企業金融を巡る動向
―医薬品産業と事業戦略―

エーザイ株式会社専務執行役CFO／早稲田大学大学院会計研究科客員教授

柳　良平

　皆さん、こんにちは。エーザイの柳と申します。よろしくお願いします。フルタイムの業務はエーザイのCFO（最高財務責任者）をしておりますけれども、兼業許可を得て、早稲田大学大学院の会計研究科、早稲田ビジネススクールで10年以上教鞭をとっています。それから、東京証券取引所上場制度整備懇談会委員の任にあり、経済産業省の「伊藤レポート」の執筆委員も務めました。いわゆる「ROE 8 ％ガイドライン」の根拠として私の著書、論文が「伊藤レポート」では引用されています。「ROE 8 ％ガイドライン」には反論・疑問もあるでしょうから、ぜひ議論しましょう。なお、博士号は京都大学で取得しており、京大にはご縁を感じております。

(1)　日本企業の「不都合な真実」

　さて、最初にショッキングな「不都合な真実」をお示しします。このグラフをみてください（図表 3 − 4 − 1 ）。

　株式市場からみた価値創造の有無という点では、株価純資産倍率（Price Book-value Ratio、PBR）が 1 つの尺度になります。会計上の簿価純資産の何倍の時価総額になっているかという意味ですから、PBR 1 倍超にしてはじめて上場している意味がある。理論上は、長期的にPBR 1 倍以下だったら上場している意味がないことになります。会計上の簿価さえも価値を認められないなら上場する意味はない。時価総額が解散価値を長期的に下回っているということは価値破壊を起こしているということなのです。そのPBRを 1 つの

株価純資産倍率（PBR）の推移：価値創造のない国？
非財務資本（ESG）の理解促進が必要では

TOPIX PBR推移（2006年～2015年）

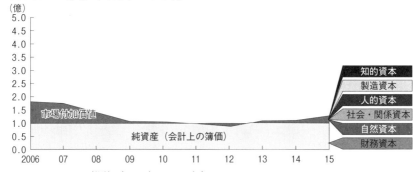

Dow Jones PBR推移（2006年～2015年）

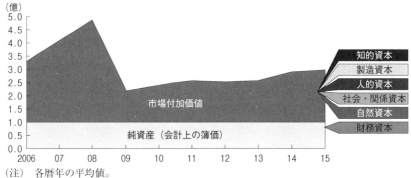

（注）　各暦年の平均値。
（出所）　Bloombergより筆者作成。

価値創造の代理変数とみたときに、図表３－４－１は、縦軸がPBR、横軸が時間軸で、日本株で考察すると、過去10年間、わが国はほとんど価値創造のない国でした。それに対して米国株は約３倍が平均です。大まかにいって10年トレンドで市場データを俯瞰すると日本１倍、英国２倍、米国３倍のイメージになります。だからこの国は、世界第３の経済大国は価値創造のない国、会計上の簿価程度でしか価値を株式市場から認められていないので上場している意味が薄い国という「不都合な真実」になるのです。

なぜか。それは後で述べますが、低い資本効率、過剰な現金保有、低位のROEという根源的な問題がある。だからROEを高めましょうということで、「伊藤レポート」で啓発効果、アナウンスメント効果も含めて数値目標を８％ということを世界に発信しました。そのかいあって最近は平均ROEが８％以上に上がって、平均PBRも１倍超になっています。それでは、そもそも、PBR１倍超の部分、「市場付加価値」というのは何だと思いますか。実はこれは経営者がつくる「自己創設のれん」ともいえます。たとえば、ある上場企業を買収するときにはプレミアムゼロでもいまの時価総額で買わないといけません。しかし、即座に会計上ブックできるのは簿価純資産（PBR１倍）の数字だけだから、残り（PBR１倍超）は一般に勘定科目は「のれん」になります。PBR１倍超の部分はM&A以外では計上できない「自己創設のれん」と会計学的には解釈できます。それは通常は財務諸表に載せることができない「見えない価値」、すなわち「インタンジブルズ」、非財務資本なのです。非財務資本の価値をいかに市場に認めてもらうのか。非財務資本というのは将来の財務価値に転換されうるインタンジブルズで、IIRC（国際統合報告評議会）の定義でいうと人的資本、知的資本、社会・関係資本、自然資本、製造資本の５つで、ESG（環境、社会、統治）の価値と連関しているわけです。ESGの価値、または自己創設のれんが、将来の企業価値の源泉としてROE向上の期待値に転換されPBRに勘案されたときに、株式市場での価値創造が起こるのです。それを認めてもらうのが上場する意義になります。こうした価値創造を高めることで国際競争力をもってM&Aや雇用・投資を促進して、あるいは年金リターンの改善を経て、この少子高齢化の国に貢献できるのではないでしょうか。

　もう１つの不都合な真実。この国の（銀行を除く）上場企業のバランスシートにいくらキャッシュが積み上がっていると思いますか。実は広義の現金、つまり現預金に投資有価証券も加えると、2018年３月末現在で200兆円近いキャッシュが日本企業のバランスシートに積み上がっています。さあ、経営者はどう考えているのか。「キャッシュをもっていると安心だ。倒産し

ない。リーマンショックがあっても生きていける。そして、借金だと金利を払わなきゃいけないから大変だけど、キャッシュを積んでも何も払わなくてよい、無コスト資金だからいい」と思っているとしたら、それが価値破壊の原因になりうるわけです。なぜなら、実は現金には機会費用がかかるのです。株主から預かったお金を内部留保させてもらって、その一部が現金保有になっている。これはエクイティファイナンスと同義と考えるべきです。会計上の純利益は「株主に帰属する利益」で、それを全額は返さずに内部留保するということは、すなわちそこには株主資本コスト、投資家の期待収益率、投資家の機会費用がかかる。そのコンセンサスがおおむね8％ということが証明されているので、たとえば、極端にいえば200兆円×8％＝16兆円の逸失利益が毎年発生している。したがって価値の破壊と解されるのです。それで何が起こるかというと、この国では広義の現金のほうが時価総額より大きい企業が、2018年3月末現在で上場企業の約1割、約300社存在する。冷静に考えておかしくないですか？　現金のほうが時価総額より大きいのです。事実上、上場会社の値段は時価総額でしょう。プレミアムを別にすると時価総額で上場している会社を買えるわけです。たとえば、時価総額1,000億円の会社を買収したら1,500億円の現金が手に入る。もちろん、そういう企業の平均のPBRは0.5倍ぐらいでブック割れ、価値の破壊を起こしている。現金の価値が相当ディスカウントされている蓋然性があるわけです。

　こうした現金の価値のディスカウントを確認するために、世界の投資家に聞いてみました。図表3－4－2に2018年の投資家サーベイの結果を掲載しました。「バリュエーションから勘案して日本企業の保有する100円をいくらとみなしますか」と尋ねたところ、100円は100円に決まっていると思われるかもしれませんが、外国人投資家は平均58円、国内投資家ですら平均65円、全体では平均61円と回答しているのです。大まかにいって「日本企業の保有現金100円は50円の価値しかない」と評価されているのです。私は早稲田大学客員教授として10年以上世界の投資家サーベイを継続しており、「伊藤レポート」でも資料を提出しているわけです。そして、今回は141人の回答で

図表３－４－２　日本企業の保有現金100円の価値は50円

バリュエーション（PBR）から勘案して帳尻をあわせると、現在の日本企業の保有する現金、有価証券の100円を、いくらで価値評価すると適切だと思いますか。

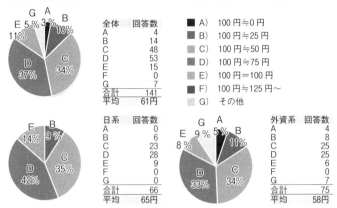

全体	回答数
A	4
B	14
C	48
D	53
E	15
F	0
G	7
合計	141
平均	61円

■ A) 100円≒0円
■ B) 100円≒25円
　 C) 100円≒50円
　 D) 100円≒75円
　 E) 100円=100円
■ F) 100円≒125円～
　 G) その他

日系	回答数
A	0
B	6
C	23
D	28
E	9
F	0
G	0
合計	66
平均	65円

外資系	回答数
A	4
B	8
C	25
D	25
E	6
F	0
G	7
合計	75
平均	58円

（出所）　柳良平「ROE経営と見えない価値を求める世界の投資家」『企業会計2018年11月号』。

すが、彼らの保有する日本株総投資額は100兆円を超えています。ですから長期志向の機関投資家の相当の持分をカバーしています。

　なぜ100円が50円になるのか。「日本企業は高値づかみのM&Aをして減損を起こすのではないか。正味現在価値（NPV）がマイナスの投資をしてしまうのではないか。経営者のアニマルスピリッツに負けて、あるいは成功報酬型の投資銀行に乗せられて高値づかみの投資をするかもしれない」あるいは、「経営陣の保身のためにキャッシュをため込んで、使いもしなければ返しもしない、投資もしなければ株主還元もしないのではないか。それは死に金、ハーバード大学のマイケル・ジェンセン教授のいうフリーキャッシュフロー仮説に伴うエージェンシーコストだ」。こうした投資家の懸念からコーポレートガバナンス・ディスカウントが起こっているのです。こうして世界の投資家100兆円の声が、日本企業の100円は50円だといっているわけです。これも不都合な真実なのです。そのコーポレートガバナンス・ディスカウントを証明するために、私もクオンツアナリストと実証研究で重回帰分析を行

っています。10年間の財務データで限界的な100円の価値を導いていますが、コーポレートガバナンスが平均的な日本の会社の現金100円は50円、有価証券を入れると40円ぐらいに平均的にみられている。投資家のいっているとおり、日本企業の保有する100円の価値は約50円ということが重回帰分析で証明されたのです。そして、ガバナンスのよい会社、たとえばオムロン、コマツ、花王とかエーザイも入れさせていただくと、エーザイの100円は100円にみられている。しかしながら、ガバナンスの悪い会社は100円が30円からゼロに評価されていることが実証されました。

　ここまで不都合な真実を実証してきましたが、私は日本企業には、市場が認識していない潜在的価値が大きいと信じています。日本企業のガバナンスやIRやファイナンスの知識、財務戦略が向上すれば企業価値は倍増できると思います。たとえば、PBRでいえば、国力から勘案してもイギリス並みのPBR２倍の国になれる。すなわち時価総額は倍増できるはずです。そのカギは何か。私はその１つは、CFOの財務戦略・非財務戦略だと考えて理論と実践を追究しています。

　まず、企業価値を高めるにはROEが重要になってきます。PBRと相関しているのでROEを高めればPBRは上がります。ただ、「よいROEと悪いROE」があり、特にショートターミズムに陥ってはいけません。「伊藤レポート」でも中長期的なROEを主張していますが、たとえばエーザイでは10年平均のROEをKPI（重要業績評価指標）にしています。表面的な見せかけのROE、あるいは縮小均衡してしまっては意味がない。粉飾まがいの利益調整をしても意味がない。やっぱり長期でみないといけない。資本コストを上回るROEが重要なのであって、無理な極大化ではない。たとえば借金して自社株買いすればROEは上がるが、倒産リスクを負ってはならない。あくまでバランスシートマネジメントが重要だと考えています。したがって、エーザイではROE経営で、10年平均のROE10％を目指していますが、あわせてバランスシートマネジメントのKPIも開示して、自己資本比率でいうと50％から60％程度でコントロールして過剰資本にも過少資本にもならな

いようにしています。また、株主原理主義ではなく、ESGと両立しながら、顧客、地域社会や従業員も大事にしながら持続的・長期的なROEを目指すという方針です。さらに、ROEはマージン、ターンオーバー、レバレッジに分解できます。マージンは各事業に落とし込んでいきます。目標を地域や事業別に定めていけばいいと思いますし、ターンオーバーはある程度財務本部でコントロールし、CCC（Cash Conversion Cycle）の改善、すなわち在庫の圧縮や売掛金の早期回収等に取り組んでいます。それから、レバレッジは財務本部で完全にコントロールして最適資本構成を求め、それを開示して投資家と対話しています。自己資本比率で50％から60％の間、Net DER（ネット・デット・エクイティ・レシオ）で－0.3から＋0.3の間ぐらいを私自身はCFOポリシーとしてメドにしています。

　PBRは会計上の簿価純資産、株主資本の何倍の時価総額になっているかという指標で、PBR 1倍超で価値の創造、1倍以下で価値の破壊になります。日本の平均1倍、英国の平均2倍、米国の平均3倍といいましたが、PBR＝ROE×PER（株価収益倍率）に分解できます。PBRはROEの関数であり、ROEが上がればPBRは上がります。PERは理論的に「株主資本コスト－永久成長率」の逆数に収れんするため、先進国では15倍前後で大差がつきません。なぜ日本のPBRが欧米の半分かというと、ROEが半分だからです。ですから、基本的にはROEを上げればPBRが上がります。PBR分布の日米比較をみてみると、米国企業はPBRが高く、1倍割れはほとんどない。一方、日本企業は3割から4割の企業がいまだにPBR 1倍割れを起こしている。なぜ米国ではPBR 1倍割れ企業がほとんどないのか。ROEが高いからともいえるが、ガバナンス的にみると米国で一定期間PBR 1倍割れ、すなわち価値破壊を起こしているような場合、まず取締役会の過半数が社外取締役であり、CEOは取締役会で解任される可能性が高い。仮に取締役会を逃れても株主総会で賛成票が得られないだろう。あるいはPBR 1倍割れはきわめて割安であり敵対的買収の餌食になる。翻ってこの不思議の国ニッポンはどうか。10年間連続PBR 1倍割れでも解任されないCEOがこの国には多数存在

するのです。コーポレートガバナンス・コードの要請は社外取締役2名ですが、過半数が社外取締役の企業は2％にすぎないので取締役会で社長が解任されることはまれです。また、株主総会も、株式持合比率は下がったといわれていますが、いまだに安定株主比率は3割から4割というデータもあり、株主総会でも規律は十分ではない。敵対的買収も日本的文化の壁や高い安定株主比率から起こりづらいでしょう。したがって、いままではPBR1倍割れを10年続けても経営者の解任にはつながりませんでしたが、今後はガバナンス改革が進み、安定株主も減るでしょうし、独立した社外取締役も増えるでしょうから、時代は徐々に変わっていくでしょう。

⑵　ROE経営

　ROE経営に話を戻しますと、資本コストの意識が重要なので、「エクイティ・スプレッド」というキーワードをぜひ覚えてください。これは米国の管理会計士協会の管理会計基準のKPIで私が10年以上この国で広めようとしているものです。投資家の期待収益率としての資本コストを把握するために、これも10年間以上投資家サーベイを行っています。「中長期的に資本コストはいくらですか」「あなたたちのオポチュニティ・コストはいくらですか」「期待収益率はいくらですか」「最低要求ROEは何％ですか」と聞いているのと同じですが、株主資本コストを世界の投資家に聞くと8％が毎年一番多い回答です。「伊藤レポート」にもこのサーベイを提出して、「ROE8％ガイドライン」の根拠として引用していただきました。毎年、世界の投資家が最低8％のROEをクリアしてくれといっている、これが「伊藤レポート」の証拠その1。「伊藤レポート」の証拠その2は、正のエクイティ・スプレッドがPBR1倍超、つまり価値創造の前提となることを示すフレームワーク。エクイティ・スプレッドは残余利益モデル由来のものですが、東証の企業価値向上表彰のKPIで、「伊藤レポート」で採択されています。エクイティ・スプレッドは「ROE－株主資本コスト」と定義されます。株主資本コストが8％と投資家がいっているから、ROE8％超で、エクイティ・ス

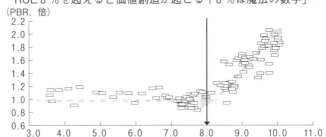

図表3－4－3　ROE 8 ％は魔法の数字

過去10年のPBRと予想ROEの相関図
－ROE 8 ％を超えると価値創造が起こる「 8 ％は魔法の数字」－

（注）　TOPIXの2004年以降の12カ月先予想ROEとPBRをプロット。予
　　　　想はI/B/Eコンセンサス（2014-15年度はSMBC日興予想）。
（出所）　柳良平『ROE革命の財務戦略』（2015）中央経済社

プレッドがプラスになるわけです。株主価値は、残余利益モデルでは株主資
本の簿価に残余利益の未来永劫の流列の現在価値の総和を加えたものです
が、クリーンサープラス関係と定常状態を前提にして方程式を変形していく
と、PBR＝ 1 ＋エクイティ・スプレッド÷（株主資本コスト－永久成長率）
になります。つまりPBRは 1 ＋エクイティ・スプレッドの関数になりますの
で、ROEが 8 ％を超えたらエクイティ・スプレッドがプラスになってPBR
が 1 倍超になり、価値の創造が起こる可能性が高くなります。これが「伊藤
レポート」の証拠その 2 。そして、証拠その 3 は実証研究です。証拠その 2
の数式を裏付けるかのように、縦軸にPBR、横軸に予想ROEをとって、10
年間の財務データをプロットすると、図表 3 － 4 － 3 のようにROE 8 ％が
価値創造の分岐点になることがわかります。まさに日本では「ROE 8 ％は
魔法の数字」なのです。

　ROEが 8 ％以下ではPBRは 1 倍前後をさまよって価値の創造が起こらな
い。すなわちエクイティ・スプレッドがマイナスの段階では価値の創造が起
こらないが、ROEが 8 ％を上回るとPBRが 1 倍を超えて右肩上がり、正比
例的に価値の創造が起こってPBRは 2 倍、 3 倍になっていく。これが「伊藤

レポート」の証拠その３。このように実証データが８％を示唆していて、それが投資家サーベイの８％と一致する。そして、残余利益モデル、エクイティ・スプレッドの計算式から数学的にその関係が証明できる。かかる観点から「伊藤レポート」では私の著書や論文が参考文献として引用されています。こうして、最終的には委員の総意と委員長である伊藤邦雄一橋大学教授の決裁で、「伊藤レポート」は「ROE８％」という数値目標を公表したのです。これはどうでしょうか。当時の平均ROEは５％ぐらいしかないのに「ROEが重要である」とだけ記載しても海外投資家からは相手にされなかったでしょう。やはり、あえて８％という数値目標を入れて世界へ向けて発信したところに「伊藤レポート」の意義があったと私は思っています。

　根本的にいって、持続的にROEを上げて企業が成長するためには投資が必要です。M&Aでも内部成長でも設備投資、製品買収、子会社設立等、さまざまな投資があるでしょう。その際に投資採択基準にも資本コストの意識が重要になります。ところが日本では正味現在価値（NPV）、内部収益率（IRR）の採択率が非常に低いです。いまだに期間回収法、要するに100億円投資して10年で回収できるから採択する、何年で資金回収できるのか、という資本コストを無視した採択基準の企業が日本の場合は多いようです。私が1980年代の終わりに米国のMBAに行ったときは、資本コスト、NPV、IRR、DCFなどの用語が頻繁に使われていましたし、資本コストの理解は所与のものだと痛感しました。日本では歴史や教育の差もあり、経営者の資本コストの意識が薄いのかもしれません。NPVがプラスなら採択する、IRRが資本コストを上回れば採択する。これはファイナンスの教科書に書いてあります。しかし、実務では１つ難題があって、教科書では「割引率を10％とすると」などと一律で書いてありますが、実際はどうでしょうか。エーザイのCFOポリシーでは、私の著書『ROE革命の財務戦略』に詳しく書いてありますが、200種類のハードルレートを使います。200種類の資本コストを使って投資の採択基準を定めていきます。理論上は、より細分化も可能ですが、実務的にこなせるのは200種類ぐらいと判断して採択しています。こうした

財務戦略も長期的なROE経営に資するでしょう。

(3) ESGは日本企業を救う

ROE経営の重要性と財務戦略の一端に触れましたが、ここであらためて先ほどのPBRの「不都合な真実」をみてもらうと、日本は過去10年間、PBR約１倍の国です。１つの見方として、PBR１倍超の部分が付加価値、インタンジブルズ、自己創設のれんと関係していると説明しました。日本企業のPBRが１倍台ということは、これらの非財務の価値、ESGの価値がほとんど市場から認められていないということです。勤勉で忠誠心の高い労働者、高邁な企業理念の経営者、環境に優しい技術、道徳心、人材を大切にする文化。日本には見えない価値がたくさんあるのに、市場ではそれがほとんどゼロにみられているということです。コーポレートガバナンス・ディスカウント、IRディスカウントが起こっているために潜在的な価値があるのに説明し切れていない。あるいはファイナンシャルリテラシーが低くて、長期的ROEのビジョンを示せないため投資家はそれをバリュエーションに織り込まない。そのギャップなのです。しかしながら、逆にいえば、日本企業がガバナンスやESGのディスクロージャーを改善して、そして資本コストの意識をもって財務戦略も高度なものにしていくことで世界中の投資家の信任を得たら、PBRは１倍、２倍、３倍と上がっていくはずだと思います。したがって、「ESGが日本を救う」「企業価値は倍増できる」と私は信じています。

ただ、その実現は簡単ではないでしょう。具体的にファイナンスのプロとして、どう訴求するのかという課題にCFOは向き合わなければなりません。2018年に私の行った世界の投資家サーベイで、「日本企業のESGをどう思うか」を尋ねたところ、過半数の投資家が「日本企業はROEとESGの価値の関連性を示してほしい」といっている。「ESGはブームだが、日本企業の経営者はESGを低いROEやPBRの言い訳にしていないか。多数の美しい写真を掲載した統合報告書を作成して、二酸化炭素削減、寄附、植林、女性の登用などをアピールするが、PBRは0.5倍程度で価値破壊を起こしている企業

が多い」といった厳しい指摘もあります。"ESG for ESG is nothing, we need ESG for value creation!"これが世界の投資家の声です。ESGという定性的な情報を企業価値という定量的な問題にどうやって転換していくのか、これが日本企業に突きつけられた難題です。逆に投資家に「ESGの価値をバリュエーション、PBRに織り込むか」と聞いたところ、9割以上のグローバル投資家が「一定程度はESGをPBR、企業価値評価のバリュエーションに入れる」と回答しています。日本企業がESGの価値を伝えられたら、企業価値評価を高めるチャンスがあるわけです。

　では、どのようにしてESGを企業価値（将来ROE）に転換できるのか。一橋大学の伊藤邦雄特任教授は近年ESGとROEを両立した経営「ROESG」という概念が必要だと啓発していますが、それに対する私の答えをご紹介します。

　まず第1に、ファイナンス理論に基づいた概念フレームワークを提示することが重要だと思います。図表3－4－4のROESGモデルが、私の著書や論文の結論ですが、「非財務資本とエクイティ・スプレッドの同期化モデル」

図表3－4－4　ROESGモデル

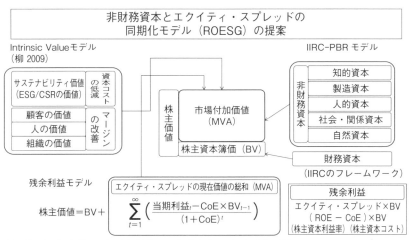

（出所）　柳良平『ROE経営と見えない価値』（2017）中央経済社

と名づけ、世界のESG投資家にピッチしています。

　このモデルを解説すると、株主価値は、PBR１倍までの部分、つまり会計上の簿価純資産あるいは株主資本に、PBR１倍超の部分である市場付加価値を加えたものと定義できます。残余利益モデルでは、この市場付加価値は長期ROEやエクイティ・スプレッドの関数になります。一方、自己創設のれんとも呼ぶべき、このPBR１倍超の部分は、インタンジブルズ、付加価値であり、ESGの価値と連関している。あるいはIIRCのいう５つの非財務資本、知的資本や人的資本や自然資本と関係しているといえます。簿価はいまの財務資本で、簿価を超える部分の非財務資本は市場の信任を得て長期ROEにつながる「将来の財務資本」です。現在、見えない価値である研究開発や人材育成に投資することで、新製品が実り、優秀な幹部社員が現れたら、将来のROEが向上する、つまり非財務資本から財務資本への転換が起こる。日本企業の経営者は「外国人投資家はROE、EPS（一株利益）など数字の話ばかりするが、この国には美しい価値がある。そして従業員が大事。わかっていない」といいます。一方で、海外投資家も頻繁に不満を打ち明けます。「日本の社長は、人が大事、理念が大事などとあいまいなことばかりいう。ROEの意義も知らない、資本コストも把握していない」。一見、ギャップが大きい両者ですが、実はこのモデルでは同じ舟に乗っているのです。経営者の訴求するESGは外国人投資家の要求するROEと、PBR１倍超の部分である市場付加価値を通じて同期化できるはずです。Win-Win situationをつくれるのです。ただし、このモデルの成立要件は長期の時間軸です。ショートターミズムはこの均衡を破壊します。今期、無理矢理に人件費、研究開発費を削って、足元のEPSや配当を倍増しようとしたら、今年のROEは上がるかもしれませんが、10年後のROEはおそらく下がります。一方で、長期の時間軸ではESGとROEが同期化できるので、日本企業はやはり長期投資家に訴求すべきだし、多数のESG投資家はこのモデルに同意して長期的なサポートをしたいといっているわけです。第２に、このモデルのバックボーンとしての実証研究の裏付けが大事です。私もいくつかの実証研究を行ってい

ますが、中央大学との共同研究で、日本のヘルスケアセクターを対象に知的資本、人的資本など5つの非財務資本を点数化してPBRとの関係を分析すると、相関係数が0.733で、P値が1％未満、つまり99％の信頼区間で正の相関を証明できました。すなわち非財務資本の価値はPBRと同期化できるというROESGモデルの1つの裏付けが得られたのです。第3に、ROESGの具体的な事例開示、投資家との対話を積み重ねて、市場の信任を得ることが企業価値評価への反映の前提になります。たとえば、ドイツのSAP社は、人的資本である従業員満足度のスコアが1％上がると、営業利益が50億円強上がることで将来ROEが向上する、という正の相関を証明して統合報告書で開示しています。さらに投資家とのエンゲージメントでは、企業理念から、社会貢献、ESG、従業員を大事にする試みなどがどうやって企業価値につながっているかというストーリーを議論していく。そこから長期的なROEや財務戦略に対する考え方も説明していくというトータルパッケージで財務・非財務の戦略をCFOが投資家に説明することで信任を得ることが重要だと私自身は思っています。

⑷　エーザイのROESG

　それでは、ここからはエーザイのケーススタディということで、非財務情報と財務情報のコネクティビティ、ROEとESGの同期化の具体例を「エーザイの統合報告書2018」から詳しく紹介します。

　エーザイの2018年の統合報告書は、財務的な報告、つまりアニュアルレポートなどに代表されるものと、環境・社会報告書などの非財務的な情報などを統合思考で、非財務と財務をつなげていくレポートになっています。まず、むずかしいのは、ESGと財務などを訴求すると、どこに目線をあわせるのか。顧客、従業員、地域社会、株主、多様なステークホルダーにどうあわせていくのか、あるいはESGの問題、財務の問題、何が大事なのか。ステークホルダーをすべて満たしながら価値の最大化を果たすにはどうしたらいいか。米国のSASB（Sustainability Accounting Standard Board）が定めて

いるマテリアリティ（重要性）という考え方があります。何を座標軸として、目線をみんなとあわせていくのかということです。エーザイのマテリアリティMAPでは、エーザイにとっての重要性と長期投資家にとっての重要性の2軸を採用しました。エーザイに加えて、なぜ顧客、従業員、地域社会ではなく長期投資家の軸なのか。これはハーバード大学のマイケル・ジェンセン教授のいう"Enlightened Value Maximization Theory"といって、残余利益にしか手が出せない長期投資家のニーズを満たすことは、先取特権のある地域社会、従業員、顧客が満たされているという前提。それはエーザイの企業理念とリンクしているのでマテリアリティの軸を長期投資家にしたのです。長期投資家重視というと違和感を覚えるかもしれませんが、売上で顧客に報い、仕入れで取引業者に報い、研究開発費で将来の顧客に報い、人件費で従業員に報い、そして金利で銀行に報い、税金で地域社会に報い、最後に株主は、その後で余った株主に帰属する利益、残余利益にしか手が出せない。持続的・長期的に善意をもってこの正のサイクルを回すことによって、一番下のボトムラインを最大化しながら、全体の価値の創造を最大化できるというのがマイケル・ジェンセン教授の考え方です。エーザイでは企業理念と、それに依拠したマテリアリティを定めています。

　では、エーザイの企業理念とは何か。企業理念がすべての出発点です。そして、エーザイは世界で初めて企業理念を定款に挿入して株主と共有している会社です。2005年の株主総会の特別決議で定款を一部変更して、企業理念を入れています。定款に入れた企業理念は、一言では、「*hhc*、ヒューマン・ヘルスケア」といっていますが、「患者様第一主義」です。定款では「この会社の使命は患者様満足の増大である」と言い切っています。そして、その使命遂行の結果として売上、利益つまりROEが5年後、10年後、事後的に生まれる。この「使命」と「結果」の順番が重要だという趣旨を定めています。患者様・従業員の価値だけでなく、株主価値も大事であり、ディスクロージャーや企業価値の向上、積極的な株主還元にもコミットしているところがポイントです。

普通の会社は「社会貢献をします、わが社は社会のために」で終わっているケースが多い。エーザイは「患者様のために」ですが、それだけにとどまらず、事後的・長期的には「株主価値も創造します」と約束しているのです。こうしたROESGとも呼ぶべき企業理念に基づいて財務・非財務戦略を遂行した結果、エーザイのPBRは10年レンジでみてもおおむね2〜3倍と高い水準で推移しています。一定期間以上PBRが1倍を割れるようなら当然CFOとして私は責任を問われるでしょう。長期のPBR1倍割れは、定款違反とも解されるからです。しかし、最優先は患者様満足の増大です。これをおろそかにして企業価値も配当もROEもないのです。この順番が大事で、「患者様が第一。事後的に株主価値」という理念を、株主も定款を介して共有しているのです。これはショートターミズムへの最大のアンチテーゼでありディフェンスといってもよいでしょう。

　新薬の開発には10年以上の年月を要します。一般に1品当り500億円から1,000億円の研究開発費も必要になります。時折、短期志向の投資家から批判があります。「CFOとして売上の4分の1近い研究開発費は過大ではないのか。研究開発費を大幅に減らせば、EPS、ROEも上昇して増配余力が高まるではないか」。しかし、私の答えはNOです。「患者様第一主義だから、有望なパイプライン、画期的な新薬候補があるから、多くの患者様を1日でも早く救いたい。だから、財務規律の範囲内で最大の研究開発費を投資してショートターミズムに陥らない。そのかわり5年後、10年後、新薬が成功すれば高い売上、利益、ROEで株主も報われる。長期で支援してほしい」というメッセージを定款に依拠しながら世界の投資家へ訴求しています。一時、CSR（Corporate Social Responsibility）という言葉が流行しました。一言でいうとCSRは社会的価値をつくる。では、寄附を最大化して営利企業として赤字になっていいのか。その批判に答えたのがハーバード大学のマイケル・ポーター教授のいうCSV（Creating Shared Value）、これは社会的価値と経済的価値を両立することです。エーザイの企業理念はポーター教授の主張に近いです。社会的価値と経済的価値を両立する。ただし、エーザイは「使

命と結果の順番が重要だ」と順序を強調しているところが違いになります。エーザイの企業理念そのものが、ESGとROEの同期化、ROESGといってよいでしょう。

ここで、ROESGとも呼ぶべき企業理念を具現化した事例を紹介します。リンパ系フィラリア症という熱帯病があります。フィラリア症というのは「顧みられない熱帯病」の1つで、マラリアやデング熱などと同様に蚊を媒介にして感染します。そして、このフィラリア症に感染すると足が象のように腫れて動けない、働けない、そして合併症による死亡率も高まる。世界で1億人以上の人が罹患あるいはリスクにさらされています。しかしながら、過去にこの治療薬を製造する製薬会社はありませんでした。なぜか。こういった患者様の多くは新興国の最貧国の最貧層の人たちで、薬を買えない人々だから商業市場が存在しなかった。しかし、エーザイでは企業理念からそれを見過ごせないので、WHO（世界保健機構）と提携して、この治療剤DEC22億錠を2020年まで無償配布することにして、既に15億錠以上配り終わりました。さらに期限を延長して、この熱帯病を撲滅するまでDEC錠を無償配布するプランをWHOと検討しています。これは、私たちの企業理念に依拠した患者様貢献という使命、あるいはESGではありますが、時折批判もあります。「これは赤字プロジェクトか、寄附か。上場企業、営利企業にもかかわらず、株主から預かっている資金を浪費するのか」。再び私の答えはNOです。「これは寄附ではありません、これは赤字プロジェクトでもありません。長期的な価値創造のための長期投資です」と主張しています。どうやって？　エーザイは日本の製薬会社で唯一インドに自前の工場を有しており、DEC錠を低コストで製造しています。そして、22億錠というのは膨大な量ですから、設備稼働率が向上します。現地採用の従業員のスキルもモチベーションも、このプロジェクトで高まってきており、離職率も著しく低い水準になっています。さらに事後的に、日米英の工場から抗がん剤や神経の薬剤をインドに生産シフトして先進国へ逆輸出しています。それによって連結の原価率が低減できるわけです。すでにこうした生産メリットから管理

会計上は黒字プロジェクトになっています。加えて、2020年以降の新興国ビジネス拡大時に本件によるブランド価値が追加的な売上増加のベネフィットをもたらすでしょう。CFOとしてNPVを計算しますと、10年未満では赤字プロジェクトですが、10年を超えてたとえば20年で計算をするとプラスになります。すなわち10年超の時間軸でみれば企業価値を創造するプロジェクトなのです。だから長期投資家に訴求する。これは1つの事例ではありますが、先ほどのROESGモデル、あるいは「非財務資本とエクイティ・スプレッドの同期化モデル」の証明なわけです。

(5)　エーザイのコーポレートガバナンス体制

このようなESGとROEのバランス、株主とそれ以外のステークホルダーのバランスというのをコントロールするためにCEO、CFOを中心とした実務の経営陣は経営を行っているわけですが、それを客観的に監督指導していくコーポレートガバナンス、そして社外取締役というのも重要になります。実際、エーザイの取締役会は11名の取締役中7名が社外取締役です。過半数が社外取締役で取締役会議長も社外取締役というルールで15年以上運営して、完全に独立した取締役会がROESGのバランスを担保しているわけです。現在では、CEOに「初めまして」という方しか新規で社外取締役候補者になりません。全員が社外取締役からなる指名委員会が次の取締役候補者を選びます。独立した取締役会ゆえに高質化・厳格化が進展し、緊張感のあるものになっていますが、私たち執行系は「毎月株主総会に臨む」覚悟でいます。かたちより実質のほうが重要なのは間違いないですが、中長期的、持続的なシステムとしてこのかたちを15年前から選択して本当によかったといまは思っています。独立した取締役会をクリアすれば、世界の株主・投資家にも自信をもって向き合うことができます。

一方、エーザイの統合報告書で訴求するCFOの財務戦略としてはCFOポリシーとしての「財務戦略マップ」があります。そして、企業価値の代理変数であるROE経営がその中心にあります。そこではエクイティ・スプレッ

ドをKPIにして株主資本コストを上回るROEを長期的に追求しています。その関連から最適資本構成、バランスシートマネジメントを行っています。資本コストでいうと、株主資本コスト8％を意識したエクイティ・スプレッドを採用していますが、定款の精神にのっとり、ショートターミズムに陥らずに10年平均のROEを重視しています。最適資本構成に関しては、基本的にシングルAレンジに格付けがおさまるような財務分析とシミュレーションをして、財務のKPIのレンジを特定しています。たとえば自己資本比率では約50％から60％のレンジ、Net DERでは−0.3から0.3の範囲内、Net Debt/EBITDAのマルチプルでいえば3年未満等のKPIを使ってバランスシートをコントロールして過剰資本にも過少資本にもならない方針です。最適資本構成を志向して、効率的かつ健全なバランスシートを目指し、中長期的、持続的なROE経営を行うというシステムです。

　最適資本構成に関しては、先ほど申し上げたシングルAの格付けを基準にしています。要するにファイナンス理論では、レバレッジを利用すれば加重平均資本コスト（WACC）は下がる、あるいはROEが高まりますが、一定限度を超えた負債の過度な利用は倒産リスクを発生させてしまうのです。ROEを勘案して過剰資本にもならない、財務の健全性から過少資本にもならない。その最適な均衡をとるトレードオフ理論が背景にあります。かつて、マリオットのCFOは格付けBBBが最適資本構成であるといっています。BB格では投機的格付とされ、クレジットコストが急上昇しますが、BBB格は投資適格の下限であり、金利もリーズナブルな過剰資本を避けた最適解という考えです。一方で、バランスシートを常に限界に置くことは保守主義から難点があり、BBB格からファイナンシャル・スラック（Financial Slack）をみることが多いとMIT大学のマイヤー教授はいっています。そこから総合的に勘案すれば、エーザイのCFOポリシーでは、BBB格からワンノッチ上げたシングルA格が保守的にみた最適資本構成になると考えました。要するに財務的に安全で、しかも過剰資本にならない範囲の効率的なバランスシートを求めて、世界中の医薬品企業の財務指標、格付けデータを分析し

て、自分たちの会社の10年後までの財務的シミュレーションを行って、最適な資本構成の範囲を推測してKPIを特定して、それを開示して投資家と対話をしています。

そして、ROE経営では、ROEはマージン（売上高利益率）、ターンオーバー（総資産回転率）、レバレッジ（総資産÷自己資本）にデュポン・フォーミュラで分解できます。まずは、マージンはある意味全社的プロジェクトで、これは事業計画どおり売上げ、利益の達成を各リージョンに求めます。ターンオーバーはCCCを四半期ごとのグローバルCFO会議で世界中の子会社CFOや財務経理部門幹部に示達しながら、未収金の回収、在庫の管理やキャッシュ・マネジメントの見える化をしながら世界のCCCを最適化して一括コントロールします。財務レバレッジは、申し上げたような最適資本構成の範囲にKPIを財務本部でコントロールします。当然、長期の時間軸とライフサイクルを勘案します。こうしたROE経営により2020年度目標のROE10％を２年前倒しで2018年度に達成できる見通しであり、さらには2025年度目標のROE15％レベルを目指してまいります。

⑹　ROE経営でエーザイが目指すもの

図表３－４－５に「統合報告書2018」からエーザイのROE経営をお示しします。

図表３－４－５のグラフでは縦軸はエーザイのROE、横軸は過去10年のタイムラインになります。「ROEマネジメント」に関して、エーザイでは、2000年代初頭から中長期的なROE向上に取り組んできましたが、私が財務担当役員に就任した2013年に策定したCFOポリシーで、資本コストの意識を明確にして、ショートターミズムに陥ることなく、中長期的に10年平均で株主資本コストを上回るROE、つまり「正のエクイティ・スプレッド」の創出を公式採択しています。「株主資本コスト」とは、株主が要求する最低リターンと定義して、当社では「株主資本コスト」を保守的に８％と仮定しています。資本資産価格モデル（CAPM）で計算すると、エーザイの株主資

図表３－４－５　エーザイのROEマネジメント

図表３－４－５　エーザイのROEマネジメント

エーザイのROEマネジメント
～正のエクイティ・スプレッドを中長期的に訴求～

●ROEの年次別推移と中長期的な価値創造

（出所）　エーザイの統合報告書2018

本コストは５％程度とも仮定できますが、基本的にCAPMは過去の数値に依拠して将来志向ではない。われわれは今後リスクをとって新しいビジネスモデルや新薬開発に挑戦していくため、保守的にベータ１の前提として、少なくとも私の投資家アンケートで日本株平均に求められる株主資本コスト８％を採用すべきと考えました。この前提でエーザイでは、過去10年平均で10.3％のROE、2.3％の正のエクイティ・スプレッドを創出しています。10年間のトレンドをみても、患者様第一主義を理念としてショートターミズムに陥らず、積極的な研究開発投資を行ってきた結果、一時的にROEが８％を下回る時期もありましたが、抗がん剤等の新薬が実り、エーザイの2018年度のROE予想は10％と再び２桁のROEが視野に入ってきています。現在、世界のトップ25社の中央値のROEが10％ぐらいです。さらに、世界のトップグループに入る欧米のビッグファーマのスレッシュホールドは15％であり、エーザイの2025年のROE15％目標は、グローバルスタンダードを意識

したものになっています。

　そこでもやはり、ショートターミズムには陥らないことが肝要です。この
グラフをさらに詳しくみてみましょう。単年度のROEに固執しても医薬品
企業の場合はあまり意味がないと思います。特許の崖、つまりパテントクリ
フもありました。エーザイもアリセプトという認知症治療剤が世界で約
3,000億円のピーク売上を計上した2010年度のROEは16.4％で、グローバル
優等生のレベルだったのですが、2010年終盤にパテントクリフを迎えます。
アリセプトの特許が米国で満了になりますと、１年で米国市場では９割が
ジェネリックに置き変わってしまいました。そこからパテントクリフの減
収・減益局面に突入するわけです。そうすると、ここのサイクルはどうして
もROEは厳しくなるということになります。それでも、CCCでキャッシュ
を創出して配当を賄いつつ、一方でショートターミズムに陥らずに一時的に
ROEが８％を割れても、積極的な研究開発投資をした結果、今度はレンビ
マという抗がん剤が実ります。2018年度からROEが10％以上へと再び上が
る局面になって、さらに2025年度にはグローバルトップティアの15％を目指
していくというストーリーです。あの時、必要以上に裁量的利益調整をして
過度に研究開発費を削減していたら、いまのエーザイの姿は変わっていたの
ではないでしょうか。

　参考までにグローバルな製薬産業において、売上高に対する研究開発費の
比率は、トップ25社で平均約15％前後ですが、エーザイは継続的に25％近く
を先行投資しているのです。エーザイでは、大型M&Aにかわる答えとし
て、「パートナーシップモデル」というのを訴求していて、抗がん剤の分野
では米国大手のメルク社と共同開発・共同販売をする一方で、認知症治療剤
ではやはり米国大手のバイオジェン社と共同開発・共同販売をします。そし
て、該当するプロジェクトでは、エーザイで発生した研究開発費の約50％を
パートナーからシェアしてもらって戻入金があります。これを勘案すると
エーザイでは実質的に売上げの約３割を研究開発に投下しています。巨大な
M&Aはメリットとデメリットの双方がありますので、規模よりも質という

ことで、エーザイではパートナーシップモデルを訴求しています。積極的な研究開発投資と両立しつつ、中長期的に10％以上のROEを確保するという意図があります。これもROESGということができると思います。

　ちなみに、近年のアカウンティングの分野の世界のベストセラーの１つに、ニューヨーク大学のレブ教授の『The End of Accounting（日本語題：会計の再生）』という本があります。しかし、会計そのものを否定しているわけでなくて、かつて企業価値の８割は有形資産で２割が無形資産だったが、いまや企業価値の２割は財務情報で８割が非財務情報だとしています。そのなかでレブ教授が、会計基準の誤謬であると指摘しているのが、研究開発費を全部費用計上していることです。事例として、裁量的な利益調整からファイザー社は研究開発費を削ってEPSを上げている一方、ジョンソン・エンド・ジョンソン社は長期的視野で積極的な研究開発費を投入した結果、減益になっている。表面利益はファイザー社が上にみえるが、長期的な価値創造はジョンソン・エンド・ジョンソン社だというケーススタディを掲載しています。

　別の視点でCFOポリシーのバランスシートマネジメントに関しても、エーザイの歴史を俯瞰してみましょう。2010年でアリセプトの特許が切れ、減収・減益局面になることは予想されていましたから、経営陣としてはそれを補うために2008年にMGI社という米国のバイオベンチャーを約4,000億円で買収しました。当時のエーザイは抗がん剤の販売実績がなかったため、そのフランチャイズを手に入れたわけです。しかし、4,000億円の買収資金を全額借入金で調達したため、この時点で自己資本比率は４割を切る状況になりました。私は2009年にUBS証券からエーザイに戻ってまいりましたので、ここからバランスシートをつくり直す作業にチームとともに入りました。その財務戦略のコアがFAMとCCCの２つです。FAMはFixed Asset Monetizationということで不稼働資産の売却プロジェクトです。もう１つはCCC、つまり、Cash Conversion Cycle改善です。原則として売掛金の回収サイトを120日から90日に短縮しましたし、在庫の圧縮もグローバルに行いました。

パテントクリフ期間に財務戦略で1,000億円以上のキャッシュを創出できた
と思います。結果として、パテントクリフを乗り越えてネットキャッシュ・
ポジションに戻して、現在自己資本比率は6割程度、Net DERは約−0.3と
いうことで、最適資本構成のほぼ上限まで余裕のある水準になっています。
つまり、いまのエーザイはストロングバランスシートを具備しているので、
次の飛躍に向けて十分な成長投資の準備はできているということです。

その間の配当政策はどうだったかというと、パテントクリフの減収減益時
も1株当りの配当金はいっさい変えずに年間150円、年間約430億円を安定的
に維持しました。配当性向が減収・減益局面では一時的に100%を超えた時
期もありましたが、フリーキャッシュフローの範囲内でコントロールできた
ので、キャッシュは残り、債務の返済は進捗しました。つまり、CCCで十
分なキャッシュを創出していますからフリーキャッシュフローは利益以上に
大きく確保できていたのです。配当というのはPL勘定ではなくてキャッ
シュで行いますから、複数年でフリーキャッシュフローの範囲内の配当にコ
ントロールしておけば、一時的に配当性向が100%を超えても問題ないので
す。それによって、資本効率を高めて株主の期待にも応えたうえで、債務の
返済は進み、現在はネット・キャッシュ、つまり実質無借金の状況になって
います。

さて、エーザイの事例研究のまとめとして統合報告書2018から、PBRの推
移と解釈を取り上げたいと思います。図表3−4−6をご覧ください。

図表3−4−6では、縦軸にエーザイのPBR、横軸に10年のタイムライン
を採用しています。IIRC-PBRモデルと称していますが、PBR1倍までの部
分は、会計上の簿価純資産で財務資本を意味します。PBR1倍超の部分は、
時価総額が会計上の簿価を超える部分、市場付加価値であり、自己創設のれ
んとも解されます。そして自己創設のれんはIIRCの定義する5つの非財務
資本、つまり人的資本、知的資本、社会関係資本、製造資本、自然資本と関
係していると考えられます。エーザイの時価総額を大まかに2兆円とする
と、財務資本、会計上の簿価純資産は約6,000億円ですから、残りの1兆

図表３－４－６　エーザイのIIRC-PBRモデルによるROESGの実現

非財務資本の充実により持続的な企業価値創造を目指す
IIRC-PBRモデル
（企業価値を構成する６つの資本の価値関連性）

～純資産（会計上の簿価）は財務資本と、市場付加価値は非財務資本とそれぞれ関係する～

エーザイのPBRの推移（2008年度末～2018年7月31日）

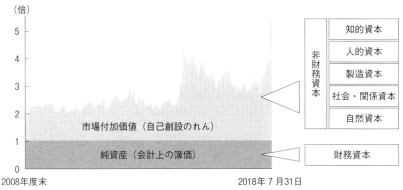

（出所）　エーザイの統合報告書2018

4,000億円は５つの非財務資本の価値というイメージになります。エーザイのPBRは10年間のトレンドとして、おおむね２倍から３倍の平均値で推移していますが、これをCFOとしては非常に重視しています。会計上の簿価の２倍から３倍の企業価値を安定的に創造していると考えることができるからです。エーザイの抗がん剤や認知症治療剤のパイプラインを中心とした知的資本、それを支える社員の人的資本、工場管理の製造資本やガバナンスやブランドの社会・関係資本、それから環境対策の自然資本などの見えないエーザイの価値が将来の財務資本として市場に評価を得ている、あるいは将来のエーザイのROEが高くなるとみられていることになるのです。

　企業がコーポレートガバナンス・コードに準拠して企業価値を最大化したいなら、いまや企業価値の８割を占める見えない価値、非財務資本やESGを重視すべきだと思います。そして、企業価値に対して人的資本の相関が強いことが証明されているので、やはり多くの経営者がいうように従業員が大

事です。彼らの老後の年金も大事でしょう。であるなら、年金リターンを持続的に担保するために企業年金基金はスチュワードシップ・コードに署名して、利益相反を排して年金リターンを中長期的、安定的に最大化すべきだと考えました。エーザイでは、私自身がこれを起案して2年ぐらい動いて、2018年2月にパナソニックとエーザイは、この国のメーカーとしては初めてスチュワードシップ・コードを受け入れました。そして、8月からESG投資を本格的に開始して、アセットオーナーとして積極的にESG投資を行っています。これは「車の両輪」で、会社がコーポレートガバナンス・コードに準拠し、従業員のための年金基金がスチュワードシップ・コードに準拠して、利益相反を排してWin-Winで価値の創造を図る。そのために持合い株式の解消も前倒しで進めてきたという背景があります。

　結論として、見えない価値やESGの見える化を通して、あるいは資本コストの意識の浸透を通して、「この国の企業価値は倍増できる」、私自身はそう信じています。それには理論と実践の両面が必要で、研究者も重要だし実務家も重要です。私自身は両方、二足のわらじをはいて理論的な背景で論文や著書を発表する一方で、企業のCFOとして実務で具体的に実行していく。そして、その理論と実践によって世界の投資家に対して説明責任を果たしていく。大変なミッションだとは思いますが、少しでもよい方向へこの国を変えたいという一心で日々精進しております。

ディスカッション

(1) 医薬品業界に対する投資家の見方

幸田：いわゆる医薬品の特許切れというクリフの話がありましたが、いまま
では、投資家はそういう問題に対しては、短期的な観点が非常に強かっ
たと思います。長期的にそのあたりをみるように変わってきたというの
は、投資家自体の医薬品業界に対する理解が進んできたということでし
ょうか。

柳：かつては、主力品の特許切れで、「株式売却」「アウト」という短絡的な
市場の見方もありましたが、いまや投資家の評価もかなり複合的になっ
ていて、長期的な財務の健全性、次の世代のパイプライン、あるいは
パートナーシップ、M&A導入も含めた能力、つまりポテンシャルを総
合的に勘案してきています。

　M&Aは魅力的ですけれども、いろんな困難があって、たとえば
M&Aで大胆に規模を拡大してパテントクリフを埋めていくという
「ビッグファーマモデル」、あるいは「ファイザーモデル」がよくいわれ
るところですが、特許切れがくるからM&Aでその穴を一気に埋めて、
また次の特許切れがくるから大型M&Aをやって、その分リストラして
経費も削るということを何度も繰り返す生き残り策が、近年ではあまり
評価されなくなっています。

幸田：医薬品業界にとっていまのクリフの問題からするとM&Aが不可欠だ
というのが多分一般的な見方だろうと思います。一方で、そうしないた
めには研究開発の体制の問題であったり、あるいは業務提携などでうま
い補完ができるのかということだと思います。リスクコントロールの観
点から、M&Aの判断のむずかしさが、会社の帰趨まで決めてしまうと

いう感じもあります。いかがですか。

柳：領域にもよりますが、一般に新薬が1品当たると原価率は大体1桁、数％ですから収益が著しく上がるのです。ブロックバスターが出ればすばらしいのですが、その分、その薬剤の特許が切れたら売上は顕著に低下する。そして、研究開発に多額のお金をかければ必ずよい新薬が出るかというと、それも保証はないわけです。新薬を世に出すまでに10年以上かかる。研究開発費も500億円から1,000億円かかる。その途中の臨床試験で失敗したらアウトという世界で、どうやって生き残っていくのか。パートナーを探して提携するにしても、よい新薬のネタをもっていないと誰も提携相手が来ないわけですね。そうすると、やはりイノベーションありきで、自分たちがよい新薬のネタをもっていなければならない。私たちの考え方は、ビッグファーマのように規模がないので、得意とする疾病領域に絞るということです。すべての領域で新薬開発はできないので、「認知症」と「がん」の分野に絞って集中的に資源投下をする。コレステロールとかHIVとか胃の薬とか多様な薬剤がありますけれども、そこはもうやらない。基本的に、がんと認知症しかやらない。そうすると、そこに経営資源を集中的に投入することによって、その分野ではビッグファーマに引けをとらないようなヒト・モノ・カネを投入できますよね。それから、ノウハウや情報も集積されます。疾病領域を絞る。つまり選択と集中ですね。

　もう1つは、新薬開発はセレンディピティですから、ある意味で「掘り出し物を見つける才能」です。当社は何が強みかというと、私たちはグローバルからすると、ある意味ではミドルクラスの製薬企業なので結局は人だということで、人を大事にするということです。世界中の従業員、研究員が高いモチベーションをもっている。*hhc*と呼んでいますが、患者様貢献という企業理念に導かれた社会貢献をしたいという志の高い人たちが集まっているところが強みだと思います。

　さらにCEOのコミットメントも重要です。ある意味では規模が適正

158

だから、CEOが一人ひとりの研究者と話す機会、激励する場面が多々あります。「いま、研究はどこまで進んでいるのか」「ここが大事だから頑張れよ」「君はなかなか優秀らしいね」など、一人ひとりの研究員とCEOがコミュニケーションをとる。ビッグファーマのCEOでは、おそらくそれはできないでしょう。規模が10倍の従業員がいたらフェース・トゥ・フェースで話ができないですよね。こうしたCEOのコミットメントから「モチベーションがセレンディピティを生む」というのは会社の信念なのです。

　財務会計上、研究開発費は費用計上され、ある意味サンクコストになる。しかし、研究開発費は将来価値を生む知的資本への投資と考えられます。そこで、どのようなバリュエーションをCFOとして私自身がしているかというと、研究開発の価値を測定するためにリアルオプション・モデルを使います。結局は過去のトラック・レコードに依拠してデータを入れていくわけですが、通常のDCF価値に加えて、R&Dのリアルオプション・バリューを勘案していくということです。

幸田：いま、人が大事だということと、領域を絞るというお話がありましたが、そのとおりだと感じます。そのときに研究者の方々が、結局は引き抜きに遭わないかとか、処遇がどの水準だとか、あるいは特許についてどう帰属するのかとか、ありますよね。この辺は、エーザイとしては、悩みはないんですか。

柳：悩みは、やはり規模や資源の制約から、お金だけで動く人は止められないでしょう。それでも企業理念に導かれてエーザイで働きたいという希有な人たち、優秀な研究者が結構いまして、彼らは本当にこの会社が好きなのです。理由は企業理念です。定款に入れた患者様第一主義の企業理念、*hhc*に心底共鳴して入社します、継続勤務しますという人が多いのです。財務部門であろうが研究者やMRであろうが、世界の全社員が企業理念に依拠した*hhc*活動を行うのですが、*hhc*活動では、海外も含めて、すべての社員が年間の勤務時間の１％、おおむね２日を患者様と

過ごします。認知症や小児がんの患者様、身体障害者、知的障害者の方々などです。そういう人たちと1泊2日過ごすと、患者様がどんなに困っているか、何が不自由か、彼らの感情などを直接感じるわけです。そのなかで患者様のために頑張ろうという気持ちを研究員も財務経理のスタッフももっていくわけです。そして、*hhc*活動を継続していくなかで生まれている製品もあります。たとえば、アリセプトという認知症の薬があります。「小さい錠剤だからお年寄りでも楽に飲めるだろう」と思ってつくられました。しかし、*hhc*活動で認知症の患者様と1泊2日一緒に過ごした社員が、お年寄りが嚥下困難で小さな錠剤でも服用に苦労している姿を目の当たりにします。そこから、さらに飲みやすいゼリー錠のアリセプトが生まれたりしています。こうした活動を繰り返していくなかで、それに感銘を受けた人たちが集う会社なので、お金で人を雇わないし、お金で人を失わない。こうした意味で当社は理念に導かれた会社なのです。

⑵　M&AにおけるCFOの役割とは

学生A：M&Aを進めるにあたって、デットの許容量だとか、財務的なバランスの観点でどのレベルを許容するかということですが、その相手先の企業のリスク選好みたいなものについて、CFOの采配によってずいぶんと異なるのがすごく不思議です。どのようにCFOが、ここまでならM&Aで攻められると決めているのか気になりました。

柳：ご質問ありがとうございます。もちろん、これも会社によって違いますし、社長の方針、投資銀行のアドバイスに左右される人も多いでしょう。そもそもCFOポリシー自体が定まっていない会社が残念ながら多々あります。

　　たとえば、どういうスレッシュホールドで考えていくかというと、買収後のプロフォーマ、BS、PL、キャッシュフローのシミュレーションをします。そのときにいくつかの財務規律があって、減損対象資産、の

れん等が自己資本の半分以内でおさまっているかどうかが、1つの基準としてあります。それから最適資本構成が重要です。たとえば、合算したバランスシート、自己資本比率が一時的に変動しても中長期に安定して、製薬企業としてはおおむね50％から60％の範囲内になってくるように検討します。もう1つは厳格で高度なバリュエーションです。財務リテラシーの欠如から、日本企業は高値づかみのM&Aをするリスクが高いと、一般にはいわれています。高質な企業価値評価を社内でできること、買収価格が上昇して価値破壊的なM&Aになったときに撤退する勇気ももてること。それにはCFOの強い矜持とファイナンス理論の高い知見が必要となるでしょう。

(3) ESGと投資判断の両立はどのように実現するか

学生B：社会貢献や環境保護への投資は、研究開発への投資以上に将来のキャッシュフローが予測しづらいと感じています。そういったものを含め、すべての投資判断にあたっても、割引率やリスクを勘案したキャッシュフローのモデルをつくっているのかお聞きしたいです。

柳：ご質問ありがとうございます。非常にいい質問ですね。ESGと企業価値の関係をお話しして、フィラリア症のプロジェクトはとても美しいと思います。ネット・プレゼント・バリューの計算がしっかりできるので企業価値の創造が明言できます。一方で、ダイバーシティのために女性管理職比率をいま高めようとしているわけですが、女性の管理職を10％にしようとしていて、その経済計算はどう行うのかということは課題としてあります。ESGや見えない価値には簡単に経済計算ができないものが多々あります。それがどれだけリターンになるのか、明快にはみえない場合も多いと思います。そうすると、企業体力のなかで、金額には上限を設けながら、言葉は悪いですけれども接待費、広告宣伝費、研修費のような位置づけで割り切って資源投下するような一定の「のりしろ」をみています。

もちろんESGの中身を検証して、本業とのシナジー、われわれのやるべきことと関係ないことはやりませんが、もう1つ皆さんに覚えておいていただきたいのは、ESGには資本コスト低減効果があるということです。ESGは株主資本コストを下げる。ESGに優れた会社は、持続的かつリスクが低いと世界の投資家がみなしてくれるでしょう。そして、トップティアのESGカンパニーはアベレージカンパニーに対して、アカデミックな実証研究のコンセンサスは30ベーシスポイント、0.3%株主資本コストを下げることがわかっています。そうすると、企業価値評価で0.3%ディスカウントレートを下げれば膨大なDCFバリュー、理論株価の上昇になるわけです。CFOとしては、このようなESGの資本コスト低減効果を追求しています。

第4章

M&Aと企業の成長戦略

はじめに

幸田　博人

　この章では、M&A取引の経験が大変豊富なTMI総合法律事務所の岩倉正和パートナー弁護士、そして一橋大学の田村俊夫教授とパナソニックの遠山敬史常務執行役員から、ケーススタディも含めて、お話を伺います。

　まず、前半の岩倉弁護士のお話のポイントは、「M&Aの戦略」「M&A戦略のむずかしさ」「クロスボーダーM&A」です。

(1)　M&Aの戦略

　M&Aは、「コーポレートファイナンスの総合アート」といわれることもあります。戦略論、財務、法務、会計、税務、組織論、人事、企業文化等々が密接に関連しています。その後のプロジェクトマネジメントの難易度もあり、失敗する例も相応にあります。最近は、特にクロスボーダーのM&Aのむずかしさにも直面しています。

　M&Aを行う理由ですが、一般的には、事業戦略としての水平統合や垂直統合として行われます。また、コア事業の強化、ノンコア事業の売却など事業の再編がもう1つのテーマとなります。水平統合は、シェアアップやマーケットのさらなる獲得を目指すことであり、合併などを通じて、シナジー効果を大きく出すことを目的としています。一方、垂直統合は、事業戦略としての川下・川上展開を進めて事業の成長性を総合的に求めていくことであり、取り扱う商品やプロダクトの一貫性をつくり競争力につなげていくことがテーマとなります。一般的には、水平統合に比べて垂直統合は難易度は高いと思います。

　デロイトトーマツの調査でみると、M&Aを活用する目的として、約半分のケースでシェアの拡大、4割近くのケースで事業展開地域（＝海外）の拡

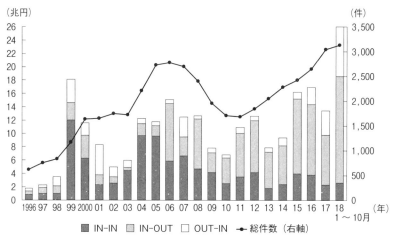

図表４－１－１　日本企業が関係するM&Aの推移

（注）　金額が算定できるM&Aについてマーケット別に集計。グループ内M&Aは含まず。

（出所）　レコフデータ「MARR」より作成。

大をあげています。

　日本企業のかかわるクロスボーダーのM&Aについては、In-Outが急速に増加しており、日本経済の低成長が継続するなかで海外需要を求める動きが急速に広がっています。特に医薬品、食品、保険等の業界では、そうした動きが活発化しています。金額ベースでIn-Outは全体の56％を占め（図表４－１－１）、巨額案件が増加するなか、失敗するケースも相応に増えているのが特徴です。

　M&Aのディールは、一連のプロセスを進めていくにあたって、当事者が各種の専門家をどれだけうまく使いこなせるかがポイントとなります。たとえばリーガルアドバイザーは、リーガル・デューディリジェンス（DD）に加えて、契約論やストラクチャリング、交渉戦略等についてカバーしています。DDは、リーガルだけではなくて、フィナンシャルDDやビジネスDDは重要であり、M&Aの失敗につながる例として、フィナンシャルDDの後、簿外債務含め、不測の事象が出てくることがあげられます。また、買収契約

図表4－1－2　M&Aが失敗するリスク（＝M&A成功のポイントに失敗）

(1)　「ターゲット企業を適正価格で買収する」に失敗

　　―買収前に実施した企業価値評価のミスで買収価格が高過ぎた場合

　　―競争入札によって買収価格が競り上がり適正水準から外れたが、メンツその
　　　他の理由により高値応札した場合

　　―シナジー効果を多く見込み過ぎて多額のプレミアムを支払った場合

(2)　「買収後に自社の企業価値を早くかつ大幅に向上する」に失敗

　　―買収前に実施したデューディリジェンスが不十分で、買収後にターゲット企
　　　業の簿外債務等の隠れた瑕疵が見つかり企業価値が下がった場合

　　―PMIに失敗し、ターゲット企業の顧客の離反や従業員の退職等、企業価値に
　　　マイナスとなる事態を招いた場合

　　―想定していたシナジー効果（売上増、コスト削減、利益率改善等）が発揮で
　　　きなかった場合

（出所）　各種資料から筆者作成。

書の内容を経営陣がきちんと理解して進める必要もあります。

(2)　M&A戦略のむずかしさ

　M&Aのリスクは何か、図表4－1－2をご覧ください。M&Aが成功するポイントは、「適正価格で買収する」「買収後に自社（ターゲット企業含む）の企業価値を早くかつ大幅に向上させる」、これらがうまくいかなかった場合に、M&Aは失敗に終わる、あるいは、たとえば減損せざるをえなくなる、といった大きな事態を招くわけです。

　シナジーについては、コスト面のシナジーは、比較的容易に実現することが可能です。たとえば、工場が重なっていて地域配置を見直すことが可能となるとか、本社機能は2社だったものを1社にまとめることで賃料が減少するとか、さまざまな領域でシナジー効果を出すことができます。一方、売上のほうのシナジー効果は、いわゆるクロスセルなどを通じてシナジー効果によるメリットを獲得していくことが必要になるため、統合時点でどこまでシナジーとして織り込めるのか、なかなかむずかしく、課題になるケースが多いです。

M&Aを論じるときに、大きな論点となるのは、PMIです。PMIとは、ポスト・マージャー・インテグレーションですが、「事業とは、有機的にヒトが結びつけて機能している１つのシステムである」といわれ、当事者・関係者全員で取り組んでいくことが求められます。それを支えるものとして、経営システムもあれば、販売システムもあり、財務システムもありますが、それぞれがリンクして、全体として事業体が運営されています。企業のカルチャーの問題とも、大きくかかわります。シナジーを大きく生み出すには、有機的に結びついているそれぞれの会社にあったものを新しい会社のなかでどうやって有機的に結びつけるのか、これを時間どおりに、期限どおりに実行する必要があり、PMIが結局M&Aの成否を決めることになります。特に、クロスボーダー案件においてむずかしいのは、日本の本社がグローバルなプラットフォームになる場合、海外のオペレーションを統合していくことの難易度が高く、海外の被買収企業の離反を招くリスクが大きい点です。やはり日本サイドの企業運営は、人材の採用や評価のプロセス、業績評価等について、歴史的に積み上げてきた新卒採用・終身雇用を前提とした仕組みや年功序列・年次主義を前提とした日本的要素が入ったローカル色の強いプラットフォームであり、グローバルスタンダードにかなっていないということがあります。こうしたことをふまえながら、どのプラットフォームを使うかがポイントであり、プラットフォームによって、働く人たちのインセンティブとかモチベーション、あるいは企業としての推進力に大きな影響があります。PMI成功の重要なファクターは、①両トップの強力なリーダーシップと緊密な協調、②「統合会社の視点」、③率直かつ先手を打ったコミュニケーション、④PMIを視野に入れた徹底的なデューディリジェンス、⑤相互作用を複眼視する「システム思考」に整理できます。

(3) クロスボーダーM&A

　クロスボーダーM&Aのむずかしさのなかで、特にPMIのむずかしさについて、図表４-１-３に載せています。このなかで、２点目にあるとおり、

図表4－1－3　クロスボーダーPMIの問題点

1 買収推進体制の不備

2 買収目的、シナジー創出シナリオにおける不十分な合意形成

3 被買収企業との戦略コミュニケーション不足

4 重要人材の流出

5 業務プロセス統合の長期化

6 組織風土や文化融合におけるコミュニケーション不足

(出所)　「第1回クロスボーダーPMIの課題解決のポイント」野村総合研究所
　　　　知的資産創造2018年8月号より作成。

　経営トップから買収プロジェクトチームに至るまで、きちんと入口のところ
で、十分な合意形成をすることは非常にむずかしいことです。基本的な方向
感やM&Aで求めるレベル感があっていないと、その後のPMI自体もうまく
いきません。3点目の〝被買収企業との戦略コミュニケーションの不足〟や
4点目の〝重要人材の流出〟は、M&Aとしての当事者間に、そもそも共通
の基盤づくりができていないことを意味しています。コミュニケーションの
問題は、それぞれの企業文化をベースにして新しい企業文化をどうつくる
か、十分に考えていないことを意味します。最終的には、〝組織風土や文化
融合におけるコミュニケーション〟がカギとなります。

　クロスボーダーM&A案件は、今後もIn-Outの例はかなり出てくると思い
ます。日本企業の誤算がうかがえる事例をいくつか図表4－1－4に示して
います。減損や特別損失の金額の規模が大きく、また、M&Aの経験が豊富
な企業も多数入っていることからも、クロスボーダーのM&Aのむずかしさ

図表4－1－4　日本企業による海外企業買収誤算事例

買収年	買収企業	被買収企業	買収額 （億円）	概　　要
2006年	日本板硝子	Pilkington （英）	6,160	買収後、6回の最終赤字計上、累計の最終損失は約1,000億円。
2006年	東芝	Westinghouse （米）	6,210	WHの経営悪化により、2017年3月期には減損7,125億円。
2008年	第一三共	Ranbaxy （印）	4,900	米国による医薬品輸入停止により業績低迷、2015年に売却、4,500億円の損失。
2011年	キリンHD	Schincariol （ブラジル）	3,000	競争激化による業績低迷、通貨レアルの減価等により、2017年に売却。2015年12月期には減損1,400億円に伴い、特別損失1,140億円。
2012年	丸紅	Gavilon（米）	2,700	PMIで誤算が生じ想定していた相乗効果が得られず、2015年12月期に減損500億円。
2013年	LIXIL	Grohe（独）	4,000	Grohe中国子会社で不正会計、最大660億円の損失。
2015年	日本郵政	Toll Holdings （豪）	6,200	豪経済減速等で業績悪化、2017年3月期に減損4,000億円。

（出所）　各種報道資料より筆者作成。

を表しています。

　岩倉弁護士の講義の論点（図表4－1－5）として、ディスカッションの材料となるような5つのポイントを整理してあります。

図表4－1－5 「M&Aの戦略と課題」の論点

■成功するM&Aと失敗するM&Aには、どのような違いがあるのか。
■日本企業が、今後クロスボーダーM&Aを行う際に必要な視点は何か。
■弁護士としてのM&Aの仕事の要諦は何か。またどのようなむずかしさがあるのか。
■アクティビストの状況についての評価／見方。
■日本企業の今後の競争力強化とM&Aの展望について。

　次に、後半では「企業の成長戦略―M&Aと事業再編―」と題して、まず一橋大学の田村教授から、M&Aのバリュエーションについてお話します。田村教授は、私のみずほ証券時代の同僚ですが、大半は投資銀行部門でのキャリアということで、実務家としての経験を幅広く積んでいます。そのうえで、パナソニックの遠山常務執行役員からパナソニックの戦略論をお話します。遠山常務は、現在、役員として渉外関係中心にご担当されていますが、戦略面での企画を含めて、グローバルな大企業としての数多くのM&Aを直接ご経験されています。ご経験をふまえつつ、パナソニックとしての現在の戦略をお話しいただきます。

⑷　MBOについて

　MBOとは、マネジメント・バイ・アウトの略で、経営陣がPEファンド等と連携して既存の株主から株式の譲渡を受けることで、上場会社が非公開化すること等をいいます。2007年前後あたりに、上場コストの問題や事業経営の機動性等の問題もあり、非公開化案件が急増したのですが、その後はやや減少していまして、いまだに、このMBOについての評価は定まっていないということもあります。上場企業がMBOを通じて非公開にしたうえで、再上場した案件は、図表4－1－6をご覧ください。上場企業のMBO案件以外では、今後の日本の経営者の高齢化問題等を考慮に入れると、未上場企業

図表4－1－6　非公開化MBOの後に再上場した主な企業

	再上場年月	上場廃止年月	再上場までの年月
すかいらーく	2014.10	2006.09	8年
ツバキ・ナカシマ	2015.12	2007.05	8年7カ月
ソラスト	2016.06	2012.02	4年4カ月
オークネット	2017.03	2008.10	8年5カ月
スシローグローバルホールディングス	2017.03	2009.04	8年
ワールド	2018.09	2005.07	13年2カ月

（出所）　新聞報道・有価証券報告書等より作成。

のオーナーの事業承継にも活用が可能ということがあり、今後のM&Aを考えていく場合に、1つのポイントになってくると思います。

　MBOを視野に入れると、オーナー企業が世界の株式市場を牽引していることがわかり、その重要性は増してくるものと考えられます。MBOで所有と経営の一致を図り、エージェンシー問題は原則解消したうえで、強いガバナンスによる企業運営を可能として競争力を上げていくことが重要になります。いわゆる利益相反問題も含めて論点はありますので、足元、経済産業省の有識者委員会もそうした点について検討を加えております。学術研究面では、MBOのエコノミクス面の評価や競争力が向上されたのかなどについての定量的な蓄積がまだまだ少ないので、研究も含めて今後に期待されるところです。今後、日本の経営者の高齢化が進展するなかでの事業承継面での活用や、上場企業に対するコーポレートガバナンス・コードの定着が進んでいくなかで、MBOが増加していくこともあると考えられ、このMBOの動向についてはM&Aの1つのエリアとしてみておく必要があります。

(5)　アクティビストについて

　M&A取引に関連した株主アクティビズムの件数については近年、200件弱の件数で推移しています。M&Aアクティビズムとは、アクティビスト株

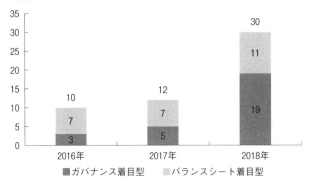

図表 4 － 1 － 7　アクティビストによる株主提案数

(注)　前年 7 月から当該年 6 月まで 1 年間の東証 1 部上場企業株
　　　主総会におけるアクティビストによる株主提案数。
(出所)　日本投資環境研究所より作成。

　主が上場企業にM&Aを積極的に促したり、上場企業に対するM&Aの際に
アクティビスト株主が介入し、買収条件の見直しを迫ったりするなど、
M&Aとの関係があるものについてのアクティビズムをM&Aアクティビズ
ムと呼びます。アクティビスト株主は、テーマとしては、どちらかという
と、最近はエンゲージメント、ガバナンス関連にややシフトしていると思い
ます。アクティビストによる株主提案数は、図表 4 － 1 － 7 のとおり、ガバ
ナンス着目型の株主提案が大幅に増加しています。「ガバナンス着目型」と
いうのは、社外取締役の選任であるとか、あるいはROEの目標設定、不採
算事業からの撤退ということです。事業会社として、自身の事業の戦略性
を、外部からいわれるまでもなく、自らどう行っていくか示すことは、企業
の永続的価値向上の観点や、中期的な戦略性からますます重要になってきま
す。いずれにしても、アクティビストについては、M&Aと密接な関係があ
りますので、今後も注目しておく必要があると思います。

(6)　日本企業にとってのM&A戦略上の課題について

　講義ではパナソニックの遠山常務からお話を伺いますが、経済同友会のリ

図表 4 − 1 − 8　ビジネスリスクマネジメントを考えるうえでの経営者の心がけ

１．グローバル展開の手法としての海外M&A（海外企業を買収する）

(1)　企業経営者は、海外M&Aの目的を明確にし、「オーナーシップ意識」を
　　　持ちながら進めていくべきである
(2)　企業経営者は、海外M&Aを成功させるためにPMI（買収後の統合：Post
　　　Merger Integration）の重要性を認識すべきである

２．グローバル・ビジネスリスクマネジメント

(1)　企業経営者は、世界中に存在する全従業員に対して、日頃から企業理念や
　　　行動規範を周知徹底させるべきである
(2)　企業経営者は、グローバル・スタンダードに基づくビジネスリスクマネジ
　　　メント、特にコンプライアンスに関する研修教育を行うべきである
(3)　企業経営者は、万一、不祥事、事故などの重大事態が発生した場合に備え
　　　てグループ本社・経営トップに適切かつ迅速に報告が上がる体制を構築する
　　　とともに、日頃から不祥事や事故などにつながりかねない事象に関する情報
　　　共有を行うべきである
(4)　企業経営者は、真のグローバル・マネジメントのために、経営管理機能
　　　（人事、財務・経理、IT等）のグローバル・プラットフォーム化を実現する
　　　とともに、十分なコストをかけてサイバーセキュリティ体制（態勢）を構築
　　　すべきである

（出所）　経済同友会「2017年度ビジネスリスクマネジメント委員会報告書」（2018年10
　　　　　月）より作成。

スクマネジメント委員会の委員長を遠山常務がされていて、私が何人かの副
委員長の１人としてサポートして活動を行っています。2018年６月に、特に
日本の企業のクロスボーダーのM&Aに課題が多いこともあり、経済同友会
としてレポートをまとめています。なぜ日本のクロスボーダーのM&Aの失
敗は多いのかとか、それをどう改善すればよいかは、日本の企業の競争力に
とってきわめて重要なテーマです。経済同友会の資料では、図表４−１−８
のとおり、「ビジネスリスクマネジメントを考えるうえでの経営者の心がけ」
としてまとめています。オーナーシップ意識を企業経営者がもちながら進め
ていくべきであること、PMIの重要性を認識すべきであること等、当たり前

図表4－1－9　「M&Aと企業の成長戦略」の論点

■日本企業の今後の競争力強化とM&Aの展望について。
　―パナソニックとしての経験と視点。

■近年の日本企業によるM&A事例をどう評価するか。

■日本企業が、クロスボーダーM&Aを行う際に必要な視点は何か。

■買収責任者としてPMIの成否を分けるカギは何だったのか。

■アクティビストの活動、投資家エンゲージメントの高まりによって、M&A戦
　略がどのような影響を受けているか。

のように聞こえる部分が、実際にはできていないという問題があります。グ
ローバルビジネス・リスクマネジメントとして、企業理念や行動規範を意識
することが求められますし、グローバルのプラットフォームをどうつくるか
ということもポイントになります。この後の講義では、今後の日本の企業の
競争力のあり方ということを考えていければと思います。

　最後に、田村教授、遠山常務の講義の論点を図表4－1－9に示します。
こうした論点を、今日の講義を通じて深めていければと思います。日本企業
の今後の競争力強化にM&Aは不可欠ですけれども、日本の大企業が直面し
ている課題に、パナソニックとしての経験と視点を理解したうえで、今後の
方向感を具体的に議論したいと思います。

M&Aの戦略と課題

TMI総合法律事務所　パートナー弁護士
一橋大学大学院法学研究科教授

岩倉　正和

　皆さん、こんにちは。弁護士の岩倉と申します。TMI総合法律事務所の
パートナー弁護士です。

　弁護士を32年やっていますが、私が弁護士になった頃は、日本ではいまほ
どM&A取引がありませんでした。最近、武田製薬がシャイアーの買収を臨
時株主総会で承認しましたが、そのような大きい案件も全然ない時代でし
た。けれども、たまたま当初からM&A取引案件に関与する機会に恵まれ、
バブルの時期を経て、特に1995年からの金融危機の時代以降に、大型の金融
機関のM&A取引にずいぶん関与させていただいて、今日に至っています。

　また、かつては、In-Inという国内の企業同士のM&A取引ばかりでした
が、次いで、外国の企業が日本の企業を買収する案件が徐々に増えました。
それは日本に対して外国資本が入ってくることを日本政府も後押ししたから
です。たとえば、山水電気という、当時は音響のメーカーで非常に名門とい
われていた会社が英国企業に買収されましたが、これは東証1部上場企業が
外資に買収される初めての案件で、1989年から1990年にかけて、買収した英
国企業側の代理人として関与させていただきました。その後、21世紀になっ
てからは、In-Outの案件が増えました。日本のマーケットがどんどんシュ
リンクして少子・高齢化して、日本の国内だけでは売上・企業価値を増やし
ていくのは大変だということで、日本企業が海外マーケットに出て行くのを
われわれ日本の弁護士もお手伝いするようになっているという状況です。
M&Aロイヤーとしても、そのように、In-In、Out-In、In-Outという、時

代のトレンドのM&A取引のタイプの変化をみてきました。

　その経験と、10年以上毎年一橋大学大学院でM&Aの講義を通年で担当してきましたので、それをもとにして、以下、M&A法務の概論をお話ししたいと思います。

(1)　M&A取引の性格

　企業は利益を求めてビジネスをしている存在です。近代資本主義のなかで、株式会社制度が発達してきた1つのベースになっているのは、リスクの分散と株式の譲渡によって、転々と株主、資本構成が変わっていく、株主が変わることができる制度だと思います。会社は利益をあげなければいけないといいますが、会社自身が利益をあげることよりは、その会社に投資してくれた人にリターンを返すというのが会社の主たる目的です。

　よく、「会社は誰のものか」ということを議論しますけれども、M&Aの世界では、会社は株主のものです。会社のオーナーシップをもっているのは株主です。オーナーシップをわれわれの世界では支配権といいますが、支配権を移転するのがM&A取引です。米国では、支配権市場という言葉があって、いい経営者が悪い経営者から支配権を買って、より効率的に経営して、より大きな利益をあげていく。それが支配権市場の論理です。

　ところが、日本には、支配権市場という概念がなかったため、「会社は株主のものだ」というと怒られてしまいました。特に日本的なムラ社会や日本的な企業文化のもとでは、支配権市場など存在せず、会社は従業員のものであり、顧客・取引先のものであり、その会社が存在している地域全体のものであり、だからステークホルダーの利益を考えなければいけないという考え方（ステークホルダー論）は、日本では全然おかしいことではなかったのです。

　ところで、Mergers and Acquisitions（M&A）という表現について、Mergersというのは合併で、Acquisitionsが買収だと思いがちですが、必ずしも正しくありません。MergersもAcquisitionsも買収取引です。世界中で

買収契約のことをMerger Agreementといいますが、合併契約とはいいません。M&Aの理解のためには、言葉や表現からして、グローバルな使い方を知っておくことが必要です。

　M&A取引とは、買主（バイヤー）が、売主（セラー）からターゲットカンパニー（対象企業）を買収して利益をあげようとすることです。ターゲットカンパニーの企業価値を向上する、あるいはターゲットカンパニーとバイヤーのそれぞれの事業をうまく統合（インテグレート）させて、つまりPost Merger Integration（PMI）で統合させ、シナジー効果をあげ全体の企業価値を向上する。それは、究極的により高い利益をあげるためです。利益をあげるのは、投資に対するリターンを株主に返すことが目的です。M&A取引を行うことによって、株主により多くのリターンを返すことがM&Aの目的であり、その他の会社の事業戦略と変わりはないのです。

　したがって、そこに情けとか義理はなくて、徹底的に自分の利益を追求する取引です。また、この企業を昔からねらっていて、どうしても買いたい、ターゲットカンパニーが非常に苦境に陥っているからいまがチャンスで、とにかくどんな手を使ってもどんなに時間がかかっても苦労しても買いたい、ということは通常はありません。徹底的に経済合理性と効率性を考えるので、無駄な時間は使わない。限られた時間・コストのなかで、できる限り効率的に、わかる範囲でその会社を調べます。

　買収契約では、デューディリジェンス等によりわかった範囲での情報を買収契約のなかに反映させていきます。対象会社を調べれば調べるほど問題が出てくる可能性は増すわけだから、隠れた債務や瑕疵等が見つかるかもしれません。近時、東芝がウェスチングハウスを買収したとき、もっとよく調べていればあんなことにはなっていなかったかもしれないとよくいわれました。

　しかし、ビジネスは時間が勝負です。場合によっては、ビッドという、競りの手続でM&Aが行われます。特に、最近はPE（プライベートエクイティ）ファンドがターゲットカンパニーを所有していることが多くて、その株式を

売却してexit（イグジット）しようというときには、買主候補として、他の
ファンドが出てくる場合も、事業会社が出てくる場合もあります。ただ、売
主は、ビッドプロセスでより高く、よりよい条件のところに売ろうとしま
す。その際、買主候補に時間がないときには2、3日間しかデューディリ
ジェンスができないということもあります。なぜもっとよく調べなかったん
だというようなこともありますが、このような状況では、時間も限られ、も
ちろん人的リソースも限られている。弁護士や会計士や税理士、あるいは他
の分野の専門家、たとえば環境問題の専門家、不動産の専門家をより多く使
えば、もっと調べられるかもしれない。しかし、それだけのリソースを使っ
てコストパフォーマンスがいいかといえば、わかりません。また、PEファ
ンドが売主になる場合には、プロセスが事前に決まっていて、たとえば3日
間でここにある資料だけ調べてください、それで文句がある人はもう買わな
くてもいいです、というような状況であれば、決められたこと以外はできな
いわけです。

　次に、売主、買主、対象企業、それぞれ有しているインセンティブは違い
ます。売主のインセンティブは、なるべく高く売りたいというものです。こ
れは当たり前の話ですね。また、価格だけではありません。なるべく、後で
買主から責任を追及されたくないというインセンティブもあります。先ほ
ど、PEファンドが、自分が所有している対象企業の株式を売却してexitする
ためにビッドにかけるという話をしましたけれども、この際に、価格だけで
はなく、どういう条件で買主候補は買おうとしているのかという契約条件を
マークアップしてくれと要求されます。マークアップというのは、売主がま
ず契約書ひな型になるドラフトを提示して、買主候補が（ビッド価格ととも
に）こういう条件で買いますということを買収契約に対して修正コメントを
入れてくるものです。極論すると、PEファンドは全然責任を負いたくない
から、まずM&A取引がクローズ（完了）した後に売主がほとんど責任を負
わないような契約書をひな型として、買主候補に提示します。

　逆に、買主は、なるべく安く買いたいというのは当たり前ですが、対象企

業に何か問題があるとわかったときには売主に責任を追及したいというのが、インセンティブとしてあります。デューディリジェンスさせたんだから後で文句いうな、と売主にいわれても、3日間しか調べる期間がなかったとしたら、すべての問題点を調べ切れないわけです。だから、クロージング後に何か偶発債務、あるいは隠れた瑕疵等が出てきたときに、売主に対して、開示された対象会社の財務諸表にはそんなことは書いていなかったと主張して、損害を補償（indemnify）するよう売主に求めたいわけです。ところが、先ほどいいましたが、逆に売主側はなるべく責任を負いたくないのです。高く売りたいし、責任を後で追及されたくない。これが売主のインセンティブ。買主は、なるべく安く買いたい、それから後で何か問題があったときに売主に責任を追及したい、これが買主のインセンティブ。したがって、売主と買主の利益は完全に相反しているわけです。

　Win-Win（ウィンウィン）ということをよくいいますけれども、M&A取引では、買主と売主の立場は完全にZero sum（ゼロサム）です。対象企業の企業価値評価は、それをバリュエーション（企業価値の算定）する証券会社、投資銀行、あるいはバリュエーションファームが行います。相続税基本通達等の日本の伝統的な考え方によれば、たとえば配当還元方式や純資産方式など、企業価値を算定する方法にはいろいろありますが、これらはM&Aの世界ではいわばまやかしです。本当に真の企業価値がわかるのは神様しかいないのであり、人によってやり方を変えれば企業価値はいくらでも変わるわけです。そこで現在、世界中でよく用いられる方法は、DCF法一本で算定するか、DCFに加えて他の企業価値の算定方法を若干組み合わせて、たとえばDCFは50％にして配当還元方式や純資産方式をおのおの25％入れるなど、もっともらしく（plausible）みえるようにして、企業価値を算定します。

　他方、上場企業の場合は、その会社の市場株価が一応の目安です。しかし、市場株価がその企業の価値を表しているものとして本当に正しいかといえば、心許ないでしょう。市場株価は単に市場における需給関係で決まるものだから、マーケットの環境によっても変わってしまいます。たとえばリー

マンショックのようなことが起こったときに、リーマン・ブラザーズと全然関係ないビジネスをやっている企業の株価が下がったからといって本当にその企業の企業価値が下がっているかというと、そんなことはないでしょう。

　だから、本当の企業価値は誰にもわからないのです。わからないのだけれども、M&A取引においては企業を売買するものだから、売主は高く売りたい、買主は安く買いたいと考えている。また、買主の担当者は、担当した取引を失敗だといいたくないから、後でシナジー効果が現れて、このM&A取引は成功だといいたがる。一般的には、統合した後に株価が上がれば、それはいいM&Aだと評価されるわけです。これに対して、株価だけではなくて、買収した会社ののれんの減損を出すとM&Aは失敗だといわれるのです。しかし、もしかすると、その5年後、10年後に、買収した会社の企業価値は、またあらためて高く評価されるかもしれないのです。

　日本にブリヂストンというタイヤメーカーがありますが、数十年前にファイヤーストーンという米国の巨大タイヤメーカーを買収したときに、そのM&A取引は大失敗だといわれたのです。買収した後、ファイヤーストーンでいろいろな訴訟が起きて、ブリヂストンはなぜあんな会社を買ったんだといわれて世間から叩かれたのです。当時は、IFRSや、現在の会計基準に基づくのれんの減損はなかったのですが、非常に悪く評価されました。しかし、いまはそんなことを誰もいいません。ブリヂストンはファイヤーストーンを買って本当によかった、買収によってグローバル企業になって、米国市場を席巻することができたといわれます。ですから、どのような時間軸でみるかは非常にむずかしいのです。

　何をいいたいかというと、M&A取引は、いわばタヌキとキツネのばかしあいで、結局はゼロサムの利益関係にあるから、買主が得していれば売主は損しているのです。売主が得していれば、買主は損しているのです。他方、時間軸を考えると、どちらが得したのかは本当にはわからないということです。

　売主と買主のインセンティブは、以上のとおりですが、では、対象会社の

インセンティブは何か。その対象企業自体が長い歴史をもっていて、組織や従業員数でそれなりの規模をもっている場合、なるべく雇用を維持してほしいという希望はしばしばあります。さらに、経営陣自身の関心として、買収された後に、買主から、かつて対象企業において生じた過去の問題を責任追及されたくない、しないでほしいというインセンティブがあります。

　雇用に関して一言いうと、日本では、厳しい労働基準法により簡単には従業員を解雇することができません。日本だけではなくて、解雇するのがむずかしい国は欧州にも結構あります。比較の問題ですが、米国は非常に簡単に解雇できます。もちろん、特別な契約を結んでいる場合は別ですが、それがない限りは、米国のマーケットでは従業員の首を切るのは簡単です。ですから、コスト・シナジーを上げるために、米国では、普通は、M&Aの完了後に従業員の解雇をしばしば行います。それは簡単にコストを削減するためです。

　ところが、日本ではこれはできないのです。買収した後には、統合体としては余剰人員が多いわけですから、買手としては要らない人員は本当は解雇したいのです。しかし、これは日本ではなかなか合わない考え方かもしれません。容易には解雇もできないし、支配権市場という考え方も希薄だし、もともと日本の風土に合っていない取引といえるかもしれません。

　しかし、日本企業が現在置かれている立場、つまり、グローバルな経済になって、市場もどんどんオープンになってきて、コーポレートガバナンス・コードやスチュワードシップ・コードができて、海外IRに行ったら、われわれもグローバルななかで頑張っている企業だから、皆さん、われわれの会社に投資してくださいということをいわなければいけない状況になりました。しかも、日本国内のマーケットはシュリンクして、人口は減少し高齢化しているため、外国に出ていかないと企業価値が増えないということになって、米国の企業と同じようなルールを当てはめられることになったわけです。

　ところが、日本国内で、株主の利益を最大にします、株主の利益を第一に

考えますということを声高にいってきた企業がどれだけあったのでしょうか。それよりは、企業は従業員のためにもある、取引先のためにもある、ステークホルダー皆のためにわれわれは頑張っていますというほうが、日本では格好よく聞こえるのですね。だから、その部分においては、海外M&Aのなかの企業と日本の企業とは、意識に明確に乖離があったし、法制度のなかでも違いがあるのです。

しかし、日本企業も、グローバルスタンダードに合わせなければならなくなってきました。だから、海外、特にアングロサクソンのマーケットにおけるM&Aのことを、学ばなければいけないと考えてきたし、それをみようみまねでも一生懸命やりながらここまできたというのが、いまの日本のM&Aの歴史だと思います。失敗も多いですし、これからも失敗もあるでしょう。場合によっては日本の法制度、それから社会の仕組みを変えなければいけない。日本におけるM&Aの歴史をみていくと、このようなこともわかるのではないかと思います。

(2) 買収契約

M&A契約、Merger Agreementは、たとえば米国的な契約だと、何百ページというボリュームになることが多いです。日本では昔は、M&A契約で2ページとか3ページとか、短い契約が主流だったのです。それでもいまは、日本のM&A取引、日本企業同士のM&A取引でも何十ページにもなる契約が増えています。

ところで、M&A取引契約のなかには、簡単にいうと、大きく分けて2種類の契約規定があるということをお伝えしたいと思います。

1つはプライシング（Pricing）に関する規定で、要するに、対象企業（の株式）をいくらで買うか、あるいはいくらで売るかということを定める規定です。これは「決め」の問題で、そのもとにはバリュエーションがあって、いくらでターゲットカンパニーを売主は売りたいか、買主としては買いたいかというのは、それぞれにアドバイザーがいて、あるいは自社でターゲット

カンパニーの評価をして、その企業価値を算定して、ではいくらで買います、売りますという判断を行います。買主と売主が交渉して最終的に合意に達すれば、たとえば１株当り1,500円で買いましょう、全体で2,500億円で買いましょうというかたちに決まるわけです。この内容は当然契約規定に書かなければいけない。これがプライシング（Pricing）の規定です。

　M&A取引が外部に公表されたときに目立つのは、いくらで売った、買ったという点です。たとえば武田によるシャイアーの買取金額は約７兆円です。日本のM&A史上、簡単に企業価値だけをみると、いちばん高い取引だといわれています。他方、M&Aにはいろいろなかたちがあるから、株式譲渡だけではなくて、経営統合・合併というかたちでM&Aを行う案件もあるので、たとえば銀行同士の経営統合や生命保険会社の買収など、資産規模にすると何十兆円というレベルのものもあります。私は規模の結構大きい金融機関のM&A取引に関与させてもらったため、７兆円という金額がものすごい金額だとは思いませんが、株式譲渡というかたちで行っている取引で、日本企業の関与したもののなかでは、多分今回の武田・シャイアー案件が金額的にいちばん高い金額だと思います。

　マーケットでは「メガディール」という言葉をよく使うのですが、いま、世界でM&Aのメガディールは、円でいうと兆単位です。昔は何千億円単位でした。ドルでいうと１ビリオンが、いま１ドル110円ぐらいだから1,100億円でしょう。だから、そのもう１桁上、兆単位が、現在では世界でメガディールといわれている取引です。

　ところが、経営統合を除いてしまうと、日本でメガディールという取引はあまり存在しません。ベインなどが組成したコンソーシアムが東芝を買った金額が約２兆円、ソフトバンクがアームというイギリスの半導体会社を買った金額が３兆円ぐらい、それから、５年ぐらい前にサントリーがビームという世界的な飲料メーカー、ウイスキーとかワイン等の事業をもっていますけれども、ビームを買った金額が１兆7,000億円ぐらい。これぐらいが、日本で過去メガディールといわれるものです。

世界にはメガディールは多数あり、米国のマーケットでは、年間何十件と
あるし、21世紀になってから、中国の企業が世界のM&Aプレーヤーの主流
になっていて、中国企業関連では何兆円レベルのディールはたくさんありま
す。とても残念ですが、20世紀までは日本企業はM&Aの世界でもメジャー
プレーヤーだったのですが、21世紀に入ると欧州の一部と米国と中国が、世
界でメガディールを行っている中心です。その状況のなかで、武田がシャイ
アーを買ったというのは、意義深いことで、そういう取引が出てくると、日
本企業は横並び意識が強いから、みんなで渡れば怖くないではないですが、
これからメガディールも徐々に増えてくるのではないかと思います。
　いくらで買うと規定している条項がプライシング（Pricing）の規定だとい
いましたが、こういう意味でとても目立つ規定だといえます。
　これに対して、数百ページの契約でも何十ページの契約でも、分量にした
ら、8割、いや9割以上かもしれませんが、大半の契約書の規定の大部分を
占めるのが、2番目の種類の規定です。それは、「Allotment of Risks」、リ
スクの分担に関する規定です。要するに、売主と買主のどちらがどのように
リスクを分担するのかを規定する条項です。たとえば新聞にも最近よく出て
きますが、表明保証規定というものがあります。
　これは、買収契約のなかで、売主が対象企業を売るときに、買主に対し
て、こういうことを表明して保証しますという規定で、対象企業について、
たとえば訴訟の有無について、この対象企業（ターゲットカンパニー）には
係属中の訴訟がありませんとか、現在続いている労働紛争はありませんと
か、いろいろな対象企業についての事柄の事実を述べる規定です。そのなか
に、たとえば売主側から買主側にデューディリジェンスのなかでお渡しした
財務諸表、計算書類になんら間違いはありませんとか、対象企業が負ってい
る債務と責任はすべて、お渡しした財務諸表に書かれていますとか、こうい
うことを表明保証するものです。
　どういう意味があるかというと、その表明保証規定があると、買主がこの
M&A取引を完了したときに、買収対価を売主に払って対象企業のコント

ロール権が移りますが、買収した後に、実際には売主から表明保証されたことと違うことがあったとします。たとえば、隠れた瑕疵はありませんといっていたのが、隠れた瑕疵があった、オフバランスシートの債務はありませんといっていたのが、存在していた、責任があったという事例では、たとえば、その企業を1,000億円で買ったとして、100億円の隠れた債務（contingent liabilities）、偶発債務があったならば、企業価値は1,000億円から100億円下がってしまうわけです。つまり買主としては、そのままでは100億円損するわけですね。それで放っておいていいかというと、それでは困るわけです。バリュエーションをして、あるいは契約交渉してせっかく合意したところなのに、実は合意するもとになっている対象企業についての情報が、売主から聞いたものと違っていた。それによって100億円損したのなら、買主としては当然、売主から100億円返してほしいわけです。

　対象企業についてなんら隠れた瑕疵はありませんと表明保証していて、実はそれがあったということになれば、売主がした表明保証を信じて買主がこの取引を行って、つまりお金を払って、その後、損したことについてはきちんと補償してくださいという規定を置くのが普通です。これを補償（Indemnification）規定といいますが、そういう規定の構成になっているのです。

　その表明保証規定も補償規定も、リスクの分担に関する規定です。つまり、なんらかの問題が生じたときに、あるいはなんらかの問題が発見されたときに、売主側と買主側のどちらがどのようにそのリスクを分担するのかにかかわる規定であり、これがM&A取引契約のなかのほとんどを占めているのです。

　売主と買主の利害関係はゼロサムだから、完全に利益相反です。売主を後で追及できないのであれば、買主は我慢しなければいけないということになります。でも、もし買主は、それではだめだ、問題が起きたときには売主にきちんとリスクをとってもらいたいということであれば、売主に補償責任を負ってもらわなければならないわけです。コインの裏表というか、どっちが得してどっちが損するかというのと同じです。このようなリスク分担の定め

が、M&A取引契約中の規定のほとんどを占めているのです。つまり、M&A契約の大部分は、売主と買主のどちらがリスクをとるかということに関する規定なのです。

M&Aには、株式譲渡契約だとか合併だとかいろいろな契約の種類がありますが、ほとんどの規定が売主と買主のどちらがどのようにリスクをとるのかを定めている規定です。

(3) コーポレートファイナンス理論をベースに考える

次に、同じ対象企業を買収するために、株式譲渡契約による場合と第三者割当増資で買う場合と、どちらの方式が安いでしょうかという話をします。

私は、以前、京都の日本電産の社外取締役をやっていましたが、仮に皆さんが日本電産のCFOだとします。永守さんがCEOで皆さんがCFOで、皆さんご存じのように、日本電産はM&A取引をしばしば行う会社です。ある対象会社を買収するのに、永守さんが、CFOである皆さんに、「おまえ、この会社買うのに株式譲渡でやるのがええんか、第三者割当増資で買うのがええんか、どっちがお得なんや」と質問されたときに、CFOである皆さんは答えられなければいけません。

株式譲渡による方式は簡単で、仮に売主が100％もっているターゲットカンパニーの株式を、売主が買主に売りましょうという例を考えてみましょう。これが株式譲渡契約という方式です。この売主が100％保有している株式のうちの51％を売主が買主に売るという契約を考えます。51％というのは、M&A取引というのは経営権の移動を伴う取引なので、当初は100％売主がターゲットカンパニーのコントロール権をもっているところ、買主は51％買わないと対象会社のコントロール権をとれないのです。厳密にいうと、50.1％とか50.01％になります。要するに過半数をとらないといけない。

このときに、仮にターゲットカンパニーの企業価値が1,000だとします。また、実際にはそんな会社はないけれども、発行済株式総数が1,000株だとします。そうすると、50.1％買うとすれば、501株買うことになるわけです。

ここで、実際には株式の対価として買主が支払うものにはプレミアム（割増金）がつきますが、いまはこれがないと仮定します。すると、企業価値1,000の会社の株式を50.1％買うときには、501の対価が必要になります。

これに対して、第三者割当増資というのは、先ほどお話しした30年前に、外国企業が初めて東証１部上場企業の買収を行った、山水電気の買収のときに使った方式です。売主が仮に対象企業の株式を100％もっているとして、買主は、売主からその保有する株式を譲渡されるのではなくて、対象企業から新株を発行してもらって、その対価として買主は資本を入れます。その結果、買主がターゲットカンパニーの50.1％の発行済株式を保有することになる取引です。こういう取引を第三者割当増資といいます。正確には、新株発行に基づく第三者割当増資による買収といいます。先ほどの永守CEOの質問というのは、同じターゲットカンパニーを買収しようとするのに、この株式譲渡方式で買収するのと、第三者割当方式で買収するのと、買手にとってはどちらがお得かという問題です。

この分析を行うために用いるものが、コーポレートファイナンスの理論です。これができないと、M&A取引のなかではプライシング（Pricing）、あるいは企業価値の評価に関する判断ができません。

だから、皆さんが日本電産のCFOだったら、永守さんにどっちが得なんやといわれたときに答えられないといけないということです。これが、M&Aの実務でやっていることです。

(4)　法律面でのM&A取引の日米比較

先ほど、M&A取引のマーケットが日本と米国は違うといいましたが、日本と米国はM&A取引に関連する会社に関する法律も違うのです。この点を正面からいう人が、これまで、法律学者も、あるいは弁護士もあまりいませんでした。

米国は、会社法というのは国（連邦）の法律ではなく、50州それぞれが会社法の規定をもっていて、それぞれの州法によって会社法が違います。

ニューヨーク州、カリフォルニア州、みんな会社法が違うのです。そのなかに、米国の上場企業の６割、７割が設立の準拠法にしているといわれるデラウェア州法というのがあります。デラウェア州は、ニューヨークからみると少し南、ワシントンDCからみるとやや北のところにあります。デラウェア州の会社法はとても合理的で明確で、かつ裁判になったときに、デラウェア州の裁判所は非常にスピーディーに、かつ明確な、合理的な判断をしてくれるから、上場企業の多くは設立準拠法として選んでいるわけです。

　ちなみに、私はこれまで米国の上場企業を買収するお手伝いを何回かしてきましたが、M&A取引が成立すると必ず訴訟が起きます。米国では、M&A取引が失敗したからではなくて、良いM&A取引だと評価される場合でも必ず訴訟が起きます。訴訟が起きること自体はなんの問題もないというか、なんの特別なことでもないのです。クロージングを迎えたら必ず訴訟が起きます。むしろ、M&A取引を対外的に発表したら必ず訴訟が起きるといったほうが正しいかもしれません。

　これに対して、日本の場合は、ほとんど訴訟は起きません。それこそ議論があった取引で、たとえばニッポン放送事件や、それから私が買収防衛を担当したブルドックソース事件では、買収を防がれた側、拒まれた側が、買収防衛策に対して、それは違法だといって差止めの仮処分を起こしはしましたが、一般の株主や投資家は訴訟を提起しませんでした。いわんや普通のM&A取引では、クローズしたときに株主なり投資家が訴訟を起こすということは、日本ではほとんどありません。ところが、米国では、ほぼ100％、訴訟が提起されます。

　というのは、マーケットが違うということもありますが、重要なのは、法律が違うからなのです。

　日本では、1995年に大和銀行のニューヨーク支店巨額損失事件が起きて、株主代表訴訟が提起されました。当時のニューヨーク支店の担当だった副頭取以下に対して、大阪地裁から八百何十億円もの損害賠償命令判決が出たケースです。この事件以来日本の上場企業の役員は、代表訴訟のことを恐れ

るようになりました。特に金融機関は、何か取引をするときは必ず弁護士に法律意見書をもらって、問題はないということを確認してもらうようになりました。弁護士から法律意見書をもらうことは意味がないわけではないですが、日本の上場企業の役員は代表訴訟をものすごく恐れています。代表訴訟においては、取締役が負っている善管注意義務という会社法上の義務に違反した場合に負けるのです。大和銀行の副頭取は、善管注意義務違反だと判断されて負けたわけです。

　ところが、日本の株主代表訴訟で上場企業の役員が負けた例では、すべて、被告の取締役が何かしら違法行為をしていたという事例です。日産自動車の関連では、カルロス・ゴーン氏が、もし、有価証券虚偽記載罪か特別背任か横領をしていたのであれば、当然ながら代表訴訟で負けるわけです。もし会社の財産を私利私欲に使っていたら、善管注意義務違反で会社に損害を与えたということで負けるのです。

　しかし、経営判断が間違っていた、なぜこんなM&A取引を行ったのか、こんな企業になんでこんな高い対価を出したのかということで代表訴訟を起こされて、負けた例は日本では１件もないのです。これに対して、米国では数多くあります。つまり、日本の裁判所は、上場企業の役員の経営判断を（簡単に）ひっくり返さないということです。米国ではひっくり返す例もかなり存在します。その点がまず違います。

　それから、いま、日本では、上場企業の役員が善管注意義務違反に基づく株主代表訴訟のことを恐れすぎだといいました。全然負けないのだから、違法行為をしていなければ、会社の金に手をつけなければ負けないのです。だから、怖がり過ぎだと私は思いますが、米国ではそんな悠長なことはいえません。というのは、日本にはない義務が米国にあるからです。

　それは、聞いたことがある人も多いと思いますが、フィデューシャリー・デューティー（fiduciary duty）というものです。日本では「信認義務」と法律家は訳します。基本的には、信託に基づく受託者、信託を受けた人の責任ですが、会社法上、英米では経営者、つまり取締役だけではなくて、社長や

執行役員のことをいいますが、その経営陣は株主からその会社の経営を付託されたので、英米では、信託を受けたと同じように考えるのです。だから、英米の経営者は、フィデューシャリー・デューティー、信認義務を、株主に対して直接負っているのです。

ところが、日本では、経営陣には、この信認義務はないのです。先ほどいった、ほかの分野ではあるというのは、たとえばファンドやアセットマネジメント会社が投資家からお金を投資してもらって、それを運用するビジネスを行っていますが、その人たちは、お金を投資してくれた人に対してフィデューシャリー・デューティーを負っているのです。いま、金融庁は、日本の金融機関、銀行も証券会社も含めてですが、特に顧客からお金を預かって運用している人たちに対するフィデューシャリー・デューティーが十分に果たされていないといって、厳しく対応しています。

英米法では、金融機関だけではなくて、一般の事業会社ですら、取締役、経営者にはこのフィデューシャリー・デューティーがあるのです。日本と同じ善管注意義務だけではなくて、株主に対して直接この義務を負っているものだから、たとえば会社がM&A取引を行って株主が損をした場合、たとえばM&A取引をして会社の株価が大きく下がってしまった場合を考えます。経営者がM&A取引をして、高値づかみをしてしまったとマーケットに評価されると、会社の株価は下がります。そうすると、米国では、株主は、その会社の経営者の経営判断が悪いといって、つまりフィデューシャリー・デューティー違反だといって、訴えるのです。日本にはこのような訴訟はないのです。

日本では、金融商品取引法という証券取引規制に関する法律があります。カルロス・ゴーン氏が逮捕されたように、いろいろな証券取引に関する規制が規定されていて、そのなかには経営者が負っているものもあります。ゴーン氏も、有価証券報告書虚偽記載という、正しい内容を会社の有価証券報告書に書かなければいけないのに、自分の報酬を適切に書かなかったといって、逮捕されたわけです。そういう議論はあるのだけれども、フィデュー

シャリー・デューティーはないのです。

　フィデューシャリー・デューティーは、米国の各州の会社法のなかに規定されています。デラウェア州、ニューヨーク州、カリフォルニア州、イリノイ州等の州の会社法にフィデューシャリー・デューティーが規定されています。英国法系の国もそうです。信認義務を株主に対する直接の義務として負っていて、株主に損害を与えてはいけないという義務を経営者はもっています。

　だから、不合理なM&A取引を行うと、株主が自分が保有している株の価値が下がったといって経営者は株主から訴えられてしまいます。高値づかみのM&A取引をしたら、会社の企業価値の評価が下がって、当然株価も下がります。会社にとっても損害がある場合には代表訴訟が問題になりますが、日本ではほとんど負けない一方、米国では負けてしまうということがあります。このようにそもそも法制度が全然違います。

　これに関連して、ニッポン放送事件が起きたのは2005年です。フジメディアホールディングスがニッポン放送の実質親会社だったのですが、ニッポン放送はフジテレビの株も保有していたので、それをホリエモン（堀江貴文氏）はねらってニッポン放送を買収しようとしたのです。かなり省略しますと、まず、フジテレビが、ニッポン放送を完全子会社化しようとしてTOBを始めました。その株価、仮に4,000円だったとしましょう。ホリエモンは、ニッポン放送がフジテレビの株を二十数パーセント保有していたから、実はそっちをねらっていて、つまりフジテレビのことを買収したくて、ニッポン放送株式を買ったのです。いまの法律ではできないけれども、一挙に35%のニッポン放送の株式をマーケットで拾ったのです。その時のマーケットでの株価は、ホリエモンが35%買ったということで上がり、5,000円ぐらいになりました。ニッポン放送の経営陣は、ホリエモンに買収されるのは反対ですから、フジテレビのTOBに賛成したのです。

　しかし、米国では、このような行為は許されません。米国では、自分の会社を1株4,000円で買おうとしているフジテレビと、5,000円で買おうとして

いるホリエモンがいたら、会社の経営陣は、ホリエモンのほうに賛成しなければいけないのです。これがレブロン（Revlon）義務というものです。

　それはなぜかというと、皆さんがもしニッポン放送の株主だったとしたらどう思いますか。フジテレビは4,000円で皆さんのもっている株を買おうとしています。ホリエモンは5,000円で買おうとしています。皆さんはどっちに売りたいですか。当然の事ながら、5,000円で買うという買主のほうに売りたいでしょう。にもかかわらず、ニッポン放送の社長は、株主の皆さん、フジテレビのほうに売ってくださいといったのです。

　実際に、この案件は株主代表訴訟になりました。あまり有名ではないのですが、東京ガスは、ホリエモンにマーケットで売れば5,000円で売れたのに、4,000円で買うといっていたフジテレビのTOBに応じたのです。怒ったのは東京ガスの株主です。会社の貴重な財産であるニッポン放送の株を、高く買ってくれるホリエモンのほうに売らないで、なぜ安いTOB価格しかつけていないフジテレビに売ったのだといって、株主代表訴訟を起こしたのです。この件で、東京地方裁判所は、東京ガスの取締役を負けさせなかった。その理屈は、東京ガスにとって、フジテレビ、あるいはフジサンケイグループは大口顧客だから、フジテレビに売らないで、ホリエモンに売ってしまうと、東京ガスの今後のビジネスの展開がむずかしくなるから、フジテレビに売ったのは、総合的なことを考えて善管注意義務違反にはならないといって棄却したんです。皆さんは日本の裁判所は甘いと思わないですか。米国だったらありえないと思います。

　それはなぜかというと、米国では、基本的に、高く会社を買える人は、それだけ経営力が高いという考え方があるからです。何百億円、何千億円も出してこの会社の支配権を買おうとするのに、本当に経営力のない人はそれだけの金額を出せない。その人が大金持ちかどうかはわかりませんが、買取金額として何千億円も出すときには、必ずファイナンスするわけです。そのときに、金融機関は、この人に本当に経営する力があるかどうかをしっかりとみています。それだけの金額を出せると金融機関からも評価された人が買

うのであれば、その人がそれだけの価値を見出して、経営力を発揮して、企業価値を上げられると思うから高い価格を出せる、このように米国では考えるのです。したがって、5,000円の買取価格をつける人に賛成しなければいけないのです。これに対して、日本では、フジテレビのほうに賛成するわけです。

　結果的に、ニッポン放送が使った買収防衛策（新株予約権の発行）は、裁判で違法とされて差止命令が出されましたが、その後、ホリエモンとうまく和解して、また、ホリエモンが逮捕されたのでニッポン放送もフジテレビも買収されないですみました。これがそのときの日本のマーケットでの帰結です。

　その後、コーポレートガバナンス・コードやスチュワードシップ・コードが出て、日本の資本市場も徐々に変わってきているというのがいまの状況です。

⑸　クロスボーダーM&A

　巨額の4,000億円を減損したのでマーケットでは評判が悪いM&A取引ですが、日本郵便がトール（Toll）というオーストラリアの上場会社を買収したディールにおいて、私は日本郵便側のリード・カウンセルでした。この対象会社は、いわゆるロジスティクス・ビジネスの会社で、パンパシフィック（環太平洋）でロジスティクスのビジネスを展開している会社です。ロジスティクスというのは、たとえばフェデラル・エクスプレス（フェデックス）等の会社です。

　このM&A取引の基本的なモデルになったのは、ドイチェポストというドイツの郵便局の会社が、フェデックスを買収した取引です。買収後、ドイチェポストの評価が上がったため、それを真似て日本郵政の子会社である日本郵便が買収したのです。郵便局とロジスティクスというのは、ドイチェポストとフェデックスのようにすごく親和性があって、シナジーも上げやすいということで、日本郵便がこのM&A取引を発表したときには市場でもとて

も評価が高かったのです。けれども、買収したターゲットカンパニーのトールが突然業績が悪くなり、また、若干高い買収価格でもあったので、7,000億円ぐらいで買ったのですが、翌期に約4,000億円減損してしまって、いまだに日本企業の高値づかみの失敗M&A取引として、東芝によるウェスチングハウスの買収と一緒に失敗だったとよくいわれます。関与させていただいたロイヤーとしては内心忸怩たるものがあるのですが、M&A取引のねらいとしては悪くなかったと思うのです。上場企業の株価には買取プレミアム（premium）をある程度つけないと買収できないので、上場企業だからTOBによるのですが、TOBプレミアムとしては、オーストラリアの証券取引所でついていたトールの株価の大体50％くらいのプレミアムをつけたのです。これは、同社の将来性、成長性を考えて評価したものです。

　また、オーストラリアは、英国法系の国で、もともと英国連邦ですから英国の法律に由来しています。英国には、スキーム・オブ・アレンジメント（scheme of arrangement）という特殊な制度があります。日本や米国において公開買付け（TOB）で株式を買う場合には、TOB自体によって100％買収するということはできません。いくら高い公開買付価格をつけても、絶対売らない人がいるし、たんす株になっている株主もいて、100％TOBで集まるということはありえないのです。しかし、英国法系の国では、裁判所に対して、この公開買付けは公正な取引で株主にとってもフェア、合理的ですと証明して、裁判所が認可を与えると、TOBでも100％買収できてしまうのです。裁判所が関与しているからという特別な制度です。この制度を活用し日本郵便はトールをTOBで100％買収して、早く統合してシナジー効果を上げようと思った矢先に、その会社の業績が急激に悪化して、のれん代を巨額に減損させられたというわけです。

　かつては、M&A取引はなかなか成功しない取引というので有名だったのですが、日本電産の永守CEOのようにM&Aは連戦連勝の人もいるし、失敗するとのれん代の巨額な損失を計上しなければいけない場合もあります。損失といってものれん代の減損だから、株式価値がなくなってしまうわけでも

ないですが、買取価格として払っただけの価値はないといわれて厳しく評価されます。企業価値評価というのは非常にむずかしいのです。また、買収するためには、上場会社であれば上場株価にある程度プレミアムをつけないと買収できないため、上場株価が相応の価格になっているとそれなりに高い金額を払わなければならず、大変にむずかしいところです。

⑹　PMIの問題

　買収した後、買収した企業を統合するPost Merger Integration（PMI）が上手といわれている日本たばこ（JT）は、海外で大きなディールを何件も実行していて、全世界でたばこの会社としては（何の尺度によるかによりますが）2位か3位ぐらいになっています。JTの本社は日本ですが、JTインターナショナルという統括会社をスイスに置いていて、グローバルな経営をJTインターナショナルで行っている。それがJTのPMIの優れたところだとよくいわれます。他方、そういうことを日本企業はなかなかできないのです。

　そもそも、日本郵便は郵便局だから、一般的なビジネスでM&Aをやること自体も初めてでしたし、ましてや海外のビジネスは知らないわけですから、むずかしいとは思います。ただ、周りに優秀なアドバイザーがいて、日本郵便もトールを買収した後に、そういうアドバイザーの助けも得ながら、あるいは限られた人材だったかもしれないですが、社内でそういうことができる人を派遣して、トールとの経営統合をうまく果たして企業価値を上げようと努力はされたのですが、むずかしかったということです。

　それから、高値づかみの点については、そうならざるをえない理由があります。先ほどのレブロン義務に関係しますが、たとえば米国のマーケットで上場企業を買収しようとする場合には、米国の企業は、別にホリエモンが来たから反対だということはなくて、むしろウェルカムで、高く買ってくれるんだったらいいという企業が多いのです。

　もちろん米国でも敵対的な買収に対する反発はあって、それに対する防衛策もありますが、基本的に文句がつけられないような会社が買いに来たときに

は、ウェルカムだといって、そのかわり、高く買ってくれと経営者が買主にいうのです。

それは、株主に対するフィデューシャリー・デューティーをターゲットカンパニーの経営者は負っているものだから、高く売らないといけないからです。なぜ高く売らなかったんだと株主に訴えられてしまうのです。米国のマーケットでは典型的なことです。武田・シャイアーのM&A取引も同じで、シャイアーも最初は、武田が買収のオファーをしたときに、武田がだめというわけではないが提案された買収価格が安いといったのです。英米法の国では、皆、価格を上げてくれないとだめだ、うちの企業価値はそんな安いものではないといいます。

たとえば、マーケットで100ドルの株価がついているとして、プレミアムを20％載せて120ドルで買うといったときに、「120ドルじゃ安いよ、うちの企業価値はもっと高いよ」というのです。マーケットでは100ドルの株価しかついていないが、それはマーケットでついている金額であって、自分たちの企業の本当の価値、intrinsic valueといいますが、本質的な価値は150ドルあるんだというのです。具体的な数字をいってしまうとそれで上限が決まってしまうから、単純に「もっと高い」というのです。「君がいった120ドルじゃないんだ、もっと高く上げてくれないと賛成できない、高い価格をつけてくれたら賛成するよ」という対応をするのです。

武田は、結局、7回くらいオファーを変えました。そのうち株価を変えたのは5回くらいだったと思いますが、結局そうやってどんどん上げざるをえなくなっていく。さらに、武田の場合も、最初はシャイアーを買いたいという競合企業がいくつかあって、武田が120ドルをつけた後、別の中国企業が130ドルつけたとすると、ほかに高い価格をつけたところがあるよとターゲットカンパニーの経営者が武田にいうわけです。そうすると、武田としては、買収するためにはもっと高くしないといけなくなります。それはさっきいった法制度上、ターゲットカンパニーの経営者は高く買収してくれるところに売らないといけないから、高い価格にしてくれないと賛成できないとい

うわけです。

　私が経験したあるM&A取引で、本当にコンペティター（競合者）がいるかどうかはわからないが、対象企業の経営者が、「名前はいえないけれど、おまえのところだけではなくて、他にも買おうといっているところがある」というのです。「そこはいくらだ」というと、「いや、それはいえない」と答えます。どこの国の、何という会社なんだと聞いても、それもいえないというわけです。こちらとしても考えていた上限に近い価格をつけていて、たとえばそれが50ドルだとしますと、最初は35ドルから上げていって、40ドル、45ドル。50ドル近くまで行って、それでもまだターゲットカンパニーの経営者はそれでは安いというわけです。「他にコンペティターがいて、そこはおまえがいっている48ドルよりも高い価格をいっている」と。そこで、買主側としてはどうするか、考えるわけです。どうしても対象企業を欲しいから、価格を50ドルまで上げるか。もともと決めていた上限価格が50ドルだったときに、それでも安いといわれたら、51ドル、52ドル、53ドルまでいくかどうか。

　日本電産の永守CEOは、自分が決めた予算以上には絶対に買収価格を上げないといわれています。私もある件でそういう経験をしました。あともう少しの価格の交渉だけでいけそうだというときに、永守CEOが決めた予算以上には絶対価格を上げないといって降りてしまったのです。かなりの労力を割いてきて、「え、ここまでやってきて」みたいな感じで、周りとしては、「もうちょっとだけ出せば買えるのに、合意できるのに」と思いましたが、決めた予算を少しでも超えるから買わないといって、永守さんは買わない勇気があるのです。

　ところが、他の日本企業は、周りがクロスボーダーM&A取引をたくさんしていて、社長とかCEOから交渉を任されている役員からすると、どうしても買うことが前提になってしまっているから、降りる勇気というのはなかなかないのです。

　それから、会社の経営者側の問題ではないですが、一般論として、アドバ

イザーというのは、そこで降りてしまうよりも、ディールをまとめたいのです。米国の投資銀行や日本の証券会社もそうだと思うけれども、取引が成立すると成功報酬として多額のフィー（手数料）をもらえるのです。ところが、取引がまとまらないとフィーをもらえません。だから、ある意味ではアドバイザーと依頼者というのは利益相反関係があって、本当は依頼者にこんな金額を出させて買うべきではないとわかっていても、フィーが欲しいと思ったらまとめさせてしまうということがあるかもしれない関係にあるのです。

　これに対して、われわれ弁護士はタイムチャージで報酬をもらうから、それは高過ぎる買収価格だと思ったら、「社長、それはやめましょう」といえる勇気はあるのです。本当にそういうかどうかは別ですが。だから、永守CEOのような決断力、決めたことは絶対守る思いがあれば、日本の企業でも高値づかみしないですむのです。

(7)　これからのクロスボーダーM&A

　「慣れ」というのもあって、習うより慣れろかもしれませんが、実務の取引ゆえ、ビギナーズラックはないのです。しかし、ビジネスに失敗はつきものですし、永守さんは連戦連勝だとおっしゃいますが、それは、決断力もある上、数多くの事例を行って慣れもあるところが大きいのだと思います。

　日本企業は日本のマーケットが成熟化してしまって、人口もこれから減少し、高齢化社会でそんなに発展・成長するマーケットではないことは否定しようがない。日本の国内マーケットだけを頼りに日本企業が発展していくのは容易でないことは誰の目にも明らかであり、外のマーケットに出なければいけません。

　日本企業が初期に進出したのが中国です。中国の経済発展をみて、中国マーケットへ行ったのですが、中国でビジネスをやるのはなかなか簡単ではないうえに、中国の景気も非常に変動が大きく、ここでまた痛い目に遭いました。その次に、まあまあうまくいったのが東南アジアです。東南アジアは

成長率が高いから、いまでも東南アジアに進出する企業は増えています。東南アジアには若い国が多くて、急速に経済も成長・発展しているため、日本企業はまだまだ東南アジアには出ていくと思います。

　それから、中国や東南アジアでも失敗する例はありますが、デューディリジェンスをしても、中国企業はよく三重帳簿とか四重帳簿まであるといわれますが、そもそも帳簿というか計算書類、財務諸表がきちんと整理されていない企業もあって、もちろんM&A取引のときには相手方にも会計士、税理士、ファイナンシャル・アドバイザー（FA）がついて、そういう調査の対応はしますが、それで結構痛い目に遭った日本企業も多いです。

　その比較で考えると、米国や欧州のマーケットははるかに信用できるといわれます。欧州や米国の相応の企業は、概して、財務情報はしっかりしていて、そんなにいい加減なことはない。デューディリジェンスをして隠れた瑕疵とか偶発債務、隠れたオフバランスシートの債務に関して、誤解を恐れずにいえば、中国やアジア市場に比べると、はるかに欧州や米国の伝統的な企業は信用ができるといわれます。だから、最近は、日本企業もまた米国や欧州のマーケットに戻っているところがあります。

　まとめると、中国に出るという前に、かつては、最初はM&A取引がやりやすいから、つまりアドバイザーも多く、インフラも多いため、米国市場あるいは欧州市場に行っていた日本企業も、決して数は多くなかったですがそれなりにあったわけです。しかし、中国のマーケットが大きくなるにつれて、将来的なポテンシャリティーを考えて中国へ行って、そして痛い目に遭って、次に、アジアへ行って、アジアはまあまあなのですが、失敗する例もあって、考えてみると「どうかな、米国や欧州のほうが信用できるよな」という感じになっているというのが、最近の状況ではないかと思います。

　だから、日本の企業が過去行ったメガディールは、サントリーのビームの買収は米国と英国の会社ですし、ソフトバンクのアームは英国（アイルランド）の会社、シャイアーもアイルランドの会社です。結果的に日本の企業のメガディールは、欧米のマーケットにおけるM&Aです。

最近はそんな感じで、また米国、欧州に戻ってきているという感じがありますが、でも、やっぱり中国のポテンシャリティーも魅力があるというので、将来はまた中国に戻っていくかもしれません。そういう意味では、日本企業にとって、どこに進出するのが、自社の企業価値を上げていくか、成長戦略にかなうかということを考えるようになったということであり、ようやく日本の企業もグローバルなマーケットで戦うための基本的な視点をもつようになったというのが、現状ではないかと思います。

ディスカッション

(1) クロスボーダーM&Aの落とし穴はどこにあるか

幸田：日本企業のクロスボーダーM&Aの案件が急増しているわけですが、失敗している例も多いと思います。失敗はどこに起因しているのでしょうか。

岩倉：成功したM&Aと失敗したM&Aの線引きはむずかしいと思いますが、たとえばのれん代の巨額な減損が出てしまうとか、対象企業に隠れた瑕疵が後で見つかってしまうと、どうしてもすぐに失敗と思うものです。これらのことが事前にわかっていれば、その買収価格では買わなかったという意味では、これも高値づかみだと問題にされるのかもしれません。

　弁護士である私が申し上げるのには躊躇がありますが、たとえば、日本電産の永守CEOの戦略は、どちらかというとメガディールじゃなくて、中小ディールを数十件実行していらっしゃいます。自分の目線に近いところでやるので、確かによくわかるのだと思います。また、企業価値評価も、「せいぜいこんなもんだろう」とわかっていらっしゃるので、事前に決めた買収額以上は絶対出さないということに確信をもっていらっしゃると思うのです。

幸田：実際に弁護士としてM&Aにかかわっているときには、企業サイドにはプロジェクトチームができていて、そこに対するアドバイスをしていくと思います。企業のなかには法務部があったり、企画部門があったりしますが、プロジェクトチームを組成するにしても、メンバーは各社各様ということになるでしょうか。

岩倉：ケース・バイ・ケースです。クロスボーダーも含めて本当に慣れてい

らっしゃる会社ですと、経営トップも、プロジェクトチームあるいは
M&Aの担当役員に対する信頼も強いです。ただ、日本企業には、
M&Aは初めてとか、まだあまり慣れていないという会社もあります
し、さらに社内では評価が高い方々なんでしょうけれども、M&Aとか
クロスボーダーの取引をよく知らない幹部の方だと、いろいろ教えて差
し上げないとわからないという部分もあります。

　たとえば買収した後の人事制度とか従業員との関係、組合との関係、
あるいは役員の処遇の問題等について、慣れている会社は、買収の計画
を事前に立てるときから、後でこれらが大事な問題になるというのがわ
かっています。ところが、日本企業がクロスボーダーM&Aを行う場合、
たとえば米国だったら、HR（人事）の専門家のファーム、アドバイザー
を最初から雇ったほうが効率的であり、彼らを雇わないといけないとい
うと、「え、そんなアドバイザーまで要るのですか。うちには人事制度
のプロがいますから、不要です」という反応をされることもあります。
米国では制度が違いますからといわないと、「また余計なフィーを払う
んですか」と不満をいう会社もあります。クロスボーダーのM&Aを最
後まで実行した経験がないと、なかなかわからないというところです。

(2)　弁護士としてM&A取引にかかわるうえでの要諦とは

幸田：弁護士としてのM&Aの仕事の要諦は何かというのは、もちろん専門
　　性と経験がまずあるんだろうと思います。いかがですか。

岩倉：企業側からすると、どうやったらうまく弁護士を使えるかと経営者が
　　自分で考えなければいけない経営判断の部分と、弁護士、会計士、税理
　　士、あるいはフィナンシャル・アドバイザー等のアドバイザーにどこま
　　で何をやらせればよいかという部分を経営者がしっかり理解していらっ
　　しゃると、アドバイザーの側も大変やりやすいですね。

　　弁護士も、ある程度経営判断に踏み込むことも、経営者が許してくれ
　　れば喜んでするのですが、法律判断だけアドバイスすればいいといわれ

れば、そこまでにとどまります。しかし、自分の経験からして、ある程度、純粋な法律判断ではないけれどもこうではないですかということをいいたいんだけれども、いえない場合もあります。それは会計士やフィナンシャル・アドバイザーも同じかもしれません。「これは法律判断じゃないかもしれないけれど、あなたならどうしますか」といったことをあえて聞いてくださる経営者の方もいて、そういう方とはやりやすいですね。

　弁護士としてM&Aの要諦というのは、またあえて誤解を恐れずにいえば、体力、気力がないとできないということでしょうか。どんな仕事でも大変だと思うんですけれども、M&A取引では場合によっては、弁護士も本当に24時間、48時間自宅に帰れないこともありますし、またクロスボーダー取引の場合は、会議や交渉が連日深夜早朝に及ぶこともたくさんあるので、（申し上げにくいのですが、事実として）体力のない人は向かないと思いますし、やってやろうという気持ちが必要ですから、気力が大事ですね。

(3)　経営責任としてのフィデューシャリー・デューティー

学生Ａ：講義のなかで、経営者にフィデューシャリー・デューティーがあって、M&Aが失敗して株価が下がると訴訟になるというお話がありました。

　M&A以外にもたとえば、自分のもっている株の価値が下がるような経営判断を経営者がした場合、それはM&A以外でも訴訟になりうるのでしょうか。

岩倉：最終的に裁判所において通るかどうかは別として、経営者が何かの経営判断をした、あるいはしなかったという不作為に対して、株主がフィデューシャリー・デューティー違反だと訴えることは米国ではできます。どのような場合でもできるのですが、M&Aだと訴訟を起こしやすいんです。なぜかというと、こういう取引がありましたと会社が公に発

表するから、原告としてすでに訴える材料がたくさんあるということです。

学生A：もう1点、経営者としての責任を追及するという意味で訴えるんですけれども、たとえば株主総会で経営者を解任するのではなく訴訟を起こすというのは、結局賠償を求める、お金を払わせようとしているということなんですか。

岩倉：答えになっていないかもしれないですが、だから米国の経営者は報酬が高いといわれるわけです。米国の経営者は、訴えられるリスクも高いわけで、その分、報酬も高くなるのです。他方、日本では訴えられないから報酬が安いのかといえば、そこはあまり因果関係はないと思いますが、米国の場合には、報酬が高くなるのは、すばらしい経営をして企業価値を上げたという評価で高くなることもあるだろうけれども、逆に訴えられるリスクもあるので高いのは仕方ないのです。

　あとは、株主が、役員等のフィデューシャリー・デューティーを負った地位にある人に対してどれだけの責任を追及するかの感覚の問題で、米国ではごく普通のことなのですが、日本ではまだまだそんな感覚はないのでしょうね。

⑷　M&Aにおける「情報の非対称性」とは

学生B：M&Aに携わるビジネスというのは、情報の非対称性をフルに活かしたものなのかなと思うんですけれども、一方で、いまはクリエイティビティーだとか、そういう求められる価値というのが変わってきていると思うんです。

　そこで、M&Aに携わる企業の情報の非対称性というものは、今後解消されていくものなのかというところと、もし解消されていくのだとしたら、求められる価値はどのように変遷していくのかという点についてお聞きしたいです。

岩倉：「情報の非対称性」というのは、通常のM&A取引ではあまりいわな

いですね。普通の文脈としては、MBO（マネジメント・バイアウト）取引のときで、PEファンドなどが経営陣と一緒に上場会社を買収して、その対象企業を非上場化して、上場していることにより生ずるコストを下げるとか、意思決定のメカニズムを早くしてリストラクチャリングをして、企業価値を高めて再上場すること等を目指すのがMBOです。経営者は自分の会社だから、情報をたくさんもっているわけです。ところが、保有株をTOBで売ってくれといわれる一般株主は、会社のなかにいないので、ある程度はその会社のことは知っているでしょうけど、経営者ほどには情報がないわけです。そのときに、よく知っている経営者が、よく知らない株主に対してMBOでTOB価格を設定するときに有利な立場にいるので、利益相反関係があって、マネジメントは一般の株主よりも有利で株主が知らないことをつかんでいるというのが「情報の非対称性」の問題です。これが問題になったカネボウ事件やレックスホールディング事件という裁判事件がありまして、一般株主と買収するマネジメントの間の、MBOにおける情報の非対称性の不合理が指摘され、その結果2007年に経済産業省が「MBO指針」を策定しました。現在、経済産業省でこの点がさらに議論されています（筆者注：2019年6月28日、経済産業省は、2007年に策定されたMBO指針を全面改訂し、「公正なM&Aのあり方に関する指針―企業価値の向上と株主利益の確保に向けて―」を公表した）。

企業の成長戦略
―M&Aと事業再編―(1)

一橋大学経営管理研究科教授
田村　俊夫

　初めまして、一橋大学経営管理研究科の田村です。MBAでM&Aを、また学部ではバリュエーションなどの講義を担当しています。

　バリュエーションの主な手法はいろいろあります。今日はそのなかで最も代表的な収益還元法（DCF法）、それと倍率法（マルチプル法）、この２つについて、ハウツーというよりももっと本質的な理解にかかわる部分をご紹介したいと思います。

(1)　DCF法

　DCF法では、毎年企業が生み出すフリーキャッシュフローを予測します。ただし、企業はゴーイングコンサーンですが、永久にキャッシュフローを予測して計算するのは大変なので、たとえば直近の５年ぐらいは精密に計算して、６年目以降は簡便法で計算します。これを「残存価値」といいます。ですから、永久に予測することができれば、残存価値は要りません。要は、６期目以降を簡略化するということです。この将来のフリーキャッシュフローを割引率で割り引いて企業価値を出します。その割引率を加重平均資本コスト、「WACC（Weighted Average Cost of Capital）」といいます。残存価値も含めてフリーキャッシュフローをWACCで現在価値に割り引くと企業価値が出てくる。そこから有利子負債の価値を引いたら株主価値が出てくる。これがDCF法です。

　ここで、コーポレートファイナンスの教科書で設備投資計画の評価に使わ

図表 4 − 4 − 1　NPV（Net Present Value）法

プロジェクトの現在価値（Present Value）

	1年目	2年目	3年目	4年目	5年目	合計
キャッシュフロー	25.0	28.0	31.0	34.0	37.0	
残存価値					10.0	
合計	25.0	28.0	31.0	34.0	47.0	
割引ファクター	$\frac{1}{(1+0.1)^1}$	$\frac{1}{(1+0.1)^2}$	$\frac{1}{(1+0.1)^3}$	$\frac{1}{(1+0.1)^4}$	$\frac{1}{(1+0.1)^5}$	
現在価値	22.7	23.1	23.3	23.2	29.2	121.6

割引率10%の場合

正味現在価値（NPV）　21.6

121.6

100

投資額

プロジェクト

プロジェクトの生み出すキャッシュフロー

残存価値

25　28　31　34　10

37

現在　1年目　2年目　3年目　4年目　5年目

れる「Net Present Value法」とDCF法の関係を押さえておきましょう。ある設備投資計画のキャッシュフローが1年目25億円、2年目28億円……とします。最後の5年目は37億円で、あと残存価値が10億円あると仮定しましょう。このときに投資額が100億円だったとすると、設備投資を行うべきでしょうか（図表4−4−1）。どう判断するかというと、このプロジェクトが将来生み出すキャッシュフローの現在価値と、投資した100億円のどちらが大きいかで決めます。いま100億円を手放して、かわりに得たプロジェクトの現在価値は121.6億円になります。そこから投資額の100億円を引いた21.6億円がNet Present Valueです。Net Present Valueが正ということは、払ったものよりももらったもののほうが価値があるということです。だから投資しようということになるわけです。

　では、DCF法によるバリュエーションはどうでしょうか。ある企業のキャッシュフローが1年目25億円、2年目28億円……残存価値が100億円として現在価値を出すと、177.4億円になります（図表4−4−2）。これがDCF法で計算した企業価値です。

　将来のキャッシュフローを予測して現在価値を出すというところは、さっ

図表4－4－2　DCF（Discounted Cash Flow）法

<table>
<tr><td colspan="7">企業価値（Enterprise Value）</td></tr>
<tr><td></td><td>1年目</td><td>2年目</td><td>3年目</td><td>4年目</td><td>5年目</td><td>合計</td></tr>
<tr><td>キャッシュフロー
残存価値</td><td>25.0</td><td>28.0</td><td>31.0</td><td>34.0</td><td>37.0
100.0</td><td></td></tr>
<tr><td>合計</td><td>25.0</td><td>28.0</td><td>31.0</td><td>34.0</td><td>137.0</td><td></td></tr>
<tr><td>割引ファクター</td><td>$\frac{1}{(1+0.1)^1}$</td><td>$\frac{1}{(1+0.1)^2}$</td><td>$\frac{1}{(1+0.1)^3}$</td><td>$\frac{1}{(1+0.1)^4}$</td><td>$\frac{1}{(1+0.1)^5}$</td><td></td></tr>
<tr><td>現在価値</td><td>22.7</td><td>23.1</td><td>23.3</td><td>23.2</td><td>85.1</td><td>177.4</td></tr>
</table>

割引率10%の場合

正味現在価値（NPV）

177.4

27.4

150

買収価格

買収対象企業

企業の生み出すフリーキャッシュフロー（Free Cash Flow）

残存価値

100

25　28　31　34　37

現在　1年目　2年目　3年目　4年目　5年目

　きのNet Present Valueでプロジェクトの価値を計算したのと似ていると思いませんか。似ているどころか、まったく同じことをやっているのです。それでは違いはどこか。プロジェクトの場合には、そのプロジェクトの価値から投資額を引いてNet Present Valueを出している。バリュエーションの場合には、企業の価値を出しただけで投資額は引いていない。これだけの違いなんですね。

　なぜ引かないのかというと、引けないのです。プロジェクトの場合、最初から、いくらぐらい投資額がかかりそうかを計算します。しかし、M&Aの場合には、いくらで買えるかは相手と交渉してみるまでわかりません。そこで、とりあえず買収価格は置いておいて、買収対象企業が生み出す将来のキャッシュフローの価値、すなわち企業価値を算定しておき、その企業価値よりも安く買収しようとするわけです。図表4－4－2で結果的に買収額が150億円ですんだとすると、27.4億円儲かります。これはNet Present Valueにほかなりません。ですから、DCF法では単に投資額が決まっていないからブランクにしているだけで、やっていることはNet Present Value法とまったく同じなのです。

要するに設備投資にしてもM&Aにしても、価値を創造する条件はNet Present Valueが正になることです。M&Aの場合、Net Present Valueが正になるということは、DCF価値以下で買収するということです。コーポレートファイナンス理論的には、M&Aの投資判断と設備投資法のNet Present Valueの投資判断はまったく同じなのです。

⑵　DCF法と会計、財務3表の関係

　DCF法を行うためにはフリーキャッシュフローを予測しないといけませんが、皆さんが実際に得られるデータは会計データだけです。この会計データ、具体的にはPL（損益計算書）、BS（バランスシート）、キャッシュフロー計算書とフリーキャッシュフローや企業価値の対応関係を知らなければ、本当のバリュエーションの意味はわかりません。ということで、その財務3表とDCF法の関係をみてみましょう。

　まず、ポイントは「フリーキャッシュフローは財務3表のどこに対応しているか」「企業価値は財務3表のどこに対応しているか」ということです。それを知るためには、見慣れた財務3表を再構成して眺める必要があります。

　まず、PL（損益計算書）を再構成してみましょう（図表4-4-3）。話を簡単にするために、その他営業外損益とか特別損益はないものとします。そうすると、売上高からいろんな費用を引いて営業利益が出てくる。そこから金利を引いたものが税引前利益。それに法人税も引いて当期純利益が出てきます。

　では、これをバリュエーション、DCF法のフォーマットに組み替えてみましょう。ポイントは、事業の生み出す損益をまず抜き出してみるということです。フリーキャッシュフローは資金の調達方法に関係なく出てくる利益ですから、金利の部分の影響を除いた利益を出します。営業利益15億円までは、再構成しても同じです。しかし、資金調達手段に左右される純金利5億円は引きません。事業の生み出す損益は資本構成によらない損益ですから、

図表4－4－3　損益計算書の再構成

―事業の生み出す損益と、（株主・）債権者への分配による損益に分ける

財務諸表のフォーマット

売上高	100
売上原価・販売管理費	85
（うち減価償却費）	5
営業利益	15
純金利	5
税引前利益	10
法人税等（40％と仮定）	4
当期利益	6

DCF法のフォーマット

事業の生み出す損益

売上高	100
売上原価・販売管理費	85
（うち減価償却費）	5
営業利益	15
営業利益に対応する税金(*)	6
税引後営業利益	9
税引後金利(**)	3
当期利益	6

(*)営業利益× 税率 　(**)純金利×（1－税率）

（注）　簡便化のため、その他営業外損益・特別損益はゼロとする。
（出所）　田村俊夫『MBAのためのM&A』（2009）有斐閣

無借金の場合の損益と同じになるはずです。したがって、営業利益15億円に税率40％をかけた税金6億円を引いて算出される「税引後営業利益（NOPAT）」9億円が、求める事業の生み出す損益となります。注意していただきたいのは、この場合に引かれる税金6億円は、実際の税金4億円よりも多いことです。実際には金利5億円を払っていますが、金利は損金に算入できますから、税率40％とすると税金は2億円安くなります（「金利の税効果」）。つまり、企業にとって金利のネットの負担は「税引後金利」、すなわち「金利×（1－税率）」の分だけなのです。以上をまとめますと、営業利益15億円に40％の税率をかけて6億円の税金、そうすると税引後営業利益が9億円。それに対して先ほど説明した税引後の金利負担は3億円ですから、9億円からさらに3億円を引くと、ぴったり当期純利益6億円になります。ここでまずＰＬから「税引後営業利益」が出てくるわけです。

　次に、キャッシュフロー計算書を再構成します（図表4－4－4）。

　普通の財務諸表では、まず「営業活動によるキャッシュフロー」が出てき

図表 4 - 4 - 4 　キャッシュフロー計算書の再構成

―事業の生み出すキャッシュフローと、（株主・）債権者への分配によるキャッシュフローに分ける

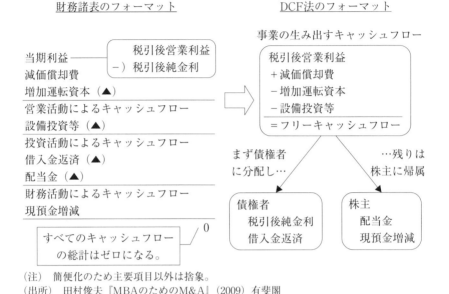

(注)　簡便化のため主要項目以外は捨象。
(出所)　田村俊夫『MBAのためのM&A』(2009) 有斐閣

ます。これは非常に単純化していえば、当期純利益に減価償却費を戻して増加運転資本を引いたものです。次に出てくる「投資活動によるキャッシュフロー」には設備投資などが入ります。最後に借入金を返したり、配当金を払ったりしたものが「財務活動によるキャッシュフロー」です。この全部でお金が増えたり減ったりしますから、ここで最後に現預金の増減が出てきます。その現預金の増減まで足し引きすると、必ずすべてのキャッシュフローの合計はゼロになります。

　もう1つ重要なのは、合計がゼロですから、どこかで切ったら、そこから上のキャッシュフローの合計とそこから下のキャッシュフローの合計は（符号は逆ですが）まったく同じ額になるということです。

　DCF法のフォーマットでは、事業の生み出すキャッシュフロー（フリー

キャッシュフロー）をまず抜き出します。そのために財務関係のものを全部取り除きます。財務活動によるキャッシュフローは当然取り除かれます。

それでは、営業活動によるキャッシュフローと投資活動によるキャッシュフローを足してやればフリーキャッシュフローになるか。会計のほうでは、この2つを足したものをフリーキャッシュフローと呼んでいます。でも、DCF法は違います。営業活動によるキャッシュフローのなかに、財務構成の影響を受けるものが1つ紛れ込んでいるからです。それは当期純利益です。当期純利益は、簡便には図表4－4－3でみたように税引後営業利益から税引後金利を引いたものですが、このうち税引後金利の部分は財務構成の影響を受けるので取り除きます。そうすると、財務関係の影響を取り除いたキャッシュフローはどうなるかというと、まず当期純利益のかわりに税引後営業利益が来ます。それに減価償却費を足し戻して増加運転資本を引き、また設備投資等を引きます。これが教科書等でよくみかけるフリーキャッシュフローの簡便式です（実際には、フリーキャッシュフローの算出時には、それ以外の投下資本の増減も加味する必要があります）。

先ほど述べたように、キャッシュフローというのは、途中で切り分けたら、そこから上の金額とそこから下の金額は同じになります。このフリーキャッシュフローの下の金額というのは、純金利とか借入金返済とかエクイティに対する配当です。つまり、債権者に払うキャッシュフローと株主に払うキャッシュフロー、あと、内部の現預金の留保、これも株主のものというふうに考えると、フリーキャッシュフローは債権者と株主に完全に分けつくされます。

最後にバランスシートを再構成しましょう（図表4－4－5）。

一番左には現預金を除いた総資産が書いてあります。総資産の内訳は、売掛金や在庫等の流動資産、そして固定資産です。負債のほうは、大別して営業負債と純有利子負債に分かれます。そして簿価株主資本（厳密には純資産）がある。これがバランスシートの右側です。このなかで事業関係というのは、このバランスシートの左側と右側の営業負債（買掛金等）の部分です。

図表4－4－5　貸借対照表と企業価値の対応関係（簡略図）

　－「企業価値」「株主価値」は、貸借対照表のどの部分に対応しているのか

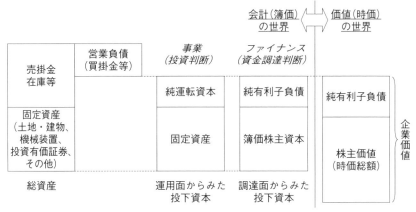

（出所）　田村俊夫『MBAのためのM&A』（2009）有斐閣

　売掛金・在庫等と買掛金等の差額を「純運転資本」といいます。この純運転資本と固定資産（正確には営業負債中の固定負債をネットしたもの）の合計額は、純有利子負債（デット）と簿価株主資本（エクイティ）を足した金額と必ず同じになります。大まかにいえば純運転資本と固定資産を足したものが事業に投下されている資本で、これを「運用面からみた投下資本」といいます。他方で、純有利子負債と簿価株主資本の合計は事業に投下した資本をどのようにファイナンスしたかを表しており、「調達面からみた投下資本」といいます。運用面からみた投下資本と調達面からみた投下資本は必ず一致します。

　以上は会計（簿価）の世界です。これを時価の世界から眺めるとどうなるでしょうか。純有利子負債は、時価も簿価も普通はあまり変わりません。簿価株主資本の時価は時価総額です。時価総額と純有利子負債の価値を足したものが企業価値ですから、企業価値というのは、バランスシートでいうと投下資本に対応します。つまり、企業価値とは投下資本の時価であり、逆に、投下資本は企業価値の簿価なのです。

⑶　マルチプル法

　実際にバリュエーションをするときには、通常はDCF法だけではなくて、マルチプル法を併用します。

　マルチプルというのは倍率です。何を出したいかというと、企業価値（ないし株主価値）を出したいわけです。そのために、企業価値が「なんらかの指標」の何倍になっているか、すなわちマルチプルを計算します。この「なんらかの指標」には、普通は利益をもってきて、企業価値が利益の何倍になっているかというので評価します。たとえば、世間的には大体企業価値は利益の５倍だということであれば、「いまから買おうとしている事業は利益が10億円。じゃ、50億円で買うかな」と、こういうことになるわけです。

　この利益の指標として代表的なものはEBIT、EBITDAです。EBITというのは、おおよそ営業利益のことだと思ってください。EBITDAというのは、営業利益に減価償却費・償却費を足したもの、つまり償却前営業利益です。このEBITDAは、売上高から（現金が出ていく）キャッシュ営業費用だけを引いた利益を表しています。

　代表的なマルチプル法としては、類似取引比較法と類似企業比較法があります。「Comparable Companies」「Comparable Transactions」といいますが、投資銀行業界では両方まとめて「Comps」といいます。

　まず、類似取引比較法ですが、これは類似企業の最近の売買事例と比較します（図表４－４－６）。売買事例として、近くの同じような条件の土地が２億円で売買された。その土地の面積が200坪だったすると、坪当り単価は100万円です。評価対象地の広さが100坪とすると、同じ坪単価100万円を適用して、評価額は１億円になります。これは昔からの土地の鑑定評価です。

　それと同じことを企業価値評価でも行います。最近似たような企業が300億円で買われて、その企業のEBITDAは30億円だったとします。「ああ、EBITDAの10倍で買われているんだな。よし、いまから自分が買おうと思っている会社のEBITDAは10億円だ。10倍とすると、大体100億円くらいか

図表 4 - 4 - 6　類似取引比較法

	土地の評価			企業の評価	
売買事例	取引価格　２億円 面積　　　200坪 ↓ 単価	100万円／坪	買収事例	買収価格(企業価値)　300億円 EBITDA　　　　　　30億円 ↓ EBITDA倍率	10倍
評価対象地 （売買事例 と同じ立地 条件）	面積 × 単価 ＝ 評価額	100坪 100万円／坪 １億円	評価対象 企業	EBITDA × EBITDA倍率 ＝ 評価額（企業価値）	20億円 10倍 200億円

（出所）　田村俊夫『MBAのためのM&A』（2009）有斐閣

　な」と考えます。このように、適切な類似取引事例をベンチマークにすれば、買収価格のだいたいの目安がつけられます。

　類似取引比較法は便利な評価手法ですが、問題は類似取引事例があまり手に入らないということです。特に日本は少ない。「最近同じような企業が買収された？」「ああ、10年前に１件あったなあ」とか、そんなことが多いです。そこで頭のいい人がひらめいたわけです。「そうだ。毎日M&A事例があるじゃないか」と。何かというと、上場企業の株価です。

　株価というのは、企業のほんの一部分の持分が実際に証券取引所で売買された値段です。つまり、プチM&Aの取引価格なんですね。それで、毎日市場では株価が動いていますけれども、実際にはプチM&Aが１日中起こっているわけです。これが株価の正体です。

　そして、「時価総額」というのは、その日の終値、最後のプチM&Aの値段で「仮に」すべての株が一斉に取引されたとしたらいくらだったかという金額です。ですから、時価総額とはバーチャルな数字なのです。

　このように、最後のプチM&Aの値段に発行済株数をかけてやると、時価総額が出ます。それに、財務諸表で調べた純有利子負債の金額を足すと、企業価値が算出できます。EBITDAも財務諸表をみればわかりますから、す

図表 4 － 4 － 7　類似企業比較法

	EBITDA倍率による比較		PERによる比較			株価	200円
類似上場企業	企業価値[*]	300億円	株式時価総額	200億円	⇔	EPS	10円
	EBITDA	30億円	当期利益	10億円		↓	
	↓		↓			PER	20倍
	EBITDA倍率	10倍	PER	20倍			
評価対象企業	EBITDA	20億円	当期利益	8億円		（発行済株数1億株）	
	×		×				
	EBITDA倍率	10倍	PER	20倍			
	＝		＝				
	評価額（企業価値）	200億円	評価額（株主価値）	160億円			

[*]　「株式時価総額＋純有利子負債」で算出
（出所）　田村俊夫『MBAのためのM&A』（2009）有斐閣

べての上場同業企業についてEBITDA倍率が算出できます（図表 4 － 4 － 7 ）。

　ただし、類似企業比較法のマルチプルには、類似取引比較法と違ってコントロールプレミアムが乗っていません。ですから、類似企業比較法の値段で企業が丸ごと買えるかというと、そんなことはなくて、コントロールプレミアムを考慮する必要があります。

　DCF法のほうは個別の企業にあわせて精密に計算できますが、収支予測とか割引率とか前提条件が違うと、評価結果に大きく幅が出てしまいます。結構、当たり外れというか、幅が大きい。それに対してマルチプル法は、「Roughly Right」だけれども、比較的安定している。しかし、たとえば市場がバブルのときは同業他社の株価も一斉にバブルになっていますから、その影響をまともに受けてしまいます。それに対して、DCF法で検証すると「マルチプル法ではこんな値段になっているけれども、この値段を正当化するためには将来こんなに儲けないといけない。これは、株価がバブルなのではないか」と疑問を抱きます。DCF法とマルチプル法はどちらも長所・短所がありますから、普通は両方やって見比べます。両方をクロスチェックし

ながらやっていくと非常にリアリティーのあるバリュエーションができるということです。

(4) バリュエーションの実際

最後に、「リアルワールド」のバリュエーションについてお話しましょう。買収価格はバリュエーションだけではなく、株価や格付けへの影響などさまざまな要素を勘案して決定されます。しかし、絶対にゆるがせにしてはいけない必須条件は、買収が「価値創造的」であることです。価値創造的というのは、Net Present Valueが正、すなわちDCF価値以下で買うということです。

世界的にM&Aが非常に上手といわれている会社は、その規律を厳守しています。たとえばドイツの大手化学企業BASFのボックCFO（当時）は、「戦略的に正しいなら支払いすぎても仕方がない、といったことはあるか」と聞かれて、「よくある議論ですね。高値づかみは戦略のためと言い訳できますが、買わなければBASFの将来をダメにした、などといわれます。しかし、私は買いません。儲ける方法が算段できなければ、そのターゲットを追いかけるべきではありません」と明言しています[1]。「儲ける方法が算段できる」というのは、Net Present Valueが正になるということです。

M&Aの典型的な失敗原因は「払いすぎ」です。払いすぎとは、バリュエーション（DCF評価）のベースになった収支計画を達成できないことです。

なぜ達成できないような収支計画が作成されるのでしょうか。その大きな要因は、バリュエーションをやる人と買収後の収支責任をもっている人が分断されていることです。「バリュエーション？　そんなむずかしいのはわれわれ事業部ではできない。財務・企画で財務アドバイザーと一緒にやっておいてくれ」という感じです。それで、財務アドバイザーが財務・企画から収支予測をもらって計算する。そして、「このくらいは正当化できます」とい

1　ブーズ・アンド・カンパニー編著『成功するグローバルM&A』中央経済社（2010）。

うことで、経営会議や取締役会で通ってしまい、買収を行う。買収後に、事業部門に収益責任がおりてくると、「なんだ、こんな過大な収益計画が達成できるわけないじゃないか。彼らは現場を知らない」とかいって、計画が無視されてしまう。これでは失敗しますよね。

　ということで、その払いすぎの予防策は、「収支計画の達成に責任をもつ人が、買収価格算定のベースになる収支計画の作成に主体的に関与する」ことです。事業部は買収したいわけですが、どうしても買いたいからと収支計画を非常に強気につくると、買収した後で自分の収支目標がきわめて高くなる。堅めの計画を出したほうが計画は達成しやすいけれども、そうすると提示できる値段も安くなって買えなくなる。やはり人間は、二律背反の状況でぎりぎり迷わないと、本当にいい判断というのはできないものです。責任あるDCF評価というのは人事考課上の目標管理制度のようなものです。買収価格算定のベースとなる収支計画が目標設定になるわけです。

　図表４−４−８をご覧ください。DCF価値は、将来の利益（≒キャッシュフロー）を現在価値に割り引いたものです。変数は、「価値」「利益」「割引率」の３つありますが、２つが決まると後の１つが決まります。このうち「割引率」（WACC）については、実際の世の中では業界とかその時々で通り相場が存在します。市場の期待コストですから。そうすると、後の２つの変数のうち将来の「利益」を予測すると「価値」が決まる。これが普通のDCF法によるバリュエーションです。この将来利益の予測という前提条件次第でDCF価値は大きく振れます。だからDCF法は信用できないなどといわれますが、それはプロの見方ではありません。

　この式をよくみると、（割引率は所与として）「価値」が決まればそれに対

図表４−４−８　目標管理としてのDCF法

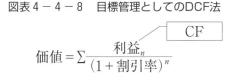

$$価値 = \sum \frac{利益_n}{(1+割引率)^n}$$

（CF）

応する将来の「利益」（の流列）が決まるとみることもできます。実際に買収契約を締結した時点で、「価値」（買収価格）は1点に収束します。そうすると、それに対応して事業部が達成しなければならない将来の収益計画が確定するわけです。このように、DCF法については、本当に買収するときには不確かな要素は何もない。確定的なんです。いくらで買ったらいくら儲けないといけないという収益責任がきっちり決まります。バリュエーションで算出した企業価値で買収して、その買収価格のもとになった収益計画が達成できれば、ちゃんと割引率、つまり期待収益率はクリアできるので、M&Aは失敗になりようがありません。というのが目標管理としてのバリュエーションの考え方です。

　最後に、ワッサースタインという1980年代から1990年代を代表する米国のM&Aバンカーがバリュエーションについて語った言葉をご紹介しましょう。ワッサースタインは、有名な『Big Deal』[2]という本を書いて、そのなかでバリュエーションを「三角測量」に譬えています。さまざまなモデルや評価手法、つまりDCF法とか類似企業比較法とかの結果を、いろんな角度から検討して、それぞれいいところと悪いところがありますので、各々の手法の限界や前提条件を十分に理解したうえで相互検証する。たとえば手法によって評価結果がずれたら、なぜずれたのかというのを考えて、「予測が強すぎたのか」「類似企業が適切でなかったのか」などと考えて修正していくと、だんだん真相に近づいていきます。そして、「最終的には、価格の問題というのは判断の問題である」と述べています。これが実際に世の中で本当にマーケットをクリアするプライスを求めてバリュエーションで勝負をしている人たちの皮膚感覚です。

2　Wasserstein, Big Deal, Warner Books（1998）.

企業の成長戦略
―M&Aと事業再編―⑵

パナソニック株式会社常務執行役員

遠山　敬史

　皆さん、こんにちは。パナソニックの遠山です。

　「パナソニック」「松下電器」というと、松下幸之助が創業者ということは皆さんご存じと思いますが、いま、どういう会社に変わってきているかということについてはわからない部分があると思います。本日の講義の目的であるM&Aや企業の戦略を考えるうえで、私どもパナソニックには、題材として非常に適しているところが多くあります。

⑴　パナソニックのM&Aの歴史

　松下幸之助は「事業を通じて人々のくらしの向上と社会の発展に貢献する」という理念を徹底的に追求しました。そのなかで、1993年に、事業部制を実施しました。これは現在も続いておりますけれども、開・製・販すべての責任を事業部で完結します。「大きな経営者を育てる」「スピードのある経営をする」という２つの目的のために、徹底的に事業部制を推し進めました。

　現在のパナソニックの売上高は、だいたい7.9兆円です。家電を手がけるアプライアンス社が29％で、それ以外がもうすでに７割になっています。しかし、社会のイメージは相変わらず「パナソニック＝テレビ、冷蔵庫、洗濯機」です。かつては冷蔵庫、洗濯機の白物といわれる家電のブランドは「ナショナル」だったのですが、いまは「パナソニック」に統一しています。

　主なグループ会社を紹介すると、エコソリューションズ社は、以前の松下

電工という会社が中心で、住宅関連事業が主体となっています。

　それから、コネクティッドソリューションズ社は、企業向けのB2Bの商品、たとえば、監視カメラやファクトリー・オートメーションなどを扱っています。かつての会社の名前でいうと、松下通信工業や九州松下電器、松下電送といった会社があり、それらの事業を統合しました。

　そして、オートモーティブ&インダストリアルシステムズ社の事業の大きな部分が、電子部品と、自動車用の電池やカーエアコンなどの製品となります。実は、こういった事業の割合がパナソニックで一番大きくなっています。

　従業員数は27万人ですが、国内は7万人で海外が圧倒的に多く、売上高は、半分が国内、半分が海外となっています。

　松下電器は、常にM&Aをしてきた会社です。ないものはM&Aで手に入れて、それで会社のかたちを変えてきました（図表4-5-1、4-5-2）。

　たとえば、かつて松下電器は、冷蔵庫、洗濯機をつくっていなかったので、中川機械という会社を買って、松下冷機としました。ほかにも、日本ビクターや自転車と消火器をつくっていた宮田製作所、後の松下電送となる東方電機、エレベーターの日本オーチスなどは、松下電器になかったものを買って、そのまま手に入れたということです。

　事業のスピンオフも行っており、中にあったものを別会社として外へ出していったのが松下電子部品、松下産業機器、松下住設機器、松下電池工業などです。それぞれ子会社をつくって、いまでいう親子上場を目指しました。

　1988年には今度は「事業再編から構造改革」ということでいろいろな買収をスタート、まず松下電器貿易を合併しました。それから、フィリップス社が保有する松下電子工業株を買収し、資本契約を解消しました。

　スピンオフした会社を100%子会社化していったのが2002年からです。「中村改革」といわれた頃ですけれども、松下電器が、松下通信工業をはじめ、上場子会社をすべて100%子会社化して、より早く事業再編ができるようにしました。それまでは、電話を3つの会社、ファクシミリを2つの会社でそ

れぞれがつくっていたわけです。たとえば、九州松下電器では、家庭用ファクシミリ「おたっくす」をつくって、松下電送では企業向けのファクシミリをつくるというような無駄が出ており、これを解消するためにいろいろな取組みをしました。このあたりから徐々に会社の経営も厳しくなってきました。後ほど触れますけれども、テレビなどの事業へ投資する資金もなくなってきたので、事業の売却もスタートしていきました。

　海外事業を含めいろいろな失敗をしてきましたが、一方でM&Aを進めたのは、パナソニック、松下電器そのものが歴史的にかなり小さい会社からスタートしていて、大きな技術をもっている電機メーカーの東芝や日立製作所よりかなり遅れたところからスタートしたということがあり、会社の体質自体にM&Aを積極的にやっていこうという部分があったのだと思います。

　私は2008年から役員を務めており、2008年から後の分については取締役会で賛成した案件がかなりあって、ここにいま、立っているのも恥ずかしいぐらいです。一番大きい案件はやはり三洋電機です。それから、松下電工の完全子会社化で、この両方で1兆円以上のお金が出ていきました。松下電工の場合は、事業分野が重なっている部分は少なかったので、シナジー効果を生みやすかった。三洋電機の場合は、電池の技術が非常に欲しかった。パナソニックとしての企業の戦略のなかで、電池に投資をしていくことになり、三洋電機のリチウムイオンの電池の技術は非常に高かったため、そこへお金を使いました。結果的には使ったお金をまだ回収できていないというのが現在の状況です。

　それから、パナソニックヘルスケアは、もともとは四国にあった松下寿電子工業で、血糖値センサーの世界シェアが5〜6割あったような会社だったのですが、これを売却して、そのお金でプラズマテレビ事業の整理などを行いました。当時、私は売却の責任者だったのですが、実際に買ったのはKKRという米国の会社でしたが、日本の会社も含めて、十数社が来られました。それを第1次選考で絞って7社、それから提案内容などを聞いて、最後は入札でKKRに決まりました。いまはどうなっているかというと、売っ

図表 4 - 5 - 1　パナソニックの事業沿革と主なM&A（1952年～2004年）

	国　内	
1952	事業多角化	中川機械（松下冷機）と資本提携 フィリップス社と技術、資本提携（松下電子工業設立）
1954		日本ビクターと資本提携
1959		宮田製作所と資本提携
1962		東方電機と資本提携（松下電送機器）
1973		日本オーチスに出資提携
1974		
1976	事業スピンオフ	松下電子部品（1976）、松下産業機器、松下住設機器（1977）
1979		松下電池工業（1979）が分離独立
1987		
1988	事業再編・構造改革	松下電器貿易を合併
1989		
1990		
1993		フィリップス社との資本契約を解消 （フィリップス社が保有する松下電子工業株買取）
1995		
1996		
2000		松下冷機を100％子会社化
2002		5社を株式交換で100％子会社化 （松下通信工業、九州松下電器、松下寿電子工業、松下精工、松下電送） 液晶部門を会社分割（東芝松下ディスプレイテクノロジー（TMD））
2003		ブラウン管部門を会社分割（松下東芝映像ディスプレイ）
2004		松下電工を51％子会社化（公開買付け） 松下電産・電工のコラボ事業再編 情報モータ部門を会社分割（ミネベア・松下モータ）

海　外	
海外事業 拡大	
	クェーザー・エレクトロニクス社を設立 （モトローラ社の民生機器部門を買収）
	松下・ウルトラテックバッテリーコーポレーションを設立 （イーストマン・コダック社との合弁）
	シーメンス・松下部品を設立
	MCA社を買収
	MCA社株式持分の80％を売却
	プラズマコ社を買収
	現地合弁会社を多数再編―アジアを中心に

図表4－5－2　パナソニックの事業沿革と主なM&A（2005年～2015年）

2005	事業再編・構造改革	日立製作所・東芝と液晶製造合弁会社IPSアルファテクノロジを設立 日本オーチスとホームエレベーター事業統合、 ナショナルオーチス株を売却
2006		ケーブルウエストの持分（56%）をジュピターテレコムへ 売却
2007		Hi-Ho事業をインターネットイニシアティブへ売却 日本ビクターとケンウッドが資本業務提携
2008		LCDデバイス事業強化に向けたアライアンス（IPSa買収） 日本ビクターとケンウッドが経営統合 宮田工業の持分をモリタに譲渡（公開買付けに応募）
2009		東芝との液晶合弁事業（TMD）を解消 積層セラミックコンデンサ事業を村田製作所へ売却 情報モータ事業をミネベアへ売却 三洋電機を子会社化（公開買付け）
2010	三洋電機買収 電工・三洋完全子会社化	パナソニックEVエナジーの出資比率引下げ 三洋電機の半導体事業をオンセミコンダクターへ売却 パナソニック電工・三洋電機を完全子会社化 三洋電機の小型モータ事業を日本電産へ売却
2011		車載用ニッケル水素電池事業（湘南工場）を譲渡 三洋電機が冷蔵庫・洗濯機事業をハイアールへ売却
2012	反転攻勢 成長への仕掛け	JVCケンウッドの株式を売却（売出しによる一般株主への売却） 液晶茂原工場をジャパンディスプレイに一括譲渡 パナソニックテレコムをアイ・ティー・シーネットワークと統合
2013		パナソニックロジスティクスの株式を日本通運へ譲渡
2014		パナソニックシステムネットワークス、光英システムをグループ会社化 パナソニックヘルスケアをKKRへ譲渡 半導体工場をタワーセミコンダクター社（イスラエル）へ売却
2015		システムLSI事業を富士通・日本政策投資銀行と統合

技術・知財 買収	
	ユニバーサルスタジオ関連会社株式を売却 アメリカ トロピアン社を買収 シーメンス・松下電子部品（エプコス）の持分（12.5%）を売却
	パナソニック電工、アメリカ ユニバーサル・ライティング・テクノロジーズ（ULT）を買収 パナソニック電工、インド アンカー社を買収
	シンビアンの持分をノキアへ売却
	北京松下ディスプレイデバイス（BMCC）から撤退
ES社 海外事業 強化	オランダ販売代理店（ハーグテクノ社）を買収
	エコソリューションズ社、インド非住宅向けソリューションFirepro社を買収
	エコソリューションズ社、トルコ配線器具メーカーヴィコ社を買収 AVC社、アメリカVMSベンダービデオインサイト社を買収

た時の価値の2倍以上になっています。

　海外の投資会社は、ハゲタカファンドといわれるような厳しいところがある一方、非常に温かい面もあり、約束を守ってくれます。悪いことが1回外へ出ると信用がなくなるため、約束を非常に大事にされるのだと思います。KKRからは非常によい勉強をさせてもらいました。

　海外企業とのM&Aではさまざまな経験をしてきました（図表4-5-3）。例として、トルコの配線器具メーカーを買収したときの話をします。経営企画部にM&Aの専門家のグループをつくって、事業部門がディシジョン・マネジメントを行って買ったのですが、そのときに何が起こったかというと、ウクライナにロシアの軍隊が攻めてきたのです。それで、このヴィコ社という会社の売上高の3割がウクライナだったので、もちろんその売上高はゼロになるということで、のれん代を償却しなければならなくなりました。非常に厳しい状況で、まだ展開はしておりますけれども、最終的にはエコソリューションズ社の完全子会社にしています。

　今度はよい事例として、米国のハスマン社という産業用の冷蔵庫メーカーを2015年に買収しました。こちらは、買った本間専務がハスマン社の取締役会に2カ月に1回必ず出て、1日かけて徹底的に議論をした結果、従業員もほとんど残ってくれて、非常にいいかたちで展開されています。

　日本国内では、パナホームとゼネコンの松村組の統合を進めています。人材の確保が主な目的ですが、こちらはうまく進んでいるところです。

　それから、インドでは、いろいろな事業で苦しんでいますけれども、電設資材メーカーのアンカー社が非常にうまくいっております。これは、パナソニックの経営理念を徹底したことにより、アンカー社の経営者の信頼感が非常に上がった結果です。

（2）　失敗体験からの学び

　M&Aでは徐々によいかたちのものも出てきましたが、会社というものはいまのままでは必ず山谷が来るので、場を変えていく必要があります。パナ

ソニックの売上高と利益の推移をみてみると、私は1978年度の入社ですが、1990年のMCA社の買収ぐらいまではずっと業績が好調でした。そこから後は、いくら三洋電機を買収しても、売上高が減るという時代になっています。いま、企業は同じものをただ売るだけではもう生き残れません。どんどんいいものを、たとえばテレビをやめても違うものをやっていくんだというかたちを目指さないと、世界での競争には勝てないのです。「パナソニックは普通の会社ではない」というのは津賀が2012年の社長就任時にいった言葉ですけれども、パナソニックが大きな会社になったことで、集団経営が機能しなくなりました。成功体験もたくさんあったなかで、仕事の分業・縦割り化が進み、それぞれがそれぞれの仕事のなかで「最適化」を進めて、結果的に変化の本質を見抜けず、大きな失敗につながってしまったのです。

「テレビで失敗した」と何度もいっていますが、尼崎のプラズマテレビの工場だけで5,000億円のお金がなくなっています。市場の変化、競争の激化、自らの傲慢な態度、それから、パナソニックで部品から全部やるという自前主義が、サムスン、LGに徹底的に負け、いまは中国メーカーにもテレビではかなり置いていかれている状況です。それでも、37ある事業部の売上高だけをみると、テレビは上から3番目ぐらいの位置にはいます。

いま、パナソニックの目指す姿を発信中ですが、家電のよいDNAを活かしていくためにはどうしたらいいのかを考えて変革を進めているところです。

いまからやろうとしているのは、事業としては自動車の産業に集中しようとしています。なぜ自動車かというと、自動車がモビリティの中心であることは間違いありません。いまの車だけではなく、空飛ぶ車も含めて、なくなることはないでしょう。自動車関連でパナソニックがもつ技術はよいものがあるので、それに集中していきます。

しかし自動車関連事業は大きなお金がかかります。テスラ社のギガファクトリーには、すでに当社だけで3,000億円近いお金が入ってます。しかし、テスラ社も同じ金額を出していますから、これはパナソニックだけで投資しているということではありません。

図表4－5－3　パナソニックの最近の主なM&A事例

イギリス
アランディック・コミュニケーションズ
（ADコムズ社）
2016年買収
2003年設立、鉄道システム

オランダ
カメラマネージャードットコム
2013年買収
2007年設立、監視カメラシステム

ベルギー
ゼテス・インダストリーズSA
（ゼテス社）
2017年買収
1984年設立、物流支援システム

スペイン
フィコサ・インターナショナルS.A.
（フィコサ社）
2017年買収
1949年設立、自動車部品

インド
アンカーエレクトリカルズ（アンカー社）
2007年買収
1963年設立、電設資材メーカー

　それから、中国の大連。DIGAというブルーレイディスクの録画機をつく
っていた工場があり、いま、車載電池工場に変えていこうと大きな投資をし
ているところです。

　一方、2兆円規模の家電事業が残っています。ここ数年間、日本の家電の
売上高は1兆円前後で、ほとんど動いていません。皆さん、欲しいものがな
く、もう買わなくなってきています。

　ではどうするかというと、やはり中国、インドへ出ていくしかありませ

トルコ
ヴィコエレクトリック（ヴィコ社）
2013年買収
1966年設立、電設資材メーカー

アメリカ
トロピアン社
2006年買収
無線通信技術の知財・技術ノウハウ

アメリカ
ハスマン社
2015年買収
1906年設立、産業用冷蔵庫メーカー

日本
松村組
2017年買収
1894年設立、ゼネコン

アメリカ
ITCグローバル社
2015年買収
2001年設立、衛星通信サービス

日本
パナホーム
2016年完全子会社化
1963年設立、住宅事業（設計、施工）

ん。伸びる地域に開・製・販を設置することで、車載と家電に集中して、より伸ばしていく。家電については、現在、中国、アジア、インドの売上高は2桁の成長が実現できています。

　次の100年、「これからのパナソニックはどういう会社になるのですか」と聞かれたときに「皆さんに寄り添う会社にしていきたい」、いわゆるプロダクトアウト型から、マーケットから需要をつかんでくる会社になっていきたいと考えています。

組織は、新たに中国・北東アジア社と、米国にUS社をつくります。日本の人口が１億人を切る2030年、日本での成長はむずかしいということで、中国と米国に集中していきます。中国の経営者は30代から40代が一番多く、あっという間に米国の企業と同じようなところまで来ています。そこで、日本をショーケースにして中国を攻めていきます。中国の人に日本に来てもらって、「日本ではこうやって暮らしているけれども、中国ではどうするの？」と問いかけ、新商品をどんどん出しているところです。

　米国では、家電をほとんどやりません。すべてB2Bの商品で、現地主導でパートナーシップの強化をしていきます。

　なかなかできないのが事業部制の縦割りをどうやって克服するかということです。津賀社長は経営スローガンとして「Cross-Value Innovation」を掲げていますが、カンパニーだけではなく、これからは他社、他業種との共創をしながら、M&Aに限らず、協業を進めます。こういったことも含めて世界で戦っていこうというのが、これからの100年のパナソニックの基本的な方針です。

　最後になりましたけれども、パナソニックは、実は失敗を分析する力が弱くなっているのではないかと思います。これは日本全体でもそうなのかもしれませんが、ベンチャーが育たないとか、お金の使い方もわからないとか、いろいろなかたちでいわれています。でも、パナソニックのなかでいまいっていることは、どんなことがあっても、人間が生きている以上、人に寄り添っていけば必ず課題を解決する必要が出てくるということです。そのような考えを企業の存立基盤として「A Better Life, A Better World」をつくっていきたいと思っています。

4−6

ディスカッション

(1) グローバルカンパニーを目指すことのむずかしさ

幸田：パナソニックの過去70年近いM&Aの歴史について、大変おもしろく
拝聴しました。特に、海外の事業の取り込みのところが苦心されている
ように感じられました。日本の企業がグローバルカンパニーになってい
くむずかしさをいま、パナソニックは体現しつつあるんじゃないかとい
う感じがします。どういう点がポイントになるのかというところをまず
お話しいただけますでしょうか。

遠山：パナソニックは、もちろん日本の会社ということで100年前にスター
トしたわけなんですけれども、海外に出ていくときは、最初は輸出です
よね。日本でつくったものをいまの中国のように輸出していく。この段
階では、グローバル企業といわれることはまったくなかった。現地に工
場をつくり始めて、製・販の製造の部分が一番最初に出ていったわけで
す。輸出から現地でつくり、現地でつくったものをさらに輸出先へ出し
ていった。だから、当時は中国でつくったテレビを米国と欧州へ出すと
いう発想だったわけですけれども、それだけでは利益にはならないとい
うことで、それぞれの国でパナソニックのブランドをつくりあげて展開
をしていかないといけないことになります。いま、なぜそれがテレビで
はできなくて、冷蔵庫やそのほかの製品でできているかというと、テレ
ビは完全に技術の進歩によるコモディティ化が進んでおり、ブランドを
つくり、展開することができないからです。だから、グローバル企業と
いうのは一時もてはやされましたけれども、いまは本当にローカルの企
業の連合体というかたちに考え方を切りかえているところです。

(2)　グローバルな評価基準とは

幸田：ローカルを束ねていくようなイメージでのグローバル化という話があ
　　　りました。そうはいっても、連結企業体としての運営上、たとえばメル
　　　クマールで何を全体としてターゲットにするのかとか、管理会計的な枠
　　　組みとか、あと人材面での評価の仕方とか、そういうものは、ローカル
　　　だけでつないでいくわけにもいかないという面があるだろうと思いま
　　　す。いかがですか。

遠山：そうですね。いままでの私どもの評価基準は、PLのところの売上高
　　　と営業利益、営業利益率、そんなものが一番多かったんですが、津賀が
　　　社長になった2012年からフリーキャッシュフローに大きく舵を切りまし
　　　た。投資したものがちゃんと利益をあげているかどうかをわかるように
　　　するという点で、フリーキャッシュフローが横一列に並べて評価しやす
　　　い指標だと考えています。

　　　　それから人材ですけれども、海外の会社のトップのほとんどが現地の
　　　人です。日本はさすがに日本人ですけれども、ほかは全部現地の方で、
　　　現地のよい方には最初から残ってもらうことを契約条件に入れながら
　　　M&Aを進めたということです。

田村：先ほど、金融、財務リテラシーがない人は事業部長以上にはなれない
　　　という話がありました。それはもう当然のことだと思っています。とい
　　　うのは、マネジメントというか、リーダーというのは、なかを束ねるだ
　　　けではなくて、どちらの方向に引っ張っていくかが問われます。束ねた
　　　はいいけれども価値を破壊するほうに引っ張っていくなら、いないほう
　　　がいいということになってしまいます。

　　　　価値創造とは何かというのを、雰囲気とか戦略論ではなくて、もっと
　　　コーポレートファイナンス、財務リテラシー的に理解できないと、数字
　　　に落とせません。結局、企業の目的というのは企業価値を創造していか
　　　ないといけないのですが、企業価値の創造ということは企業価値を増や

すということです。ということは、企業価値とはいったい何なのかが財務的にわかっていなかったら、財務的にどうコントロールして、どうモチベートして、どういう方向に向かっていけばいいのかがわからないということになります。パナソニックが売上利益からフリーキャッシュフローに舵を切られたというのは非常に大きなポイントだったという感じがします。

(3) B2BとB2Cの違い

幸田：B2BとB2Cという話のなかで、大分B2Bのところが増えてきたという話がありました。たとえば企業カルチャー的にいうと、パナソニックは、かなりマスの消費者と近いところで仕事をされていたイメージで、グローバルなB2Bマーケットとは大分感じが違うように思います。実際にマーケットが転換しつつあるなかで、どのように感じられているでしょうか。

遠山：B2BでもB2Cでも、最後に相手にするのは人間だというところは変わりません。たとえば、空間でいいますと、住空間というのと、働いている職場空間、そういった部分と、移動している空間、歩いている空間があります。空間をとらえていくと、家庭の住空間というのは、1日の3分の1以上はいるわけですから、大きな部分です。もちろんB2Bの空間も大きい。B2BとB2Cを大きな意味でつなげていけるような、そういう会社になっていくのが目標であります。

クロスボーダーM&Aを
企業の中長期的な成長につなげていくために

経済産業省貿易経済協力局投資促進課長
小泉　秀親

　日本企業が海外企業を買収するIn-Out M&Aが近年大幅に増加している。特に、数千億円から兆円規模の超大型案件が増加しているのみならず、これまで主として国内市場で活動してきた企業やもっぱらグリーンフィールド投資で海外展開を進めてきた企業、売上高数千億円からそれより小さい企業も含め裾野が広がりつつある。

　海外M&Aはよく「時間を買う」ものであるといわれるが、これをうまく活用すれば、単に時間だけでなくオーガニックな成長では実現できないような非連続的な飛躍を可能にする効果的なツールにもなりうる。実際、企業規模を問わず、海外M&Aを効果的に活用して、中長期的な企業価値の向上につなげている「海外M&A巧者」ともいうべき企業も存在している。しかし、海外M&Aは決して万能薬ではない。グリーンフィールドでの海外進出や国内M&Aと比較しても、海外M&Aならではのむずかしさがある。制度・言語・文化・商慣習等の違い、情報の非対称性、激しく変化する状況への迅速・果断な対応が求められるなかで苦戦を強いられ、期待した成果をあげられていないケースも少なくない。

　こうした状況をふまえ、経済産業省は日本企業による海外M&Aを活用したグローバルな成長を後押ししていく観点から、有識者を集めた研究会を開催し、海外M&Aに積極的に取り組む国内外の企業の生の声をもとにその効果的な活用に向けた留意点と参考事例をまとめた報告書とともに、特に経営者の目線から重要なポイントを抽出した「海外M&Aを経営に活用する9つの行動〜海外M&Aを成長の駆動力とするために〜」を2018年3月に取りまとめた（https://www.meti.go.jp/press/2017/03/20180327003/20180327003-3.pdf）。

○海外M&A活用のための3つの要素（戦略・ストーリーの構想力、実行力、
　グローバル経営力）
　海外M&Aについては、買収の実行局面でのバリュエーションやデューディ

リジェンス、契約交渉など買収取引そのものにかかわる部分が注目されがちであるが、M&A巧者ともいうべき企業の多くはディールそのもののみならず、むしろその「前」と「後」の部分についても重視し、多くのリソースを割いている。

　海外M&Aをツールとして活用して新たなバリューを生み出し、企業価値の向上につなげていくためには、海外M&Aの「実行力」のみならず、それ以前に、会社として10年から15年くらいのタームで究極的に何を目指すのか、何を実現したいのかというビジョンがはっきりしており、その実現に向けた具体的な戦略があり、そのための先手を打った準備がしっかりとできているかという「案件ありき」ではない「戦略・ストーリーの構想力」、また、「買って終わり」ではなく買収した企業をいかに経営していくか、さらにはM&Aを契機として自社全体をトランスフォームし「グローバル経営力」の強化につなげていくことがポイントになる。

海外M&Aの重要性とむずかしさ

①重要性
・海外M&A（In-Out M&A）は、激しいグローバル競争のなかで、日本企業がスピード感をもった成長を実現していくうえで重要かつ有効なツール

②むずかしさ
・国内のM&Aや自社の現地法人設立による海外進出と比較しても、難度が高い側面があり、期待されたような成果を十分あげられていない場合も少なくない。
　※難度が高くなる要素の例：
　　制度・言語・文化面の違い、情報の非対称性、めまぐるしく変化する状況への迅速・果断な対応の必要性、文化や成り立ちの異なる海外企業との統合
　　等

海外M&Aを成長に有効活用している企業の取組み

・海外M&Aを有効に活用している企業の経験の蓄積は、今後M&Aに取り組んでいく企業にとって参考になる点も多い。
　※課題克服のための取組み例
　◆経営トップ自らが海外M&Aの本質・むずかしさを理解し、リーダーシップを発揮するとともに、自ら相当なリソースを投入し、主体的に関与・コミット
　◆ディールのみならず、その「前」と「後」も含めた一貫した取組み
　　✓M&Aありきではない明確なビジョン・戦略
　　✓買収後の経営を意識した人材・体制整備や、海外M&Aを契機としたグローバル視点での経営体制の変革

海外M&Aに積極的に取り組んできた企業の取組みをふまえ、経済産業省では以下を作成
　①参考事例と留意すべきポイントを集めた「報告書」
　②経営者目線で重要なポイントをまとめた「9つの行動」
　③特に重要な役割を担うCFO、法務担当役員、社外取締役に焦点を当てた「9つの行動　別冊」

〇経営トップに必要な「9つの行動」

このように、海外M&Aは、ビジョン・戦略の策定から個別案件の実行、さらには統合の完遂まで一貫した取組みが重要であり、そのためには各企業の経営トップ自らが先頭に立ち、単なるディールの成立ではなく「成功」に向けたコミットメントと覚悟をもった取組みを行っていくことが不可欠となる。経営トップは以下の9つの点を意識して行動していく必要がある。

行動1：「目指すべき姿」と実現ストーリーの明確化

海外M&Aありき、案件ありきではなく、中長期の時間軸のなかで自社の「目指すべき姿」をまず明確化するとともに、そこから逆算した「成長戦略・ストーリー」を策定する。それに沿って（複数の）海外M&Aを有機的に関連づけて展開していく。

行動2：「成長戦略・ストーリー」の共有・浸透

この「成長戦略・ストーリー」を経営トップが自ら語り、社内に浸透させるとともに、その実現に向けた海外M&Aの目的を具体化する。また、実行部隊が自分事として主体的に一貫して実施していく体制を構築する。

行動3：入念な準備に「時間をかける」

個々のディールに着手する前の平時から、自社の目的に合致する案件を能動的に探索し検討を行うとともに、買った企業を「誰が」「どう」経営するか、統合後までを見据え、先手を打った周到な準備を行う。

行動4：買収ありきでない成長のための判断軸

買収プロセスの急所やリスク、その対処方策について、担当者やアドバイザー任せではなく、トップ自らが掌握する。撤退条件を明確化し、所期の目的を見失うことなく「いったん立ち止まる勇気」を常にもち、「ディール成立の自己目的化」を回避する。

行動5：統合に向け買収成立から直ちに行動に着手

経営トップの役割はむしろディール成立後に増大する。特に統合プロセスは初動が重要であり、契約署名で安堵せず、直ちに統合に向けた行動に着手する。

行動6：買収先の「見える化」の徹底（「任せて任さず」）

買収先の経営を放任しては、十分な統合効果を実現できず、危機への対処も後手に回る。買収先の経営の自主性を尊重しつつも、何が起きているのか常にモニタリングし、フォローできる体制を確保する。

行動7：自社の強み・哲学を伝える努力

自社の強み・経営哲学を買収先に共有・浸透させるため、シンプル・明快な
メッセージにまとめて発信する。「買った」「買われた」から主語の転換を図
り、互いにリスペクトし、双方の強みを活かした成長の実現を目指す。
行動8：海外M&Aによる自己変革とグローバル経営力強化
　　海外M&Aを契機に、グローバルな視点から自社の強み・弱みを把握し、人
　材育成・社内ルールの見直しを行うとともに、買収した海外企業の優れたシ
　ステムの採用や人材の登用も含め、グローバルに通用する経営に向けた自己
　変革に取り組む。
行動9：過去の経験の蓄積により「海外M&A巧者」へ
　　失敗も含む過去の経験・苦労を組織全体の「糧」として自社なりの「型」を
　確立し、次なる海外M&Aにつなげていく。

○海外M&AにおけるCFO、法務担当役員、社外取締役の役割（「9つの行動」別
　冊　https://www.meti.go.jp/press/2019/06/20190617006/20190617006_01.pdf）
　　前述のとおり海外M&Aを活用していくためには経営トップの一貫したコ
ミットメントと覚悟が不可欠である。CEOのみならず経営トップを構成する
各メンバーが自己の職責に「たこつぼ」的にとらわれるのではなく、経営全体
を俯瞰した立場からオーナーシップマインドをもって、その役割を果たしてい
かなければならない。特に、海外M&Aに不可避である大きなリスクに対して
果敢かつ的確に対処していくためには、とりわけCFO、法務担当役員および
社外取締役に期待される役割は大きい。
　　これらのポジションについては、執行側とそれを監督する側という差異はあ
るものの、本来、CEOとともに中長期的な企業価値の向上にコミットし、そ
れに伴うリスクの精査や対処方策の検討をはじめとして、経営全体を俯瞰した
建設的な役割を果たすことが期待されている。しかしながら現実には、特に大
きなリスクや不確実性を伴う海外M&Aにおいて、そのネガティブサイドの指
摘に終始し、ブレーキ役としてしか機能していない、といった声も聞かれる。
これらのキーポジションが必要なリスクテイクも含め自社の目指すべきところ
を実現していくために必要な行動について、海外M&Aの豊富な経験を有し、
その成功をリードしてきた経験者からのヒアリングをもとに「9つの行動」の
別冊としてまとめた。
【CFOに期待される役割】
　　CFOは、単なる金庫番や経理・財務部の長にとどまらず、CEOの財務面で

のブレーンとして、企業価値向上のためのドライバーを掌握しつつ、CEOとともに戦略・ビジョンを構築していくことが求められており、いわば海外M&Aの「要」となる存在。無謀なリスクテイクを避け、財務規律を働かせることにとどまらず、企業価値向上のために海外M&Aをどのように活用すべきか、戦略の検討・必要な資金の調達からPMIまですべてにプロアクティブにかかわっていくことが求められる。

【法務担当役員に期待される役割】

　法務部門には、企業価値の毀損を防止する「保守的なストッパー」としての役割にとどまらず、企業価値の向上や持続的成長に資するM&Aを後押しする観点からM&Aプロセス全体を通じ、リスクの洗い出し・分析や対応策の検討・判断を主体的に行い、事業部門をサポートしていくことが期待される。そのリーダーである法務担当役員には、経営トップの一員として、ディール時のみならず戦略・ビジョン検討から統合後までのあらゆるプロセスにおいて、的確なリスクテイクとビジネス判断を行うための積極的な関与と貢献が求められる。

【社外取締役に期待される役割】

　海外M&Aの成否は企業価値に大きく影響を与えるものであり、社外取締役の積極的な関与が求められるが、個別案件の実行自体は、もっぱら執行に属するものでもあり、また短い時間軸・高い秘匿性のなかで遂行されることから、その関与には限界がある。したがって、個別案件以前の段階で、社外取締役に（個人としておよび全体として）期待される役割について、執行側としっかり整理・共有しつつ、Pre-M&A段階（戦略策定や当該案件と戦略ビジョンとの整合性等）やPMI以降（「買いっぱなしになっていないか」のチェック等）を中心に、「執行側がみたくないところ、あえて目を背けているところ」を意識し、社内の議論の喚起やチェックを行うことが重要である。

〇おわりに

　海外M&Aに取り組む背景や目的、状況は各企業によりさまざまであり、これをやれば必ず成功する、という必勝法はないし、他社の取組みをそのまま真似ればうまくいくほど単純なものでもない。「9つの行動」やそのなかで取り上げた各社の事例も参考にしながら、それぞれの企業において自社の状況や過去の経験などにも照らし、自社なりの「型」を構築し、それをさらにアップグレードさせながら、海外M&Aを活用した成長を実現していっていただきたい。

第5章

コーポレートガバナンス改革と
資本市場

5 ー 1

はじめに

幸田　博人

　今回は、「コーポレートガバナンス改革と資本市場」と題して、日本の資本市場が本当の意味で変革できるかどうかについて、考えてみたいと思います。第3章の企業サイドの話（堀場製作所・大川CFO、エーザイ・柳CFO）をふまえたうえで、東京証券取引所の小沼常務にお越しいただきました。「ガバナンス改革」が日本の資本市場にとっていかに大事であるかについて、今後の日本の経済の成長を視野に入れていくなかで、企業と投資家の仲介者としての中立的な見方もご提示して、全体観をとらえることができればと思います。コーポレートガバナンス改革は、企業経験のない学生の方にはとっつきにくいので、本日は、東証の小沼常務の話の前に、コーポレートガバナンスについて長年にわたって調査・研究している上田主任研究員（日本投資環境研究所）にお話をいただきます。上田主任研究員は、現在、ロンドンでガバナンスの調査・研究をしており、ロンドンの枠組みが日本の見本になっている面もありますので、ロンドンの状況も含めて、コーポレートガバナンスの概要をお話いただきたいと思います。

(1)　OECDの原則と日本の現状

　まず、私のほうから、上田主任研究員と小沼常務の話を理解する前提として、3点お話をします。コーポレートガバナンスの歴史的流れです。OECDにおいてコーポレートガバナンスの位置づけを明確にしたのが、歴史的なスタートとなります（1999年のOECDの「コーポレートガバナンス原則」）。米国では企業経営のチェック・モニタリングという観点、欧州ではアカウンタビリティーという観点が重視されてきています。米国での2000年代前半のエンロン等を含めた不正行為や、欧州や日本においても、さまざまな企業不祥事

等が後をたたないということで、企業経営の根幹である企業統治が重視されるようになりました。特に、機関投資家等が長期的に株式投資を進めていくにあたっての考え方です。機関投資家、企業（企業トップや財務関連役員等）、金融当局（政府・中央銀行）、取引所などの専門家が、OECDの「コーポレートガバナンス原則」（改訂版2004年）を、世界の共通の枠組みとしてとらえています。その後、2008年のリーマンショック後の金融危機もふまえながら、2015年には、OECDの原則も大きな改訂が行われています。この2015年の改訂では、特に、株主の権利については、いわゆるステークホルダーとしての株主の平等な取扱いという概念が前面に出ていて、機関投資家とか株式市場、その他の仲介者という、投資家サイドを強く意識する考え方も出てきています。そうしたこともふまえて、ステークホルダーの役割、あるいは開示とか取締役の責任が主要な原則の項目として成り立っています。

　次に、日本の現状について、どう理解しておくかが重要になってきます。いくつか大事な指標がありますので、それらを通じて、日本の現状について確認していきたいと思います。日本のコーポレートガバナンスの現状について、世界各国のなかで、スコアリングされているデータがあります。これをみると、「会計・監査の状況」は、スコアリングそのものが高く、レベルも上がってきています。また、「政府の対応」や「取引所、投資家の対応状況」については、着実にスコアが上がっています。日本においても、コーポレートガバナンスの取組みが相応に進んできていることがみてとれると思います。取締役会の構成ということにおいても、「社外取締役選任人数別　企業比率」をグラフでみると、社外取締役が３人以上のところが過半になってきています（図表５－１－１）。2007年が10％という比率だったのと比較すると、明らかに状況は変わってきていて、社外取締役の重要性が理解され始めていると思います。

(2)　日本のコーポレートガバナンス改革の歴史について

　日本においては、コーポレートガバナンスに対する本格的な問題意識は、

図表5－1－1 社外取締役選任人数別 企業比率（東証1部）

年	0人	1人	2人	3人以上
2007	56.0	22.0	12.1	9.9
08	55.0	21.4	12.7	10.9
09	53.6	21.7	13.3	11.4
10	51.8	22.2	14.2	11.8
11	48.6	24.2	15.2	12.0
12	45.8	26.1	14.7	13.4
13	37.8	31.8	17.0	13.4
14	25.3	40.0	20.5	14.2
15	5.4	35.2	38.2	21.2
16	1.1	13.4	49.8	35.7
17	0.5	7.5	50.8	41.2
18	0.2	5.2	49.3	45.3

（注） 東証コーポレート・ガバナンス情報サービスを利用して作成。毎年8月1日に集計。

（出所） 日本取締役協会（2018）「上場企業のコーポレート・ガバナンス調査」より作成。

2009年頃に出てきています。その契機としては、世界の投資家から、「日本のガバナンスは遅れている」「社外取締役が入っていないというのはガバナンス上大きな問題である」という指摘が強くなされたことが関係しています。そうしたことに加えて、日本の株式市場が低迷していたこともあり、経済産業省の「企業統治研究会」や、東京証券取引所の「上場制度懇話会」において、議論がなされました。

　その時の議論について、たとえば、社外取締役の導入については会議の場では、かなり意見が割れています。一部をご紹介すると、「（社外取締役が入れば）いろんな意見が出て、会社の経営が改善されるのではないか」「アカウンタビリティーが高まるという効果がある」「上場企業の1つの品質保証になるのではないか」等の賛成意見がありました。一方で、反対意見も相応に多くて、特に企業サイドから、「社外取締役の目的は理解できるけれども、社外取締役が務まるような人がいるのか」「実際何ができるのか疑問である」

「年４回の取締役会に出席するだけで何の意味があるのか」「アドバイスとかモニタリングというなら、取締役である必要はないのではないか」などの意見が出ています。この時点では、社外取締役の有用性とか有効性に対する懸念、疑問が相当出ていた、こういう時代がありました。いまや、こうした意見はナンセンスであるということが大多数の理解になっています。時代は、ようやく変わってきつつあると思います。企業統治研究会のなかで、社外取締役について一定の必要があるだろうという方向感が出て、少しずつ世の中が動いてきたということです。日本の場合、時間が必要な場合が多いという１つの事例ではないかと思います。

　その時の海外の投資家の意見を紹介しておきたいと思います。世界の投資家として、ACGA（Asian Corporate Governance Association）という団体が、日本のガバナンスが遅れていて、こういう改善を加えるべきだという意見書を何回かにわたって出しています。18カ国112社のメンバーで構成された団体で、世界の主要投資家をほぼ網羅したかたちで意見が出ています。その意見書ですが、５つの論点がありました。①監査役との比較における独立取締役の役割、②株主総会と議決権の代理行使、③第三者割当増資資金調達、④株式持合いと株式投資、⑤会社と投資家の対話です。これらが大きな論点として出ています。これらの論点は、この後上田主任研究員が説明する、コーポレートガバナンス・コードの改訂に反映されています。たとえば、「発行体と投資家との対話」をどうするかという点はかなり具体的になってきていて、そうした項目について、企業として取り組むことによって企業価値を長期的に上げていくことが明確に出てきています。こうした考え方を取り入れて、日本の企業価値をどう上げていくのかについて、かなり浸透し始めています。現在につながる個別の論点について１つ申し上げておくと、「発行体と投資家の対話」のところですが、当時、海外の投資家としては、発行体と投資家の対話の質には改善の余地があることを指摘していて、短期で売買する投資家ではなくて、長期的に保有する投資家との対話の機会をこれまで以上にもつように努めるべきであるという主張を展開しています。オープンで

建設的な対話を通じて、双方がお互いの見解をよりよく理解することにあるということです。いまからみれば当たり前のことを提言していたわけですが、こうしたことが、約10年前は、まだまだ受け入れられずに、海外の投資家からは、日本のガバナンスが非常に脆弱であるとみられていた大きなポイントの1つであったわけです。

　アベノミクスがスタートして、成長戦略を押し進めていくなかで、企業と投資家の望ましい関係構築に関して日本が1つ踏み出す重要なタイミングになったのは、いわゆる「伊藤レポート」です。「伊藤レポート」は、経済産業省のプロジェクトの最終報告として、2014年の8月に出されました。このなかで、投資家と企業をつなげて考えるインベストメントチェーンという新しい概念が出てきました。また、企業の収益力、稼ぐ力を高めて、持続的に価値を生み出し続ける、すなわち、長期的な投資からのリターンを得られる仕組みが必要であることを示しました。株式市場がややもすると短期的な売買の場とみられがちなところを、企業に対して長期的に投資をする投資家が大事だと理解させるためには、どういうことをしなければいけないのかを考えていく必要があると示しました。また、「中期的かつ持続的な企業価値創造には、企業経営に対する投資家の理解は不可欠である」という観点から、企業の経営に投資家が深く理解しコミットしていくことを投資家サイドできちんとできるようにしました。

(3)　PBRという観点

　PBRは、株価と1株当りの純資産を比較した倍率です。1倍であれば、要するに解散価値（清算価値）とほぼ同じだということになるわけです。1倍未満だと、いまある純資産ほどの価値がないとマーケットからみられていて、割安だという見方もありますが、将来の成長性がないとみられることになります。世界との比較でみると、米国と欧州に比べて日本にはPBR1倍未満の企業が多く、日本の企業に期待する成長性が低く、株価の割安感が極端に顕著に出ているということです。これを銀行業で比較したのが図表5－1

図表 5 - 1 - 2 日本企業と銀行業のPBR分布比較

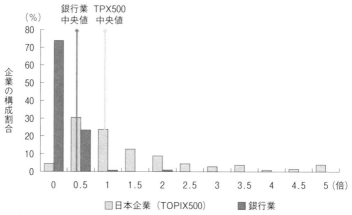

（注） TOPIX500の502社および銀行業の81社のPBRが、どの程度の倍率に
　　　分布しているかを表示。銀行業（東証銀行業指数）
（出所） Bloomberg（2018年11月 6 日）

- 2 です。日本の企業（TOPIXの500社）のPBRの中央値が1.2倍ぐらいです。
東証上場の銀行業が81社含まれていて、PBRは0.6倍と低くなっています。
これは、銀行業のビジネスモデルが非常にむずかしくなってきていて、地方
銀行等を含めてビジネスモデルに対する先行きに懸念があることを示してい
ます。フィンテックの脅威もありますし、競争過多や資金需要不足との関係
でなかなか厳しくなっていることを物語っています。こうした指標を通じ
て、ガバナンスをより強く意識して、企業価値を上げていくために背中を押
しているわけです。

　最後に、今日の論点を 5 点示しています（図表 5 - 1 - 3）。今後の構造問
題としての論点を、今日の講義を通じて深めていければと思います。

図表5－1－3 「コーポレートガバナンス改革と資本市場」の論点

■コーポレートガバナンス・コード改訂後の具体的な変化は何か。その変化をどう感じているか。
　二極化構造（CGコードの実質的な定着が不十分）に変化はみられるか。

■ESGの重要性をどうみるか。一過性のブームではないのか。

■欧州と米国のコーポレートガバナンスとの比較／どう評価するか。

■ダイバーシティのむずかしさについて、日本の構造的問題としてどう対処すべきか。

■日本の今後の大きな社会構造変化のなかで、取引所の競争力は、何を強みに構築していくことができるのか。

日本企業のコーポレートガバナンス改革

株式会社日本投資環境研究所主任研究員

上田　亮子

こんにちは。日本投資環境研究所の上田です。

日本は現在、世界でも稀にみる、コーポレートガバナンス改革が急速に進展し、そして成功しているとみられている市場であります。そういったなかで実際にどういう議論が進んでいるのか、あるいはどういう課題があるのかを今日はお話しさせていただきたいと思います。

(1) コーポレートガバナンス・コードとスチュワードシップ・コード

日本は産業立国ですので、特に上場会社の価値が上がると、上場会社に投資をしている株主の価値が上がる、利益につながる。そうなると、株主としては、特にこれが機関として投資を行っている場合には機関投資家、直接的には運用機関と呼ばれる資産運用を行う会社の価値や利益が上がる。そして、運用機関の背景にいる資金の出し手は誰かというと、アセットオーナーと呼ばれる年金基金あるいは保険会社があります。皆さん20歳を超えていれば国民年金を払っていると思いますが、私たちの年金は、GPIF（年金積立金管理運用独立行政法人）という世界最大の年金基金である機関投資家が、150兆円以上を運用しています。こういった国民年金あるいは保険というのは、最終的には受益者である国民一人ひとりの利益につながるということで、上場会社の価値を上げると、国民一人ひとりの経済的発展、最終的には経済全体での発展につながるという、インベストメント・チェーンにおける価値向

図表5－2－1　コーポレートガバナンス・コードとスチュワードシップ・コード

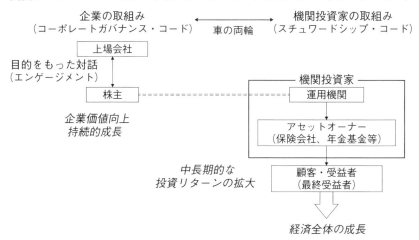

上の仮説に基づいています。

　そのための仕組みが、1つは、企業側の取組みを促すものとしてのコーポレートガバナンス・コードです。もう1つは、企業に投資をしている機関投資家、個人に比べると専門家集団の投資で資金量も大きくなりますので、こういう機関投資家による取組みを促す仕掛けとしてのスチュワードシップ・コードです。これら2つのコードをつくって、価値向上の取組みを促すのが日本の大きな流れになっています（図表5－2－1）。

　コードというのは、法律ではありません。そして規則でもない。ソフトローといわれる、日本の制度の枠組みのなかでは新しい概念になります。ソフトローとは何かというと、「コンプライ・オア・エクスプレイン」すなわち「遵守するか、そうではない場合にはその理由を説明する」というアプローチを採用している新しい概念です。実は最初のコードを入れた段階においては、多くの方は、これはなんだという疑問があったのではないかと思います。「コンプライ・オア・エクスプレイン」というのは、コードにおいてベストプラクティス、最善慣行というあるべき姿を原則として示す。それに対してコンプライ（遵守）して対応するか、あるいは、対応できない場合や

企業の実情に応じて違う方法が適切な場合には、その理由をエクスプレイン（説明）するというアプローチになります。ガバナンスというのは、善悪が明確なものではありません。望ましい会社の姿が一方でありながらも、最終的にはそれぞれの会社にあったかたちが求められます。そのため、コードなどで一定の方向を示しつつも、それぞれが実情に応じた柔軟な対応を示すことが求められているのです。

ただ、日本では決まりは守るべきと刷り込まれていますので、コードのエクスプレインを避けようとします。遵守せずにその理由を説明するというのは、なんとなく心のハードルが高いようでして、どうしてもコードに沿った対応をしなければならないと考える会社が多いようですが、本質的には柔軟性を認めていることがコードの趣旨であろうかと思います。

コードは、日本の上場会社を対象にしています。上場会社の価値を上げることを通じて、そこに投資をしている国民経済全体の価値を上げようとのことで、上場会社全体が対象です。ただし、ガバナンス・コードはかなり詳細に規定されています。細かいルールについては、新興企業等にはなかなか適応がむずかしいため、市場1部、2部についてはガバナンス・コードが全面適用されて、それ以外については原則という基本部分だけが適用されます。

もう1つの機関投資家に対するスチュワードシップ・コードはより緩やかで、日本で投資活動を行っている機関投資家に対して任意での採用を促していますが、すでに200以上の機関投資家が採用ずみで、日本で投資活動をしている主たる機関投資家はほぼすべて採用しています。

なぜ、ガバナンスの文脈で機関投資家が出てくるかというと、日本の証券市場における株式の所有構造をみていただくと、「外国法人等」が30％を超えて最も比率が高くなっています。また、近年では「信託銀行」、すなわち機関投資家の存在感が高まっているという実態があります。外国法人の比率が高いため、日本市場は海外からどう評価されるかが重要になっている。マーケットとしての位置づけに関係してくるということになるかと思います。

さらに、日本の市場において年金資金は10%弱ぐらいを占めています。そのため、年金というアセットオーナーの存在が大きくなっています。

コーポレートガバナンス・コードは世界の90カ国以上にあり、新興国でも導入されています。これに対してスチュワードシップ・コードの導入は、比較的先進的なマーケットをもっている国が多いです。ガバナンス・コードは、新興国においては、資本市場を通して外貨の投資を促す手段として使っている国も多いようです。ですから、アジアやアフリカ等においては、中央銀行や財務省が所管をしているケースもあります。

(2) コーポレートガバナンスとは何か

コーポレートガバナンスとは何か、を確認したいと思います。コーポレートガバナンスは、日本においては、「会社が、株主をはじめ顧客・従業員・地域社会等の立場をふまえたうえで、透明・公正かつ迅速・果断な意思決定を行うための仕組み」と定義されています。この定義には、ほかの国と比べて変わった点があります。

次に、英国のガバナンス・コードについて説明します。

ガバナンス・コードを世界で最初につくったのが英国です。1992年につくられたコードのなかで「ガバナンスとは会社を方向づけ、制御するための仕組みである」と定義されました。最後に「株主に従う」とあり、会社は株主のほうを向いているわけです。そして、誰に支配（コントロール）されるかというと、株主に従いなさいということで、株主の利益を最大限尊重した経営が求められているわけです。

ところが、日本のコードは、株主をはじめステークホルダーと呼ばれる顧客や従業員、地域社会への配慮を一番最初に書いている。これが大きな特徴です。ただ、英国も最近はステークホルダーを重視するようになっています。ブレグジットの反省として、経済社会の格差是正に焦点が当てられるようになり、株主の利益を追求するあまり、社会全体に不平等が生まれていないかという問題意識が生まれました。つまり、労働者にも女性にも還元され

ているか、白人の男性だけが高い地位や所得を得て、それ以外のものには還元されていないのではないか、そのような格差があるのではないかという懸念も出ております。そこで、メイ政権においてこういう格差是正という観点も含めて、「従業員や地域社会」への配慮を強く制度上、打ち出しています。

日本がコードを入れた当初は、ステークホルダー配慮は、日本独特の従業員への配慮が強い経営だからだといわれてきた面もありますが、その後、英国というガバナンス・コード発祥の国においても同様の動きになっています。日本は、ガバナンスなどの分野ではガラパゴスであるとか遅れているとか批判されがちですが、その後世界的に広がった面もあるということになります。

日本でガバナンス・コードが入った背景には、世界からみたときの日本の特異性が3点ありました。第1は、社外取締役の採用が遅れていることです。第2は、メインバンク制度です。第3が、政策保有株式あるいは持合い株式です。これらが、日本の市場をゆがめていて、株主による規律が働かない仕組みになっているのではないか、日本の市場あるいは日本の株式会社に共通の3つのガバナンス上の課題であるといわれていました。

3つのなかで、特に2つ目のメインバンク制度、これは事実上崩壊しているといえましょう。ところが、社外取締役と政策保有株式は、企業文化にも根ざしていて解決がむずかしかったため、ガバナンス・コードにおける主要な論点になっています。

ただ、現状は「仏をつくって魂を入れず」というか、形式面では進んでいても、実質面では心がこもっていない。

そんななか、ガバナンス・コードは2015年に策定されて、2018年6月に改訂が行われました。企業としては継続的な、市場のニーズに応じた対応が求められます。

それを議論しているのが、フォローアップ会議と私たちは一般に呼んでいますが、金融庁に設定された「スチュワードシップ・コードおよびコーポレートガバナンス・コードのフォローアップ会議」です。

さらに、コーポレートガバナンス・コードと並んで、「投資家と企業の対話ガイドライン」という、付属の新しい文書を公表しています。

　ガバナンス・コードだけだと、なぜそのコードが入っているのか、背景や趣旨がなかなか伝わらず、形式的な対応をしてしまうことがあります。そこで、たとえば、コードでは、取締役会のダイバーシティを高め女性や国際性のある人を採用しなさいと書かれていますが、ガイドラインでは、「女性はいますか」などの具体的な問いかけをしています。「投資家と企業の対話ガイドライン」ですから、投資家と企業が対話をするうえでの質問や、こういうシナリオで対話をしてくださいと述べられていて、それがガバナンス・コードの本質的問題になります。そこが本当にできているかどうかについて、シナリオを通じて取組みや説明を促すかたちになっています。

　このように、「投資家と企業の対話ガイドライン」は、投資家が確認を求める可能性が高い事項と具体的な方向性や考慮すべき論点を示しつつ、より具体的で踏み込んだ内容で、趣旨や、それを企業経営においてはこういうかたちになるのではないかと議論させて、改善を促すというストーリーになります。

　日本企業は、東証1部上場会社のなかにも、自分たちがグローバル市場に上場しているという意識の少ない会社が多いようです。どうしてガバナンス・コードで独立社外取締役を2名入れろとか、政策保有株式をもつなとか要求されるのかとの批判のゆえんです。たとえば、地方の会社の場合には、大学も金融機関も企業経営者も少なくて、社外取締役の候補者を探すのも大変なのに、ということをおっしゃるんですね。しかし、東証1部市場は、ニューヨークやロンドンと同じくグローバルな市場として世界はみています。グローバル市場に上場しているという自覚をもって、その市場を使っている責任を果たすために、こういう取組みをしていると納得してもらうと、企業経営者はコードの趣旨を理解されることが多いようです。

　コードが東証の上場規程に組み込まれていることもあって、ガバナンスの対応が要は一種のコンプライアンス対応として、とりあえずの形式を整えて

いるという会社もあります。他方では、しっかり実質的に取り組み、よりよいものにするため、価値を生むための取組みをしているという会社もあり、二極化が進んでいるようにみえます。

　今後は、わが国の会計基準や金融商品取引法だけではなく、世界的にも国際会計基準等も含めた、情報開示の強化を通じて、会社の取組みを正確かつ必要十分な情報に基づいて、市場に対して説明していくという動きになっています。その内容は、必ずしも財務情報のみならず、非財務情報といわれます。たとえばガバナンスの取組み、環境への取組み等々を含みます。こういうことが現状の課題になっています。

　これに対する投資家の反応ですが、まず国内機関投資家はガバナンス・コードをどう使っているかというと、彼らは株主総会で議決権の行使をしますが、その場合にコードに書いてある内容を最低基準として活用しています。たとえば、社外取締役2名という基準がコードに入っていると、2名いない会社については反対票を投じる場合もあります。

　他方では、ガバナンスの問題は非常に微妙なものです。経営そのものにかかわることで、会社としては外から口を出されたくないわけです。日本の機関投資家、運用機関は、金融機関の関連会社であることが多いため、そういったところから「御社の社長は、適任ではないので、反対します」といわれるのは、日本の社会ではおもしろくないと思う人もいる可能性があります。あるいは歴史的に金融機関が事実上主導してきたともいえる政策保有株式に対して、金融機関の関連会社の運用機関は、積極的に反対しづらいという場合もあります。

　これに対して、海外投資家からは、ガバナンス改革については成功したということで、日本市場に対する一応の評価を得ていると思います。

(3)　ESGと企業のガバナンス

　最近ESG投資というものが大変活発です。ただ、ESG投資は、方向や目的を見失いやすいものがあります。

私はいま英国に住んでいますが、あるときからお店のストローが紙のストローになりました。投資家等が、プラスチックによる海洋汚染等が進んでいることを大きくアピールして、あるとき本当に一夜にしてぐらい、プラスチックが問題視されました。ところが、カフェでアイスコーヒーなどを飲むときのカップがプラスチックで、これは全然減らないのです。しかも分別もあまりされていなくて、それを一般ごみと同じごみ箱に捨てる。日本では、カフェでもプラスチックや紙を分別して捨てています。英国のカフェから最後はごみ処理工場に運ばれて、多くは移民の人たちが全身防備をして分別する仕組みになっているようです。日本のほうが社会に定着していて企業も頑張っているのですが、スマートに投資家に対応する欧米企業に比べると、説明責任が課題として残されているように感じます。

　このESG問題を強く主張する外国人投資家もいます。他方では、同じ運用機関のなかでも、ファンドマネージャーは企業価値や業績に着目しますが、ESG専門部隊はESG問題だけに焦点を当てて企業と対話していることもあるようです。そのため、ロンドンに来られた日本企業のなかには、投資家からプラスチックについて質問されても、「当社にはプラスチック製品はない」とおっしゃる経営者もおられます。あるいは、メディア企業なのに、プロダクト・ライアビリティはどうですかと質問を受けることもあります。このように、ESGについては、やや行き過ぎたようなことが起きているという問題もあるようです。

(4)　ガバナンス・コード改訂のポイント

　次に、2018年にガバナンス・コードが改訂されましたが、次のステップとして取組みの見直しにおけるテーマをいくつかピックアップしたいと思います。

　第一に、経営環境に対応した経営判断を行うということです。これは何かというと、要はゾンビ事業、ゾンビ企業というものをいつまでも存続させているのはどうかということです。会社は、環境に応じてより柔軟に対応を変

えるべきであり、1つには事業ポートフォリオの見直しが求められます。

　たとえば、会社発祥の伝統的な事業からもう少し撤退を早くすれば、会社全体ではより利益が上がる、価値が高まる方向に行けたはずなのに、それが伝統や歴史という壁があってできないことがあります。あるいは、先輩経営者が力を入れていた事業からはなかなか撤退できないこともあるようです。環境変化が激しいいまの時代は、現在の最善の意思決定をしてくださいというのが、事業ポートフォリオの見直しです。どちらかというと、いまの経営者が果断な判断ができるよう背中を押してあげるというものになります。

　そして、次が資本コストです。引き続き、経営判断における資本コストに対する意識の低さについては議論されることになっています。たとえばM&Aをするときに資本コストの観点が欠如していることがあります。経営判断において、投資するお金にかかるコスト、株主から預かっているお金はただでもらったものではないというところを、判断の評価指標としてまったく入れていない。ただではないお金を投資するわけなので、当然、そのかかったコスト以上の利回りを得ないと会社としては事業経営が成り立たないのですが、株主から出資されたお金は、勘定のなかでは会社の資本になってしまいますので、企業経営者は自分たちのお金だと思ってしまうことがあるのではないでしょうか。

　ちなみに、ロンドンや海外で議論していると、「資本コストは」という話にはならないのです。なぜかというと、当たり前だからです。経営者は当然、資本コストを意識して経営しているため、わざわざ確認をしてなんていうことはないのです。

　あとは、事業ポートフォリオの見直しのほか、設備投資、研究開発投資、人材投資等の配分をどうするかということ。ここはやや社会政策的なものもありまして、日本の会社にはキャッシュがたまっているのに、どうもそれが将来投資に回っていない、労働分配が上がっていないという政策的なものもあって、こういう会社リソースの適切な配分も入っているということになります。

第二に、CEOの選解任と取締役会の機能発揮等です。CEOというのは社長ですが、ガバナンス・コードやコーポレートガバナンスは何のためにするかというと、CEOのリーダーシップを発揮させるためです。けれども、暴走しないための仕組みをしっかりと固める必要があります。これが英国の伝統的な考え方であったかと思います。CEOによって会社の方向が決まってしまうので、誰がCEOになるかというのが、会社の関係者にとっては最も肝となるわけです。

　そのCEOを選任するプロセスというものがしっかりと確立される必要があるため、委員会制度の活用が推奨されています。指名委員会と報酬委員会の2つの委員会です。次のCEOを誰にするかということを取締役会のなかだけではなくて別途指名委員会でも議論します。また、その報酬をどうするか、業績を判断してボーナスを払うか、払うとしたらいくら払うかということを検討する報酬委員会の設置がガバナンス・コードで求められています。

　その次の問題が、独立社外取締役の選任になります。コーポレートガバナンス・コードは、独立社外取締役2名が基準になっています。私の調査（図表5－2－2）では、2010年には社外取締役がいない会社といる会社が50％ずつということで、ちょうど半分しかいませんでした。2011年以降、2014年に会社法改正の動きもあり、社外取締役が0名という会社がかなり減ってきました。そして、2015年にガバナンス・コードが入った頃から、今度は基準の2名が一般化しつつあるということです。2018年時点では、社外取締役が2名の会社が48.9％、そして0名の会社が4.3％ですので、残りの半数近い会社は3名以上の社外取締役がいるということになります。先ほど、日本市場においては社外取締役の不在が海外から批判されていたといいましたが、この問題はほぼ解決したといえましょう。

　次の展開としてグローバル投資家が求めているのは、現コードの独立社外取締役2名ではなくて、取締役会の3分の1なのです。ですから、将来コードが強化されて、2名から3分の1、独立社外取締役を設置すべきという内容のコードに変更されても、まったく驚かないということです。

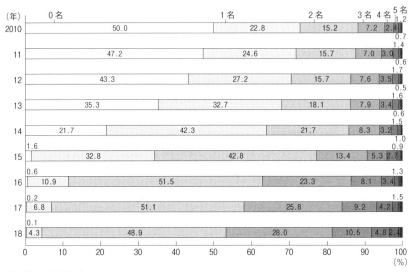

図表 5 − 2 − 2　社外取締役の採用

（年）

2010	50.0	22.8	15.2	7.2	2.4	1.2
11	47.2	24.6	15.7	7.0	3.0	0.7 / 1.4
12	43.3	27.2	15.7	7.6	3.5	0.6 / 1.7
13	35.3	32.7	18.1	7.9	3.4	0.5 / 1.6
14	21.7	42.3	21.7	8.3	3.2	0.6 / 1.5
15	1.6 / 32.8	42.8	13.4	5.3	2.7	1.0 / 0.9
16	0.6 / 10.9	51.5	23.3	8.1	3.4	1.3
17	0.2 / 6.8	51.1	25.8	9.2	4.2	1.5
18	0.1 / 4.3	48.9	28.0	10.5	4.8	2.4

（出所）　筆者作成

　続いて、多様性です。多様性について、新しいガバナンス・コードでは、2点、具体的に提示しています。1つ目はジェンダー、2つ目が国際性です。ジェンダーは、女性が活躍できるように、働き方改革を進め、たとえば結婚をして子供を産んでも社会復帰がしやすい環境をつくり、あるいは子供の保育所を増やそうといった一連の取組みが行われています。

　世界と比較して、日本企業において、役員における女性比率はどれぐらいかまとめてみました（図表5−2−3）。2011年と2015年の比較です。2011年は、そのくらいの時期から欧州においてジェンダー、いってみると女性活用の議論が進んで、各国で政策的に取組みが進んだ時期に重なります。2015年は、それがもうすでに定着しているという時期になりますが、ノルウェーはもともと女性活用していた国で、女性役員の比率は42％で世界で1位です。フランスやベルギーも高く、英国は23.2％です。英国は少し保守的と思われていますが、そういう国でも約4分の1は女性です。対して日本はどうか。倍増はしたのですが、1.4％から2.8％に倍増したと。比較すると恥ずかしい

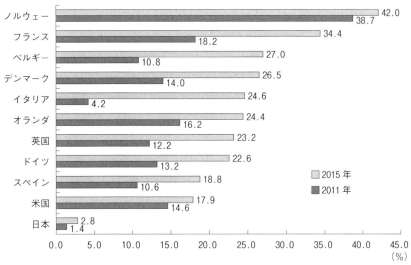

図表5－2－3　役員における女性比率

	2015年	2011年
ノルウェー	42.0	38.7
フランス	34.4	18.2
ベルギー	27.0	10.8
デンマーク	26.5	14.0
イタリア	24.6	4.2
オランダ	24.4	16.2
英国	23.2	12.2
ドイツ	22.6	13.2
スペイン	18.8	10.6
米国	17.9	14.6
日本	2.8	1.4

（出所）　内閣府男女共同参画局資料

くらい、まったく世界の動きと違っています。

　そんななか、これは内閣府の取組みですが、2011年に当時1.4％の女性取締役の比率を2020年には10％にまで上げることを目指しています。2017年に3.7％まで増えたものであり、かなり急激な取組みを促しています。この政策目標を達成するために、ガバナンス・コードも総動員しているわけです。とはいえ、ジェンダーに配慮することは大切であり、目標はともかく、方向性や企業の後押しになることはいいのではと思います。

　それでは、海外、たとえば私がいる英国においてどういう取組みがされているかを図表5－2－4に示します。英国上場企業トップ100をみると、2011年に10％強から11％程度だった女性取締役比率が、2017年に25％を超えています。中小型企業は、それよりも規模が小さいので取組みが遅いですが、それでも同時期に6、7％程度から、20％程度にまで大きく増加しています。ところが、これは非業務執行取締役という役職で何と、日本でいうところの社外取締役です。この非業務執行取締役は、数年間で2倍以上増えて

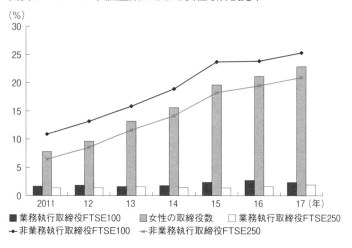

図表 5 - 2 - 4　英国企業における女性取締役比率

（凡例）
■ 業務執行取締役FTSE100　　□ 女性の取締役数　　□ 業務執行取締役FTSE250
◆ 非業務執行取締役FTSE100　　✕ 非業務執行取締役FTSE250

いる。ところが、社内の取締役である業務執行取締役は、同時期にほとんど変化がありません。これは、日本もまったく同じなのです。日本企業も、今後の課題としては社内の女性の取締役をふやさなくてはいけません。ただ、それには、たとえば皆さんのような若い世代が就職して、だんだん経験を積んで昇格して、最後、取締役になるには時間がかかるので、まずは社外取締役から入れましょうというのが、いまの動きかと思います。実際、女性活用は海外では進んでいるといわれがちですが、よく分析すると、実は海外でもまずは社外から呼んできていることが多いかと思います。

　第三に、政策保有株式についてですが、これは持合い株ともいわれ、海外ではクロスシェアホールディングといわれています。この政策保有株式は日本市場をゆがめているのではないかということで、コードにおける大きな課題として残されています。それを解決するために、まずは透明性を高めることが求められます。さらに、今回は、政策保有株式縮減の方針を定めたわけです。ただの政策保有株式に関する方針ではなくて、縮減の方針です。要は、政策保有株式を減らすように求められているわけです。

　政策保有株式の保有株主は、一般に、安定株主と呼ばれます。有価証券報

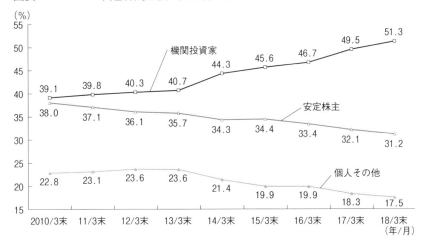

図表 5 - 2 - 5　自己株調整後の安定株主比率、機関投資家比率の推移

告書で開示される「大株主の状況」を分解して、これを機関投資家と安定株主に区分したものです。政策保有というのは戦略的にもっているわけですから、これは売らないのです。会社との取引関係やさまざまなつき合いを前提としてもっている株主と定義しますので、安定株主とみられます。

　日経225企業における安定株主による保有比率をみると（図表 5 - 2 - 5 ）、2010年 3 月末時点で約38％でした。ところが、これが、2018年 3 月末には約31％までに減ってきています。この期間ではガバナンス・コードが入ったり、あるいはそういった海外からのプレッシャーがかかったりして、減りつつあります。一方で、機関投資家の比率が急激に伸びているという構造になっています。ただ、38％から31％に減ってはいますが、なくなってはいません。日経225という日本を代表する225社といわれる会社においても、株主の 3 分の 1 はまだ安定株主である、政策保有株主であるということです。ですので、市場の 3 分の 1 程度はこういう、売らない、取引関係があるような株主がもっているのではないですかという懸念がされています。

　ただ、一方で、とにかく政策保有株式をなくせばいいという簡単なものでもなくて、これは日本の商慣習に基づいているものでもあります。欧州でこ

の政策保有株式の話をすると、欧州企業でも経営者は皆さん、理解を示すわけです。経営者にとっては、たとえばいきなり新興国の資金が潤沢な企業が、多額の資金をもって買収に来ると怖いといわれるのです。ただ、だからといって実際に株式をもたせてしまうかどうかは、これは日本にはそういう習慣があるからできることであって、習慣がない国においてはなかなかそういう選択肢、その発想にはなりません。本当に会社のために必要な他社株式の保有ということであれば、これはしっかり説明や対話をして、会社にとって望ましい解を見つければいいのではないかということもあります。

(5) スチュワードシップ・コードとは

最後に、スチュワードシップ・コードの概要に触れます。コーポレートガバナンス・コードについては相当細かくお話してきましたが、スチュワードシップ・コードは7つしか原則がありません。イギリスのスチュワードシップ・コードをもとにしてつくったのが日本のスチュワードシップ・コードですが、内容はほとんど変わりません。なぜかというと、ガバナンス・コードは、各国の企業の状況は世界中で企業文化や商慣習、歴史が国によって違うので、バラエティーに富んでいます。たとえばアジアのなかには、取締役会にその国の出身者がいなければいけないとかそういうことが入ったりもするわけです。ところが、機関投資家の動きは、世界中だいたい同じなのです。グローバル投資家の行動原理は共通で、日本市場に投資するときと米国市場と英国市場に投資するときで、投資行動が違うということはありません。ですから、スチュワードシップ・コードは共通の部分も多くなっています。

スチュワードシップ・コードは、エンゲージメントと呼ばれる対話を核にしています。ガバナンス・コードとスチュワードシップ・コードの両方をつなぐものがエンゲージメント、対話といわれるものです。価値を上げるためには、運用機関をはじめとする機関投資家がしっかり対話をしなさいということです。その対話のためのガイドラインがつくられたと先ほどお話しましたが、そういった対話を通じてガバナンスの向上を図ってくださいというの

が、日本におけるこの取組みの大きなかたちということになっています。

　とはいえ、まだまだ、運用機関側の課題もありまして、いきなり対話をせよといわれても、訓練もスキルも時間がかかるわけです。ところが、いまでは、そもそも対話がされていなかったところから、企業側も対話を受ける意識ができていますし、投資家側も対話をするかたちになっています。その目的をもった対話、これはエンゲージメントと英語でいうものを日本語にしたものですが、その対話を軸に価値を上げていきましょうというかたちができつつあるところです。

証券取引所がサポートするガバナンス改革

株式会社東京証券取引所取締役常務執行役員

小沼　泰之

(1)　証券取引所とは

皆さん、こんにちは。東京証券取引所の小沼です。

私は取引所に1984年に入りまして、30年仕事をしております。大学生の頃、経済学部で計量経済のゼミに入っていたんですが、いまから思うとあまり真剣に勉強していなかったのではないかと思います。いまでも時々、夢でうなされることがあります。あした、最後の試験なんだけど、及第点がとれるか、そういうプレッシャーというか切迫感をいまでも覚えています。会社に入った後でもっと勉強しておけば良かったとしっぺ返しがいろいろありましたが、ただ、まあまあ楽しい社会人人生だったなと。

証券取引所なんて、一般の学生はあまり知らなくて、ゼミの友人は銀行に入っていきました。証券界に行くと、ノルマが厳しいんじゃないか、営業をやらされるんじゃないかとか、大変そうだなという感じでした。そのなかで実は父親が証券会社だったもので、子供の頃から地域店を転々としていて引っ越しも多かったのですが、なんとなく取引所に入りました。

取引所というのは、市場_{いちば}を開催しているというイメージでして、株券を売ったり買ったりしたい人に場を提供するということです。

証券市場のサイズを国際比較するときに、よく時価総額が使われます。日本の経済は当時、バブル経済絶好調にかなり近い時期でしたし、いまでも規模は大きいので、日本取引所グループ（東京証券取引所）がニューヨーク、ナスダックの2つの米国の取引所の次に来ています。最近、この10年ぐらい

でめきめきと中国の証券取引所の規模が大きくなってきていて、上海がその次に続くというそんな規模感です（図表5－3－1）。

　現物の株式の売買だけではなくて、プロ向けの先物取引やオプション取引という市場もありまして、こちらはまだあまり日本では根づいていない部分もあって、米国の10分の1以下になっています。

⑵　証券市場の30年

　私は1984年に会社に入ったのですが、当時は取引も電子化されていなくて、証券会社も国内の証券会社だけがメンバーでやっていました。それで、投資家も外国の投資家はほとんどいなくて、一番売買をやっているのは証券会社の自己勘定だったり、個人投資家だったり、そういうところでありました。1989年には日本のバブル経済が絶好調で、ニューヨーク市場よりも時価総額が上がって、日本の会社がどんどん米国の土地を買っていた時代だったのですが、そこがピークでバブルははじけました。

　いままでのこの30年間で何が起きたかというと、売買の動向でいうと、60％近くの売買が外国人の売買になっていきました。この売買というのは、毎日の東証での株券の売買が平均で2兆3,000億円から2兆4,000億円ぐらいです。多いときには3兆円の売買が約定されていますが、そのうちの60％ぐらいは外国から入ってきているオーダーフローです。

　その外国人のオーダーフローの中身もいろいろありまして、なぜそうなるかというと、外国の証券業者はシステム投資がすごく先行しています。それで、プログラムの売買がかなり先端を行っていて、いろんなストラテジーで売買をすることができます。

　中身はいろんな取引のタイプがあって、全体の株価のモメンタムにあわせて売ったり買ったりするようなトレーダーもいますが、多分、半分近くは、マーケットメーカーです。マーケットメーカーというのはどういう人かというと、自分はこの金額で買って、ここの金額で売りますというビットとアスクを板の上にちゃんと置いてくれて、株価の乱高下も防いでくれます。市場

図表 5 - 3 - 1　世界におけるJPXの位置づけ

・上場企業時価総額は世界第 3 位、株券売買代金は第 5 位
・デリバティブの取引高は世界第16位

〈上場企業時価総額・株券売買代金ランキング〉

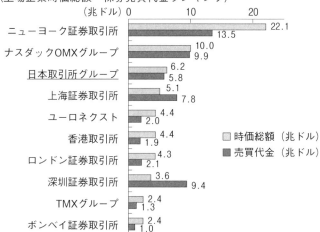

（出所）　WFE統計
*2017年12月末時点の国内株式の時価総額。売買代金は2017年合計。株券売買代金は立会内・電子取引のみ。

〈デリバティブ取引高ランキング〉

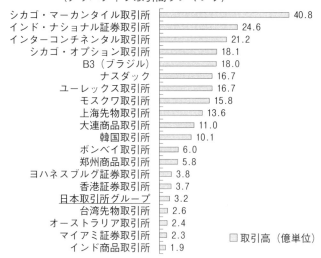

（出所）　FIA（Futures Industry Association）統計
　　　*2017年合計

図表5－3－2　投資部門別株式保有比率

・株式持合いの減少や金融規制により、事業法人、銀行や生損保の保有比率が減
　少。他方、一貫して海外投資家の比率が上昇
・個人投資家は2011年以降、下落傾向

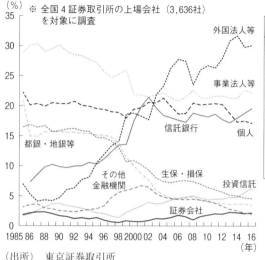

（単位：%）

	1989年	2016年
事業法人等	29.5	22.1
個人	20.5	17.1
生保・損保	15.7	4.6
都銀・地銀等	15.7	3.5
信託銀行	10.2	19.6
外国法人等	4.2	30.1
投資信託	3.7	6.3
その他金融機関	2.8	2.0
証券会社	2.0	2.2

（出所）　東京証券取引所

というのは注文が置いてあるところがいかに厚いかで流動性の判断があっ
て、そこが厚ければ厚いほど大きな金額の売買執行を小さいスプレッドで売
買することができる。そこがどれだけ整っているかで、ある意味市場の価
格、市場の競争力が決まってくるし、価格の透明性が高まるというような、
そんな競り商いの仕組みなのです。

　私が会社に入ったころは、外国人投資家の保有は少なかったのですが、い
まはもう市場流通量の30％を外国人が保有しています（図表5－3－2）。こ
の人たちは、先ほどのマーケットメーカーや短期でシステムで売買する人た
ちではないのです。海外の年金とかロングの投資家とわれわれは呼んでいま
すが、長いタームで日本の会社は魅力があるからもっていようという、大手
のバイ・アンド・ホールドにかなり近いようなそういう機関投資家です。そ
ういう人たちは、自分が投資している会社とは積極的に話をして、その会社

のこれからの戦略はどうなのか聞きたがります。問題のある事業はいつまでやっているのといったこともありますし、対話やエンゲージメントとか、そういうことを積極的にやる人たちが中心であります。

逆に、日本の機関投資家、日本の年金基金などは、これまでそういう対話やエンゲージメントにはあまり関心がなかったのですが、それでいいのかという時代になってきています。

われわれ取引所は、実は、外国の投資家から、日本のコーポレートガバナンスは弱いのではないかとか、ちょっと特殊なんじゃないか、と前からいわれていたのです。取引所に文句がくるわけです。海外の一部の投資家からいわれているので、やはり日本の会社には会社の考えがあるのです、といったやりとりがずっと続いてはいたんですが、アベノミクスの動きのなかで、投資家は企業価値向上にもっと働きかけるべきだし、会社ももっと投資家のことを考えるべきだという時代になってきました。日本経済の成長戦略として、そういう対話が重要になってきていると理解してもらえればと思います。

(3) 日本取引所グループの特色

東京証券取引所を含む日本取引所グループ（持株会社）は、大阪と東京と統合しまして、大阪証券取引所と東京証券取引所の上に、資本上位の日本取引所グループ（JPX）というものをつくっております。このJPXが上場会社です。名刺も、東京証券取引所のところに日本取引所グループと添えて書くようにしまして、いま、コーポレートブランドとして日本取引所グループというのを前面に出していこうとしています。大阪にあった株式の売買は全部東京証券取引所に寄せて、東証にあったデリバティブの売買業務は全部大阪に寄せて、現物とデリバティブで分けて経営しております（図表5－3－3）。

取引所は、問題のある上場会社には注意したり、状況により最終的には上場廃止にしたり、そういう処分をしなければいけないわけですが、自分自身

図表 5 - 3 - 3　日本取引所グループの構成

・2013 年 1 月 1 日、東証と大証の経営統合により、日本取引所グループ（JPX）が発足

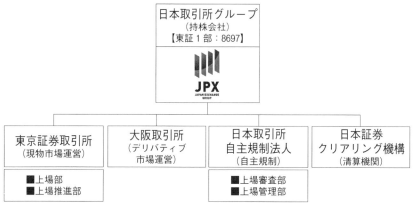

も上場会社になりました。利益相反という問題に対処するために、同じ資本グループのなかにあるのですが、別会社で日本取引所自主規制法人をつくって、ここで規制業務は区分して進めることにしております。

⑷　取引所の仕事

　東京証券取引所の上場部は、全上場会社、3,700社の日々の適時開示をアシストしています。いろんな会社がありますから、何か情報開示をしようと思っても、たとえば表現がわかりにくいとか「てにをは」の間違いから含めて、こんな発表をすると投資家をミスリードするのではないかといったことをドラフトで書いてくる上場会社も時にはいまして、それをわれわれ取引所の担当がみて、こういう表現のほうが投資家は理解しやすいです、というアドバイスをしています。

　取引所の上場推進部は、その手前の支援業務のようなところで、いろんな会社と相談して、本当に上場したいのならこういうことを準備しないといけません、ということをアドバイスします。上場は理解されずに進めると後で問題が起きるため、この辺を注意深くPRして説明してというかたちで支援

して、株式公開（IPO）の広い意味でのプロモーションをしています。

　少し余談になりますが、IPOという言葉を聞いたことはありますか。Initial Public Offeringともいわれておりますが、株式公開です。リーマンショックの後には減ったのですが、最近は毎年大体100社弱の会社が上場しています。規模感によって1部、2部、マザーズといろんなセクションに分けていて、意外に小さい会社でも上場はできます。

　いろんな経営者と日々会って、上場の意味や負担、いいところと悪いところをいろいろお伝えしています。本当にやるんですかとお聞きすることもありますし、やるんだったらちょっとこれはやめてくださいよ、ということもあります。証券会社ははっきりいいにくいときもあったりします。特に、オーナー系の企業で、上場させるということはパブリックな会社になることですが、これまで自分の会社だと思っていたのに、他人の会社になることが十分腑に落ちないまま上場を進める会社もあります。そういう会社がやがて大きくなって1部に上場したときに、ガバナンス・コードなどの問題でつまずいてしまうというようなことも当然あります。

　よく上場セミナーなどでいうのは、会社の財産目録に本当に会社事業で使っているのか疑問となるような資産があるとします。聞くと、経営者の親族が私的に使っているケースなどです。それは公私混同なので、そういうのを改めてくださいと。わかりやすい例でいうと、そういうのを全部きれいにして上場していただくというような業務です。

　最近は資金調達もありますが、優秀な人を採用するためや、上場することで信頼性が増して商売がやりやすくなるためなど、そんな目的もあって上場というプロセスを進めていらっしゃる方も多いようです。

　加えて地域の活性化をしていかないといけないということを強く思っています。取引所も大阪と東京で競争していましたが一緒になりまして、上場を通じて経済がよくなるというのはどういうことなんだろうと真剣に考えるなかで、地元でいい会社が上場して大きくなっていくことで、雇用も発生することが望ましいと考え、いま、いろんなプロモーション活動をやっていま

す。

　少し前までは、地銀など地域金融機関は、あまり証券とはかかわりもなかったため、一緒に行動することは少なかったです。けれども、皆さんもお感じだと思いますが、最近は地域金融機関の対応する業務が変化、多様化していて、地元の会社の成長を支援するメニューとして資本市場のノウハウも重要になってきています。株式公開した後、データ的には、融資残高は増えています。ROEの議論になっていくと、適切な資本配分の議論が当然出てきます。東京証券取引所の上場会社向けのeラーニングも、いろんな教材を出していますが、要は負債と、他人資本と自己資本の比率をきちんと会社として戦略的に考えて対応するべきだということになります。

　よく経営者の方がおっしゃるのは、「うちの会社は無借金経営だからすごい」ということがあって、人にお金を借りなくてもやっていけるんだから大したものだという話ですが、資本市場の議論に立つと、あえてリバランスで一定部分、資本との比較で負債を引くことも１つの手法になっています。銀行や債権ホルダーといった負債の出し手に対する適切な金利と、資本の出し手である株主に対する適切なリターンと、この両方のバランスを考えながら事業を運営していくことが求められる時代になってきています。銀行もそういう面では、トータルで考えてお客様にアドバイスする、そんな時代がだんだんきているし、そういうのを加速していきたいなと思って一緒に活動しております。

　それから、若い皆さんもこれから財産形成をどうされるかが問われる時代になってきます。お金を貯める前に就職もあるし、貯めることを考えるほどまだ所得があるわけじゃないしという方は多いかもしれませんが、海外との比較でいうと、低金利の銀行預金にお金が眠っていて、資産形成に対する理解と取組みが遅れています。私の親の世代も、お金は汗水たらして働いて、その結果としていただくものであって、投資なんてそんなものに手を染めるなという感じがやはりあります。そこをこれからは変えていかなければいけないと思っていて、これからは若い世代の皆さんが資産形成に携わっていた

だく時代です。特に将来的にインフレになるとすると、なんらかの資産形成を皆が考えていかなければいけない時代になるし、税制も後押しをしてNISAとかiDeCoという制度の整備を進めています。高齢化がますます進んで、寿命は延びるけれども財産はどんどん食いつぶしてしまって、最後にどうしようもなくなってしまうと大変なことになります。個人もポートフォリオをきちんと考えてやっていく重要性を訴えかけていくことが必要なのかと思っております（図表5－3－4）。

　日本では東証のなかに1部とか2部とかマザーズとかジャスダックという市場区分はあるんですけれども、ニューヨーク証券取引所などはこういう区分がないわけですね。日本の場合は、最初新興市場のマザーズとかジャスダックに入った後で、何年かしたら1部にステップアップするという構図になっていて、われわれの上場審査も2回とか、多いときは3回させてもらうなかで、継続的に上を目指してモニターしていくという構造になっています。市場の区分も見直していこうという議論にはなっていますが、こういった構造も企業価値向上の1つのインセンティブとして利用していければと思っています（図表5－3－5）。

図表 5 - 3 - 4　家計における金融資産構成の国際比較

- ・家計の金融資産構成の違いが、米英と比較して、過去におけるわが国の家計金融資産の伸びが低い水準に留まっているとの指摘（金融審議会「市場ワーキング・グループ報告書」）
- ・金融資産構成で株式と投資信託の割合が高い米英は、運用リターンによって家計の金融資産を大きく伸ばす

日米英の家計金融資産の推移

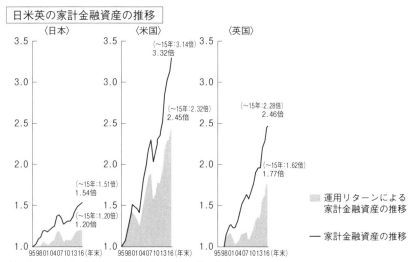

（出所）　金融庁「平成28事業年度　金融レポート」

日米欧における家計の金融資産構成

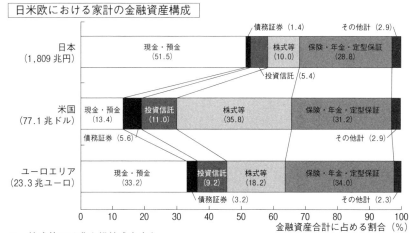

※　株式等には非上場株式を含む。
（出所）　日本銀行「資金循環の日米欧比較」（2017年 8 月18日）

図表 5 - 3 - 5　日本の市場構造

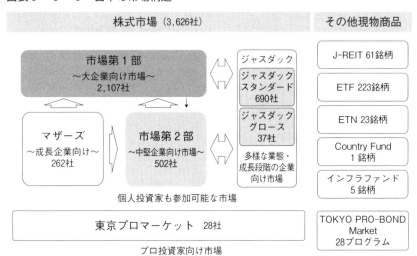

| 株式市場 (3,626社) | その他現物商品 |

市場第 1 部
〜大企業向け市場〜
2,107社

ジャスダック
ジャスダック
スタンダード
690社

ジャスダック
グロース
37社

マザーズ
〜成長企業向け〜
262社

市場第 2 部
〜中堅企業向け市場〜
502社

多様な業態・
成長段階の企業
向け市場

個人投資家も参加可能な市場

東京プロマーケット　28社

プロ投資家向け市場

J-REIT 61銘柄

ETF 223銘柄

ETN 23銘柄

Country Fund
1 銘柄

インフラファンド
5 銘柄

TOKYO PRO-BOND
Market
28プログラム

（注）　2018年 9 月30日時点。

ディスカッション

(1) 日本の上場企業のガバナンス改革の現状とは

幸田：東京証券取引所の小沼常務から話があったように、全体でいうと取引所に上場している会社が3,500社程度あり、コーポレートガバナンス改革が進んでいる会社と遅れている会社の二極化現象のようなことも生じていると思います。当然、会社の規模や運営によってガバナンスはずいぶん違うでしょうし、上場会社がたくさんあるなかで、そのあたりはいかがでしょうか。

小沼：トップのレイヤーで2割ぐらいの企業がすごく頑張っていて、真ん中の母集団が一番多くて、山がそこにあるわけですね。山の人たちは、すごく議論をしてくれている感じは出てきています。1つは、トップで頑張っている人たちに光を当てて、こんなに頑張っているケースがあるんだというご紹介をして、頑張っているケースを参考にしてもらおうという南風作戦ですね。それがいま、進行中です。あとは、できるだけ会社の方々に開示をしてもらったり、考えて説明してもらったりという場をつくっていくということだと思います。

上田：上場会社のなかで、日々、グローバルなビジネスをしている会社は、グローバル水準のガバナンス、資本政策、経営体制を考えざるをえないと思います。グローバルなビジネスの相手方、あるいは海外拠点の経営は、グローバルにやらざるをえません。先ほど、小沼常務がおっしゃったように、グローバルな会社というものを南風作戦でより高めていくということは大事だと思います。二極化については、どこの会社も、聞いている限りまじめに考えていらっしゃいます。会社としてできることとできないことをまず考えて、できないことをどうやりくりするかという

ことを、すごくまじめに考えておられると感じます。ただ、日本の会社は、残念なことに、それを人にみせるのが下手なのですね。苦労した結果を、ボイラープレートというんですが、きわめて定型的な文章で表現されます。ところが、その定型的な美しい文章、心があまりこもっていないような文章の裏にすごく悩みがあったりする。ここを、日本企業は、みせるのが下手なのです。本当に悩んでいるところを伝える術というのが今後の課題なのかなと思います。

(2)　事務作業の負担がガバナンス改革の妨げに

曳野（京都大学経営管理大学院客員教授）：私自身が東証１部上場のある会社の社外取締役をやっていて、先ほどから小沼常務がおっしゃっているように、非常に形式化している側面があって、毎年こういうレポートを東証に届けないといけないということがあります。経営戦略、経営管理に割く時間よりも、事務的なことに対する時間のほうに時間がとられています。よくいわれるのは、厳しい意見かもしれないけれども、結局のところ、コーポレートガバナンス改革を日本で1997年から始めて、現在まで日本の企業の経営成果はそんなによくなっていないんじゃないかという見方があります。結果論にしかすぎないかもしれないのですが、そういう大まかな議論に対してどう答えられますか。

小沼：ドキュメンテーションが多すぎるというのは当然あって、たとえば同じ公開企業で求められるものも、取引所の規則や制度で求めている情報もあれば、金融庁管轄の金商法で求めている書類もあるし、会社法で求められる書類もあるし、税の問題で求められる書類もあるしということで、役割が違う部分も多少あるんですが、同じ情報をいろんなところで出さなければいけないことがあるのはある意味事実であるし、反省点でもあるし、改善点もあります。それを改善しようと思って、いま、関係者は一生懸命動いています。会社法と金商法の表記をあわせていくとか、できるならば統合しようというのは、これもずっとオンゴーイング

で議論は続いているんですけれども、そのスピードがどうかといわれると、やはり実業の会社さんからすると不満も出てくるところもあるかもしれません。

　また、公認会計士の作業もいま、人員的にもすごく逼迫していて、審査・管理の仕方も含めて考えなければいけない時期になっています。公認会計士も試験を受けて合格する人の数は増えてはいるのですが、実社会のニーズにはまだ到達していなくて、労務状況は大変だと思います。ある意味、この人材難というか人材不足がすべてのところで起きているし、それに向けてできるだけペーパーレス化や効率化、人工知能（AI）の利用などを必死に進めて、本当に判断が必要なところにリソースが割けるように移っていかなければならないというのは急務だと思います。

(3) 地域の証券取引所の意義とは

学生A：日本証券取引所が地方の金融機関と提携して地域の経済を活性化しているという話があったと思うんですけれども、たとえば九州であれば福岡証券取引所がありますし、北海道なら札幌の取引所があると思うのですが、そういうところがあるにもかかわらずJPXが地方に行って経済を活性化する意義はどこにあるのでしょうか。正直なところ、地方のことは地方の取引所に任せればいいではないかという考えもあると思います。なぜJPXがそこまで行くのか、お聞きしたいです。

小沼：いろいろな歴史的背景があって、別会社で福岡証券取引所、名古屋証券取引所、それから札幌証券取引所、これは地場の経済が支えるかたちでやっていらっしゃいます。IT化、技術の進展によって、売買取引の際の価格形成は1カ所で行われればいいということになってしまって、現在、売買の90％以上が東京証券取引所に集中しているのです。われわれとしては、取引所がそれぞれの地域にあることは非常に意味があり重要であると考えています。何が重要かというと、やはり身近に取引所があって、取引所を通じていろいろな情報が得られることもあるし、その

地域の会社が決算発表をする際に、地元の取引所があると、そこに記者クラブがあって、地元の新聞などを集めてちゃんと社長が出席し記者会見して、自分の言葉で発信するということができます。東京に来てしまうと、ほかにもたくさん会社があるので、メディアのカバレッジでいうと埋もれてしまう。各地域の取引所は、ぜひ情報発信基地としてやってもらいたいし、そういうところを地元の金融機関にも支えていってもらいたいなと思っています。

　われわれは全国に行っていますけれども、地方取引所を競争相手としているわけではなく、まずベースの情報を提供しています。取引所にはいろいろな市場区分があるといいましたが、一番下のレイヤーに東京プロマーケットといって、ほとんど上場基準がないようなマーケットもあるのです。そこから、たとえば札幌であればアンビシャスに移行しましょうとか、福岡のQ-Board（キューボード）に行きましょうというようなプロモーションを地域の取引所の人と一緒にやっていくという共同戦線モードに移行しつつあって、ともに頑張ろうと考えています。

(4)　ダイバーシティに対する取組みにおける日英の違い

幸田：先ほど上田主任研究員の話のなかで、女性の取締役が少ないという話がありました。日本の場合は、ESGを取り上げていくなかでも、かなりこのダイバーシティの点数が悪いので、諸外国からみるとギャップがあるという状態が続いているわけです。本日ロンドンから来られているので、ロンドンのダイバーシティの事情も含めて教えていただければと思います。

上田：ダイバーシティについては、英国に転勤後に、強く感じるようになりました。というのは、私はとても少数派なのです。まずアジア人で、日本人である。そして、駐在員というのは男性が多いなか、女性で母親である。英国では、ダイバーシティは大変大きなテーマで、コーポレートガバナンスや情報開示の分野で、その強化が求められています。さら

に、最近は男女間の給料の格差（ジェンダーペイギャップ）の公表が法律で義務づけられています。ダイバーシティやインクルーシブネス（包括性）の研修も頻繁にあり、底上げが図られています。ただし、日本とは少し文脈が違っています。日本では、ダイバーシティとは価値の創出に、いままであまり光が当たっていなかったけれども能力がある女性を積極的に使おう、女性に光を当てていこうという発想だと思います。ところが、英国は格差是正を解決するために、ジェンダーや最近ではエスニックのダイバーシティを進めています。しかし、キャリアをステップアップするなかで、管理職、役員、社長とトップに近づくとだんだん女性が減っていく。そのため、トップ層まで含めた女性活用を進めるために、女性の社外取締役の採用が取り組まれているという実態があります。

⑸　米国のガバナンス改革をモデルとして取り入れられたか

曳野：1980年代あたりに、ガバナンス改革という言葉が出たときに、われわれの印象では、結局のところ米国の後追いじゃないのかという印象が非常に強かったです。小沼常務が東証に入社された1984年というのは、ちょうど米国のモデルを真似しやすい時期だったと思うのですが、なぜ、すぐに米国を追随せずに遅れをとることになったのでしょうか。

小沼：むずかしいご質問をありがとうございます。ガバナンスのやり方はやはり日本の会社は日本流がいいと思うのです。米国の真似だとか、欧米の真似をすればいいということではなくて、スタート地点も違うのではないかと私は思います。株主の地位も対極なところもあります。無理はしないほうがいいのかと、私は思っています。

コラム コーポレートガバナンスにおける
ダイバーシティの重要性

京都大学経営管理大学院・大学院経済学研究科教授
Asli M. Colpan（アスリ　チョルパン）

　近年、取締役のダイバーシティ（board diversity）は日本を含め世界中でバズワードとなっている。取締役のダイバーシティはさまざまな側面（例：年齢、教育バックグラウンド、国籍）を含んでいるが、このコラムではジェンダーの側面に焦点を当てる。なぜなら、取締役のジェンダーのダイバーシティは世界的に低く評価されており、とりわけ日本で低いからだ。日本は世界的なランキングにおいて、取締役のジェンダーのダイバーシティの点で非常に低い位置にある。Nikkei Asian Reviewの記事によれば、日本は取締役の女性比率で54カ国中49位となっている。これはアラブ首長国連邦、サウジアラビア、韓国と同じ順位である1。このコラムでは特に、なぜ取締役のジェンダーのダイバーシティが重要なのか、なぜ日本はそれが欠如しているのか、そして外部からの圧力を受けて女性を取締役に迎え入れることは意味があるのかどうか、について論じる。

　周知のとおり、取締役とは企業の意思決定、そして究極的にはその成功に多大な影響を与える存在である。したがって、適切な取締役を任命することは組織にとって非常に重要である。同質的な取締役は素早い意思決定を可能にする。その状況は取締役にとって居心地のよいものでもあるだろう。このとき、取締役たちは同じように思考し、活発に意見を戦わせることはない。しかし、ますます競争が激化する国内・国外の市場において、そのような取締役会が企業の成功に結びつくとは考えにくい。学術研究において、なぜそのようなダイバーシティ、特にジェンダーのダイバーシティが重要なのかについて、さまざまな理由が指摘されてきた。

　第1に、取締役のダイバーシティが高ければ、意思決定のプロセスに多様な意見が持ち込まれることになる。ダイバーシティの高さは新規かつ多様な視

1　Nagumo, J. 2018. "Japan Inc. scrambles to find female directors", https://asia.nikkei.com/Business/Companies/Japan-Inc.-scrambles-to-find-female-directors

点、バックグラウンド、経験をもたらすが、それらは適切な意思決定を行い、市場での成功を収めることに対して非常に重要であることは間違いない。たとえば、異なる考え方をもった人々は他者の意見に黙って賛同するのではなく、その負の側面についても批判的に検討することができる。第2に、取締役のダイバーシティの高さは、企業の顧客層を正確に反映していることを意味する。女性は購買の意思決定において重要な位置を占めており、その傾向を理解することは非常に重要である。女性の取締役は女性ならではの視点を持ち込み、意思決定をよりよいものにすると考えられる。最後にB2Bのビジネスの場合でも、取締役のダイバーシティの高さはその企業で働く従業員の全体像をより正確に反映したものとなる、ということも重要である。たとえば、女性の取締役が多いほど女性の従業員や彼女らが抱える問題を把握しやすくなる。これは、その企業は女性を高く評価しているというシグナリング効果をもたらすと考えられ、量・質ともに高い採用候補者を集めることにもつながる。社会全体からより多くの応募者を集めることができれば、ポジションに最もふさわしい人材を採用することができると考えられる。

　学術研究も以上の事実を裏付けている。たとえば、Harvard Business Reviewに掲載された論文では、女性の取締役はリスクに対処し、より長期の目標に焦点を当てるという点で優れている、ということが明らかになった[2]。別の実証研究では、女性の取締役は男性の取締役に比べて、より熱心にフィデューシャリー・デューティーを果たそうとすることが明らかになっている[3]。またFortune 500企業を女性の取締役の数でランクづけすると、2009年の上位4分の1に位置する企業は売上において42%、ROEにおいて53%高いということが示されている[4]（しかし実証研究では取締役のダイバーシティと企業業績との因果関係は見出されず[5]、その点について断言することはできない）。以

2　Hersh E., 2016. "Why diversity matters: Women on boards of directors", https://www.hsph.harvard.edu/ecpe/why-diversity-matters-women-on-boards-of-directors/

3　Adams, S. M., & Ferreira, D. 2009. Women in the boardroom and their impact on governance and performance, Journal of Financial Economics, 94, 291-309.

4　Loy L., Wagner & H., Narayanan S., 2007. "Report: The bottom line: Corporate performance and women's representation on boards", https://www.catalyst.org/research/the-bottom-line-corporate-performance-and-womens-representation-on-boards/

5　Rose, C. 2007. "Does female board representation influence firm performance? The Danish evidence", 15:2, 404-413.

上の発見を裏付けるように、CalPERSやPAX Worldなどの投資ファンドや機関投資家は、取締役のジェンダーのダイバーシティの高さを投資基準に盛り込んでいる6。企業価値や競争力を向上させるという戦略的観点に加えて、女性の取締役を迎え入れることは社会的平等の観点からも重要である。それは女性がキャリアラダーを昇っていく際の障害（いわゆる「ガラスの天井」）を乗り越えていく一助にもなるだろう。

このように取締役のダイバーシティが重要であることは明白であり、それを高める圧力が強まっているにもかかわらず、日本企業の対応は遅い。上場企業の経営陣（取締役、監査役、役員を含む）に占める女性の割合は2017年において約3.7%となっている。その値はフランスでは34.4%、英国では23.2%、米国では17.9%である（2015年）7。日本企業の対応が遅れていることの理由の1つは、ダイバーシティの欠如にもかかわらず1990年代までは日本企業とその経営スタイルが優位性を誇っていたからだ。取締役はキャリアラダーを昇り詰めた60歳代の日本人男性によって占められている。このような同質の取締役による過去の成功に縛られ、時代が移り変わっているにもかかわらず、日本企業は変化することができていない。かつてこのようなタイプのトップ・マネージャーは有効であったが、現代の変化の激しい新たなグローバル経済においては、すでに適切ではなくなっている。なぜなら製品・資本市場のグローバル化や急速に変化する技術が、狭い業界知識の枠を超えて考え、タイムリーでユニークな戦略を構築するようプレッシャーをかけているからだ8。

日本企業はゆっくりとしたペースで女性の取締役を増やしつつあるが、それは特に社外からの圧力で行った。特に、2013年以降のことであり、その年に安倍晋三政権は上場企業に対して1人以上の女性の経営幹部を任命し、2015年からはその比率を開示するように求めた。多くの企業は社内から昇進させるのではなく、社外取締役を追加することで対応したが、それは社内の女性管理職候補が限られていたからだ9。

6 Arguden, Y. 2012. "Why board need more women", https://hbr.org/2012/06/why-boards-need-more-women

7 "Japan pushes to put more women in the boardroom", https://asia.nikkei.com/Politics/Japan-pushes-to-put-more-women-in-the-boardroom, Nikkei Asian Review. 2018.

8 Kobayashi K. 2018. "Women and foreigners won't save Japan Inc.", https://www.bloomberg.com/opinion/articles/2018-06-25/more-women-and-foreigners-on-boards-won-t-save-japan-inc

しかし、2019年に発表された重要な学術研究では、社外からの圧力のもとで企業は女性の取締役を増やす傾向が最も高いが、それは既存の男性取締役を交代させるのではなく、新たに取締役の席を追加することによって行われていることが明らかにされた[10]。こういった新たに任命された取締役は、男性取締役の交代によって任命された取締役に比べて、取締役会において中心的な役割を果たす可能性は低い。このような状況では、企業が女性の取締役を増やすことに真剣に取り組んだとしても、その意思決定や業績へのインパクトは限定的なものにとどまる[11]。

　以上が意味するのは、日本企業は社外からの圧力をかわすために女性の取締役を任命しているということだ。しかし社外からの圧力によって女性の取締役を増やしたとしても、取締役会におけるジェンダー・バイアスに与える効果は限定的かつ表面的だと考えられる。企業のキャリアラダーのトップに昇り詰める機会を女性に対しても平等に与えることは、社会にとって有益であることは間違いない。日本企業を含めた世界中の企業が取締役会における意思決定の質や企業の業績を向上させたいと思うのであれば、女性の取締役がユニークな知識や視点をもたらす可能性を認識し、それを最大限に活用するべきである。したがって企業は女性の取締役を迎え入れることをチャンスととらえ、彼女らを男性の取締役と同じように扱うことが望ましい。社外からの圧力をかわすための表面上の対応となってはならないのである。

9　"Japan pushes to put more women in the boardroom", https://asia.nikkei.com/Politics/Japan-pushes-to-put-more-women-in-the-boardroom, Nikkei Asian Review. 2018.

10　Knippen J.M., Shen W. & Zhu Q. 2019. "Limited progress? The effect of external pressure for board gender diversity on the increase of female directors", *Strategic Management Journal*, 40, 1123-50.

11　以上の研究は米国のS&P 1500銘柄の企業に関するものだが、社外からの圧力にさらされ、女性の取締役を増やしている日本企業にもその結果を当てはめることができる。

あとがき
―大学と実務の連携に向けて―

　日本の社会・経済構造は大きな変革期、転換期を迎えている。平成から令和の時代にかわって、いよいよ、人口減少・高齢化の加速、デジタル時代への本格突入、大企業依存からの脱却、地方縮小の危機など、構造的な課題が突きつけられている。東京五輪後の2020年代は、こうした山のような課題と向き合っていくしかない時代である。

　こうした課題に、どう向き合うのか、何を知見として活かしていくのか、複合的な課題に優先順位をつけて、どういうプロセスで進めていくのかなど、従来の積上げ方式や、日本的な意見集約方式では、大きな限界があると認識している。国民として、政治家、行政当局、それぞれのテーマごとのステークホルダーなどに任せざるをえない部分は相応にあると認識されるが、同時に、国家と国民との基本的な約束事の変更に大きくかかわる事項も、相当程度増えてくるものと思われる。そうした約束事をかえていく、あるいは改善していくことを、どういうプロセスを通じて、国民として対応できるかは大きな挑戦である。

　従来、大学においては、専任の教員を中心に、基礎的な学問に関して、理論的知見を背景として体系的に構成された講義を通じて、学生に対する基礎的かつ専門的な素養作りなどを目指していた。同時に大学研究者としての世の中への体系的な意見表明や研究の発信機能があった。

　最近は、社会・経済構造の変化を縦割り的思考のみでとらえて分析することには限界があり、横の関連性のある視点を活かして、社会・経済との接点をより意識して、大学の場を活用していくことが、重要であると考えられている。たとえば、アントレプレナーシップ（起業家精神）の育成であるとか、さまざまな社会課題の解決に向けて、アイデアを募集する試みを学内で積極的に進めているところもある。大学発ベンチャー企業も、2,278社（2018年

度）にまで、増加している。

　大学という場は、難易度の高い社会課題について、さまざまな専門家と連携していくには、大変有効な場ではないかと考える。従来は、象牙の塔と揶揄されるような閉鎖性があったが、近時、大学は大きく変容してきていると実感している。行政や産業界との距離感も、相応に近づいている。大学という場に、実務界の方々が積極的に参加していくことは、きわめて重要であり、また、大学発信で産官学連携をより進めていくという意識が浸透することも大事である。今後の日本のあり方を考えるにあたって、大学という場を、多様な知見を集約していくより基礎的なインフラとして有意義に活用していくことが求められている。

　編者は、社会人になってから通算36年にわたって金融機関で働いてきたところ、2018年7月から、縁あって、京都大学経営管理大学院特別教授として、いくつかの講義を担当することとなった（現在は、京都大学大学院経済学研究科の特任教授も兼ねており「金融リテラシー」の講義なども2019年度後期から行っている）。編者の問題意識は、こうした経験から生じているものである。

　そうしたなかで、今回、「企業金融とマネジメント」の講義の書籍化が実現して、大変嬉しく思っている。本書の企画を通じて、大学の場が、実務との接点のなかで、どういうかたちで活かされているのか、"企業金融"という具体的な1つの実例を通じて、読者の実感を得られることを期待している。専門家としての実務家の知見を、大学講義の書籍化という形態で世の中に提供できることは、大変意味があると考えている。どこまで、読者の皆様のお役に立つのか、是非、忌憚のないご意見を編者までいただければと思う。

　本書のもととなった講義は、京都大学経営管理大学院（経済学部・大学院経済学研究科共通講義）で、2018年の10月から14回（90分×14回）にわたって、「企業金融とマネジメント」（みずほ証券寄附講座）のタイトルで実施されたものである。ゲストの方々（肩書は、冒頭の「全体の構成について」に記

載）、勝又幹英氏、大川昌男氏、柳良平氏、小沼泰之氏、上田亮子氏、岩倉正和氏、牧岡宏氏、山路篤氏、遠山敬史氏、田村俊夫氏は、第一線でご活躍の方ばかりであり、当日の講義のため、資料作成の準備作業を含めて多大な労力をさいていただいた。感謝の念をあらためて表明させていただき、御礼を申し上げる。

　また、今次書籍化にあわせて、大垣尚司氏、Asli M. Colpan氏、小泉秀親氏の3人の方々に、コラムの寄稿をお願いしたところ、快くお受けいただき、深みのあるテーマでのご寄稿をいただいた。本書が、少しでも視野の広がりがあるとすれば、こうしたコラムを通じての示唆があることによるものである。

　本書の企画の実現は、きんざい出版部の堀内駿さんの熱心なサポートとご協力あってのものであり、さらには、私の編集作業をサポートいただいた松見良三さん、山田奈穂子さん、山岸晴奈さんのご協力なくして実現はむずかしく、感謝している。また、本講座を寄附講座として長年にわたり提供いただいているみずほ証券に感謝と御礼を申し上げる。京都大学経営管理大学院の原良憲院長、日頃から、同僚としてご支援いただいている徳賀芳弘教授（副学長）、Asli M. Colpan教授、砂川伸幸教授、川北英隆特任教授（名誉教授）、曳野孝客員教授をはじめとする京都大学の皆様方のご支援に、御礼を申し上げる。加えて、会社員生活から個人事業主への挑戦について、バックアップしてくれた妻、幸田圭子に感謝したい。

　最後に、この講義に熱心にご参加いただき、たくさんの質問をしてくれた学生に感謝したい。熱心な学生の参加なくして、本講義は成立しなかったものである。京都大学の学生は、総じて、おとなしく、物静かな学生が多く、のんびりした感じもあったが、しっかりした意見を述べる学生には、編者自身、大変、インプレッシブだった。また、本書の作成にあたってご協力いただいたすべての方のお名前を記載することはかなわないが、ご関係の皆様にあらためて御礼を申し上げたい。

幸田　博人

【編著者略歴】

幸田　博人（こうだ　ひろと）

京都大学経営管理大学院特別教授・大学院経済学研究科特任教授。
1982年一橋大学経済学部卒。日本興業銀行（現みずほ銀行）入行、みずほ証券
総合企画部長等を経て、2009年より執行役員、常務執行役員企画グループ長、
国内営業部門長を経て、2016年代表取締役副社長、2018年6月みずほ証券退任。
現在は、株式会社イノベーション・インテリジェンス研究所代表取締役社長、
リーディング・スキル・テスト株式会社代表取締役社長、一橋大学大学院経営
管理研究科客員教授、SBI大学院大学経営管理研究科教授、株式会社産業革新
投資機構社外取締役など。

日本企業変革のためのコーポレートファイナンス講義

2020年3月10日　第1刷発行

編著者　幸　田　博　人
発行者　加　藤　一　浩

〒160-8520　東京都新宿区南元町19
発　行　所　一般社団法人 金融財政事情研究会
企画・制作・販売　株式会社きんざい
出　版　部　TEL 03(3355)2251　FAX 03(3357)7416
販売受付　TEL 03(3358)2891　FAX 03(3358)0037
URL https://www.kinzai.jp/

校正：株式会社友人社／印刷：株式会社太平印刷社

ISBN978-4-322-13515-2